Landschaftsgärten
in Deutschland

Frank Maier-Solgk
Andreas Greuter

*Landschaftsgärten
in Deutschland*

Deutsche Verlags-Anstalt

Verlagsgruppe Random House FSC-DEU-0100
Das für dieses Buch verwendete FSC-zertifizierte Papier
Galaxi Keramik wurde von der Papier Union geliefert.

1. Auflage der überarbeiteten Neuausgabe 2009
Copyright © 2009 Deutsche Verlags-Anstalt, München,
in der Verlagsgruppe Random House GmbH
Alle Rechte vorbehalten
Typographie und Satz: Martina Gronau, Stuttgart/
Boer Verlagsservice, Grafrath
Gesetzt aus der Stempel Garamond
Lithographie: Häfner & Jöst GmbH, Edingen/
Helio Repro, München
Druck und Bindung: Print Consult GmbH, München
Printed in Slovak Republic
ISBN 978-3-421-03726-8

www.dva.de

Inhalt

6 Vortwort/Einführung

10 Die Entstehung des Landschaftsgartens in England

16 Der Landschaftsgarten in Deutschland
Rezeption des englischen Vorbilds, Vorformen, Sentimentale Gärten

21 Vorformen des Landschaftsgartens
26 Sentimentale Gärten: Hohenheim, Seifersdorfer Tal, Weimarer Park an der Ilm, Tiefurt
32 Hirschfelds Gartentheorie

34 Der Landschaftsgarten – Grundzüge der Gestaltung

37 Lage und Größe
40 Wege
41 Wasser
44 Architektur und Ikonographie
54 Bäume und Sträucher im Landschaftsgarten (Katrin Schulze)

62 Das Dessau-Wörlitzer Gartenreich des Fürsten Franz
Empfindsamkeit und Aufklärung

68 Wörlitz
78 Das Gartenreich

86 Wilhelm von Hessen-Kassel
Kuranlage und fürstlicher Bergpark

88 Wilhelmsbad, Hanau
92 Wilhelmshöhe, Kassel

98 Friedrich Ludwig von Sckell
Der klassische Landschaftsgarten

102 Schwetzingen
114 Schönbusch, Aschaffenburg
122 Englischer Garten, München
130 Nymphenburg, München
136 Biebrich, Wiesbaden

142 Peter Joseph Lenné
Landschaftsverschönerung und Italiensehnsucht

149 Potsdamer Gartenreich
150 Neuer Garten
155 Klein-Glienicke
160 Sanssouci und Charlottenhof
170 Pfaueninsel
176 Babelsberg

184 Hermann Fürst von Pückler-Muskau
Romantische Parkomanie

190 Muskau
196 Branitz

204 Landschaftsgärten
Entwicklung und neue Perspektiven

206 IBA Emscher-Park

214 Anhang
216 Anmerkungen
219 Glossar
220 Literatur
222 Personenregister
224 Bildnachweis

Vorwort/Einführung

Gartenkunst – *Wer von dieser Leidenschaft hingerissen wird, der einzigen, die mit dem Alter zunimmt, legt von Tage zu Tage diejenigen immer mehr ab, welche die Ruhe der Seele oder die Ordnung der Gesellschaft stören.*

Joseph de Ligne

Ambulo ergo sum.

Gassendi an Descartes

Die Attraktivität von Gärten und Parks, auch und gerade die von Landschaftsgärten, ist bis heute ungebrochen. Seit dieses Buch Ende 1997 erschienen ist, scheint sie sogar noch gestiegen zu sein. Dies spiegelt sich im Anwachsen der Literatur wider, in steigenden Besucherzahlen sowie in der offenbar zunehmenden touristischen Bedeutung, die Gärten und Parks für Städte und Regionen heute haben. Regionale Gartenrouten, Gartenreisen und Gartenfestivals gehören mittlerweile zum touristischen Standardangebot. Manchen mag der Rummel inzwischen zu viel sein, doch wurden viele Gärten in den vergangenen Jahren dafür auch gartendenkmalpflegerisch aufwendig saniert. Ein Beleg für die anerkannte kulturgeschichtliche Bedeutung von Gärten sind die in den Jahren 2000 und 2002 in Schloß Benrath bei Düsseldorf und auf Schloß Fantaisie bei Bayreuth eröffneten ersten beiden Gartenkunstmuseen in Deutschland, die sich der Geschichte und den Elementen von Gärten widmen. Und schließlich spiegelt auch die Tatsache, daß zwei der in der ersten Auflage behandelten Anlagen, der Park von Muskau in der Lausitz und das Wörlitzer Gartenreich in Sachsen-Anhalt, seitdem in die Liste des UNESCO-Weltkulturerbes aufgenommen wurden, die gewachsene kulturhistorische Bedeutung gerade des Landschaftsgartens wider.

Die Gründe für diese Entwicklung sind vielfältig. Einerseits erkennt man mehr und mehr die ästhetische Raffinesse der historischen Landschaftsgärten. Daneben mögen auch ökologische Aspekte eine Rolle spielen. Nicht zuletzt scheint das Bedürfnis nach einer auch ästhetisch ›harmonisierten‹ Begegnung mit der Natur, einschließlich der psychisch entlastenden Wirkung, für diese Renaissance verantwortlich zu sein. Soweit sie sich erhalten haben, sind gerade Parkanlagen im landschaftlichen Stil – man denke an den Englischen Garten in München, die Londoner Parks oder den Central Park in New York – aus den Metropolen kaum mehr wegzudenken. Der Kontrast zur gebauten Umwelt in ihrer in der Regel funktionalen und sachlichen Ausrichtung scheint dabei wesentlich zum Erfolg beizutragen.

Obwohl der Landschaftsgarten in seiner klassischen historischen Erscheinung gegen Ende des 19. Jahrhunderts an Bedeutung verlor und vom sogenannten architektonischen Garten abgelöst wurde, hat seine Idee auch heute noch praktische Auswirkungen. Über ihre Rolle als Refugium innerstädtischer Erholung hinaus hat man in den letzten Jahrzehnten die Bedeutung von Parks und Gärten auch für die großflächige Erneuerung von Industriebrachen erkannt. Die in den neunziger Jahren des 20. Jahrhunderts entwickelte Internationale Bauausstellung Emscher-Park war das wohl ehrgeizigste Projekt einer landschaftlichen (und kulturellen) Erneuerung einer ganzen, von der Industrialisierung stark gezeichneten Region (auch hier befindet sich mit der Zeche Zollverein das Denkmal des Weltkulturerbes). Dieses zeitgenössische Beispiel eines Landschaftsgartens wird in der vorliegenden Neuauflage in einem zusätzlichen Kapitel in Umrissen vorgestellt. Ansonsten ist der ursprüngliche Text nur dort um einige Details ergänzt worden, wo umfangreichere Bau- oder Sanierungsmaßnahmen den Eindruck verändert haben. Insbesondere blieb es bei der grundlegenden, an den Bauherren beziehungsweise Gartenarchitekten als den Urhebern der Gärten orientierten Gliederung. Sie zu erweitern, zum Beispiel um Maximilian Friedrich Weyhe (1775–1846), der im Rheinland eine stattliche Zahl an Gärten im Stil Lennés schuf, hätte den Rahmen gesprengt. Insofern ist weiterhin nicht Vollständigkeit angestrebt, sondern eine Typologie, eine Übersicht über die wichtigsten unterschiedlichen Typen des Landschaftsgartens.

Juni 2009
Frank Maier-Solgk

Gärten sind Orte der Muße. Der Aufenthalt in ihnen war immer schon als eine Zeit des Glücks und der Zufriedenheit beschrieben worden, als Zustand heiterer Gelassenheit, da die »vita activa« in harmonischer Versöhnung mit der Natur ihre spielerische oder beschauliche Ergänzung erfuhr. Solches Verständnis mag aus der Erinnerung an Kindheitstage rühren oder seinen Ursprung im Mythos jenes allerersten Gartens Eden haben, der unsere Vorstellung vom Paradies als unschuldiges Schlaraffenland mit »Bäume(n), verlockend anzusehen und gut zu essen« so nachhaltig beeinflußt hat. Seit dieser Schöpfungsgeschichte wissen wir: In den Gärten ist die Sorglosigkeit zu Hause. Seinem persischen Ursprung nach meint das Wort Paradies nichts anderes als ein umgrenztes Stück Natur, und so sind Gärten wohl immer schon Symbole einer besseren, heilen Welt gewesen.

Bedeutsam für die Geschichte der Gartenkunst ist aber auch: In Gärten wohnt die Phantasie. Unterschiedliche, zum Teil hochkomplexe Vorstellungswelten von einem goldenen Zeitalter, von einem idealen Zustand der Welt jenseits der realen Geschichte sind in Gärten inszeniert worden, in raffiniertester und aufwendigster Manier: die sagenhafte Landschaft Arkadien, aus der der Mythos vom glücklichen Landleben und unsere Wunschbilder pastoralen Glücks herrühren, das Bild einer ländlichen Idylle flötenspielender Hirten. Wir denken an träumerisch-galante Szenen, wie sie Watteau überliefert hat, oder an die gezirkelte Pracht barocker Anlagen, in denen sich eine höfische Gesellschaft glanzvoll inszenierte. Gärten waren – und manchmal sind sie es noch heute – Orte des Amüsements. Andererseits sind sie aber auch Orte der Besinnung, der Einkehr und des philosophischen Räsonnements: Der Renaissancefürst Cosimo de Medici traf sich mit seinen humanistisch gesinnten Florentiner Freunden im Garten seiner Landvilla, um im Stil antiker Akademien den Geist der Platonischen Dialoge wiederzuerwecken. Und ebendieser Platon begegnet uns neben seinen antiken und neuzeitlichen Berufskollegen in den sentimentalen englischen Gärten des 18. Jahrhunderts wieder. Seit dieser Zeit bevölkern kaum mehr antike Götter die Parks – Pan und die Nymphen verabschieden sich mit der Zeit –, sondern Dichter und Philosophen. Wissenschaftler, Staatsmänner und schließlich die Architekten selbst sind ihnen gefolgt und künden nun auf steinernen Sockeln von dem ehrwürdigen Ernst ihrer Werke.

Der Diätetik des Gemüts kommen Gärten entgegen. Der reinen Natur geht der besänftigende Zug, den Gärten an sich haben, ab. Schauspiele der Erhabenheit, wie sie Hochgebirge und Meer bieten, erzeugen Staunen und Bewunderung, im Garten, der domestizierten Natur, in dem die Kunst sich der Natur anfreundet, begegnet der Mensch sich selbst, gleichsam in harmonischer und veredelter Form. Das Ziel, durch Lage, Anordnung und Gestaltung der Gärten eine wohltemperierte Harmonie der Seelenkräfte im Menschen hervorzuzaubern, ist ein Grundzug der Gartenkunst seit der Antike: Aussichten von erhöhten Punkten zum Beispiel erheben auch seelisch; in südlichen Regionen wählte man die Hanglage zudem – wie auch den Schatten kleinerer Waldpartien –, um sich angenehme Kühlung zu verschaffen; Wasser in seinen vielen Varianten erfreute den Blick; die Anwesenheit der Götter mag beruhigt oder den Zug des Geheimnisvollen hinzugefügt haben, ohne den Welt und Leben nicht vollständig erschienen; und schließlich mögen Dichterbüsten die Erinnerung an Leseerlebnisse geweckt haben. So verschieden Gärten im Laufe der Jahrhunderte auch gestaltet worden sind, gemeinsam ist ihnen allen, daß sie einen Raum bilden, in dem die Atmosphäre kultureller Vertrautheit sich im Natürlichen wiederholt, sich vom geschützten Haus gleichsam ausdehnt und in der umgebenden Natur in neuer Weise Gestalt gewinnt.

In den nach ihrem Heimatland benannten englischen Gärten, in denen sich ein neues Naturgefühl Bahn bricht, hat diese Ausweitung des intimen Bezirks ihren bis dahin umfassendsten Rahmen gefunden. Bis dahin war es jedoch ein weiter Weg. Blieb in den engen mittelalterlichen Klostergärten eine bedrohlich gedachte Natur noch geradezu ausgeschlossen, so hat der geistesgeschichtliche Prozeß einer immer positiver gewürdigten Natur in den Landschaftsgärten mit der optischen und schließlich bisweilen tatsächlichen Einbeziehung der offenen Landschaft seinen vorläufigen Endpunkt erreicht: Insofern ist der Landschaftsgarten ein Phänomen der Aufklärung par excellence. Nicht zufällig ist er ein typisches »Produkt« Englands, als dessen bedeutendster Beitrag zur europäischen Kunstgeschichte er gelegentlich bezeichnet wird. Entstanden um 1720 infolge eines gewandelten Naturgefühls und vorbereitet und begleitet von einer philosophischen Aufklärungsliteratur hat der neue natürliche Stil seit dem letzten Drittel des 18. Jahrhunderts in Europa weite Verbreitung gefunden. Die sogenannte englische Gartenrevolution führte dazu, daß Landesfürsten und adelige Landbesitzer, die etwas auf sich hielten und sich fortschrittlich zeigen wollten, fast überall auf dem Kontinent ihre alten Barockanlagen dem neuen Stil entsprechend veränderten oder gänzlich neue Gärten anlegen ließen.

Das vorliegende Buch behandelt den Landschaftsgarten in Deutschland, dem Land, das vielleicht am entschiedensten das englische Vorbild nachgeahmt hat. Gleichwohl haben sich hier trotz aller Orientierung an England doch auch eigene Züge geltend gemacht. Nach einem einleitenden Essay über die geistesgeschichtlichen Hintergründe der Entstehung des landschaftlichen Stils in England beschreibt das anschließende Kapitel die Rezeption des neuen Stils in Deutschland und versucht, dessen Besonderheiten aufzuzeigen. Ein weiteres Kapitel erläutert die wichtigsten Gestaltungsmerkmale. Den größten Teil des Buches nehmen im Anschluß daran die Porträts der einzelnen Gärten selbst ein. Fünf Abschnitte stellen die bedeutendsten Gartenkünstler und Bauherren der wichtigsten Anlagen in Deutschland vor. So kommt der überwiegende Teil der Gartenkunst des späten 18. und frühen 19. Jahrhunderts, der

Jakob Philipp Hackert, Englischer Garten der Villa Caserta, 1793. Sammlung Thyssen-Bornemiza, Museo del Prado, Madrid. In den achtziger Jahren des 18. Jahrhunderts wurde der Garten des Königs von Neapel auf Initiative des englischen Gesandten Sir William Hamilton »verlandschaftlicht«. Hackert, führender klassischer Landschaftsmaler und seit 1786 in Diensten des Königs von Neapel, deutet – schon mit einem Anflug von Ironie – die Ingredienzen der neuen Mode an: Naturhingabe und arkadisches Hirtenleben. Im Hintergrund eine heroische italienische Ideallandschaft mit Vesuv.

Blütezeit des Landschaftsgartens in Deutschland, zur Sprache: die Anlagen des Fürsten Franz im Dessau-Wörlitzer Gartenreich und die des hessischen Landgrafen Wilhelm in Hanau und Kassel; die Hauptwerke des »klassischen« Landschaftsgärtners Friedrich Ludwig Sckell; das Potsdamer Gartenreich, das Peter Joseph Lenné für die preußischen Könige schuf, und schließlich die Gärten von Muskau und Branitz, die Meisterwerke des exzentrischen Grafen Pückler. Angesichts der großen Zahl natürlicher Gartenanlagen mußte auf Vollständigkeit von vornherein verzichtet werden. Allein Sckell war für mehr als fünfzig Anlagen in Süddeutschland verantwortlich, die zum großen Teil jedoch nicht mehr erhalten oder stark verändert sind. Lennés Werk umfaßt einschließlich aller Pläne nahezu 300 Projekte. Um den Reiz der Gärten anschaulich zu machen, erschien es lohnender, sich auf die bedeutenderen und erhaltenen Hauptwerke zu konzentrieren.

Der in diesem Buch verfolgte Ansatz, die Gärten nach den Gartenkünstlern und den Bauherren einzuteilen, hat sich aus verschiedenen Gründen angeboten. Gegenüber einer rein kunstgeschichtlich-stilistischen Einteilung, die nicht zuletzt angesichts der häufig starken Veränderung, die Gärten erfahren haben, abstrakt bleiben muß, bietet diese Vorgehensweise den Vorteil größerer Anschaulichkeit. Darüber hinaus ist die Gestaltung der meisten Gartenanlagen trotz so professionell arbeitender Gartenkünstler wie Sckell und Lenné weitgehend auch vom Willen, der Vorliebe und den persönlichen Interessen der Bauherren abhängig. Ausgehend von den stilistisch vorherrschenden Usancen haben sie ihre Parks jeweils mit einer eigenen, ganz individuellen Note versehen und mit einer spezifischen Aussage unterlegt; in den großen Anlagen von Wörlitz und Potsdam haben sich die Vorstellungen von Gartenkünstler und Bauherr in idealer Weise ergänzt und zu einer sehr engen, von beiderseitiger Begeisterung für die neue Naturkunst getragenen Zusammenarbeit geführt.

Dieses Buch ist eine Sammlung von Essays, keine wissenschaftliche Abhandlung. Es will Lust wecken, die Schönheiten der Landschaftsgärten neu zu entdecken, und dazu anregen, sich mit der Gartenkunst als historischer Kunst zu beschäftigen. Daher sind die besprochenen Gärten auf eine Auswahl der wichtigsten und schönsten beschränkt, von denen die zahlreichen Fotografien nicht zuletzt auch ein Bild ihres heutigen Zustands vermitteln sollen. Vor allem aber soll durch die Bilder in Verzahnung mit dem Text anschaulich werden, worin der ungewöhnliche und heute wieder verstärkt gewürdigte Zauber der grünen Kunst besteht. Die vorhandene Literatur mit den geistesgeschichtlich, kunstgeschichtlich und monographisch orientierten Arbeiten zahlreicher namhafter Forscher ist gleichwohl berücksichtigt.

Die Entstehung des Landschaftsgartens in England

Le pittoresque nous vient d'Angleterre, un beau paysage fait partie de la religion comme de l'Aristocratie d'Anglais, chez lui l'object d'un sentiment sincère.

Stendhal, Memoires d'un Touriste

Links:
Twickenham, Villa und der zur Themse gelegene Teil des Gartens von Alexander Pope. Stich von P. A. Rysbrack, 1735

Rechts:
Antony Ashley Cooper, 3rd Earl of Shaftesbury (1695–1735).

In seiner »Geschichte des neueren englischen Gartens« von 1770 bemerkt Horace Walpole (1717–1797), der Sohn des Premiers Robert Walpole und seines Zeichens selbst Gartenbesitzer, Schloßherr und bedeutender *homme de lettres*, daß »we (sc. wir Engländer) have given the true model of gardening to the world« – das wahre Muster des Gartens also aus England käme.[1] Walpoles patriotische Überzeugung war Antizipation einer nur wenig später eingetretenen Situation und in ihrem Anspruch auch eine Prophezeiung. Bis zum Ende des 18. Jahrhunderts, ein halbes Jahrhundert nach seiner Entstehung in England, hatte sich der englische, natürliche Stil in ganz Europa durchgesetzt. Seit jener Zeit und mit wenigen Ausnahmen im Grunde bis heute sehen Garten- und Parkanlagen, ob in München oder New York, mehr oder weniger überall wie ihre englischen Originale aus: Weite Wiesenflächen, schattenspendende Baumgruppen, gewundene Bäche und eine insgesamt naturbelassene Szenerie scheinen unseren Vorstellungen eines Gartens fast selbstverständlich zu entsprechen. Die vormaligen schnurgeraden Alleen und Kanäle hingegen, die gestutzten Bäume, gezirkelten Boskette und Broderien, die ganze strenge Formensprache barocker Schloßparks gehören dagegen für heutiges Empfinden einer historischen Vergangenheit an, mit der man nicht mehr viel gemein hat. Man bewundert sie als eindrucksvolles Zeugnis einer prächtigen, untergegangenen Kunst und Lebensform; mit dem Begriff Garten aber sind andere, weniger artifizielle Assoziationen verbunden. Der Wandel des Geschmacks im 18. Jahrhundert war gründlich, eine wahre Zeitenwende.

Ein derart grundsätzlicher Wandel der künstlerischen Formen ereignet sich nicht ohne einen Wandel zugrundeliegender weltanschaulicher Überzeugungen: Diese hatten schon immer großen Einfluß auf die Gestaltung von Gärten, galten letztere doch als Ideal- oder Wunschbilder der Welt. Idealvorstellungen aber sind historischen, geistigen und gesellschaftlichen Prozessen unterworfen, mithin dem ganzen komplexen Gefüge von Fakten und Ideen, aus denen auch die Geschichte der Künste besteht. Die Betrachtung der Motive muß sich daher an den geistesgeschichtlichen Hintergründen orientieren, im Falle der englischen Gartenrevolution an einer philosophischen und literarischen Aufklärungsliteratur, die insbesondere auch die Gartenkunst als eine eminent »philosophische«, das heißt symbolhaltige Kunst, beeinflußt hat.

Die Abkehr des Landschaftsgartens von der »Unnatur« des Barockgartens war demnach nicht nur eine ästhetische Frage, sondern mindestens ebensosehr auch von politisch-weltanschaulichen Gesichtspunkten motiviert.[2] Im Sinne der alten Analogie von Garten und staatlicher Ordnung galt der barocke Park französischer Provenienz als Symbol verwerflicher absolutistischer Willkürherrschaft, das geometrische Raster, mit dem er die Natur überzog – nicht zuletzt auch die Praxis des Bäumestutzens –, als Exempel der Vergewaltigung von Natur und damit zugleich als Symbol politischer Unterdrückung. Versailles war das bekannteste Beispiel. Nirgendwo sonst war der Zusammenhang von Gartenkunst und Staatsform so augenscheinlich. Und in der Tat, der Park von Versailles ist der Kulminationspunkt einer monumentalen Repräsentationskunst, das achsial angelegte und vom Schloß linear wie die Strahlen einer Sonne sich in die Landschaft erstreckende Gesamtkunstwerk Symbol eines gottgleichen Sonnenkönigtums. Über diese Deutung des Gartens als Allegorie der Macht hinaus aber ist für den Barockgarten kennzeichnend, daß gerade in seiner strengen Architektonik, seiner Symmetrie und Formalität das Ideal auch der Natur gesehen wurde. Der Gegensatz barocker Park – Landschaftsgarten ist nicht einfach nur der von Kunst und Natur, was wiederum Walpole bemerkt hat: »Wenn ein Franzose von dem Garten Eden liest, so nimmt er ohne Zweifel an, es sei etwas in der Art wie Versailles gewesen, mit beschnittenen Hecken, Laubengängen und Lattenwerk.«[3] Auch im formalen Park kam – im Verständnis der Zeit – Natur ästhetisch zum Vorschein; hier allerdings in Form ihrer gleichsam unsichtbaren Struktur, nämlich der Wahrheit kosmischer Gesetzlichkeiten. War also das barocke Ideal der Welt im 17. Jahrhundert – im Sinne des herrschenden Rationalismus – vor allem mit Aspekten wie Einförmigkeit, Regularität und universaler Gesetzlichkeit verbunden, so wurde für den Landschaftsgarten das entgegengesetzte Ideal maßgebend. Schon die konkret vorhandene, sichtbare Natur kam dem Ideal und Wunschbild der Welt nun zumindest nahe. Der Landschaftsgarten entdeckte als sein Urbild erneut den Garten Eden, ein Stück Natur, dessen Schönheit in der Unregelmäßigkeit und dem freien Wuchs seiner natürlichen Elemente bestand. Die Paradiesvorstellung fand Ausdruck und Gestalt im Garten als natürlicher Schöpfung.

Am Anfang der englischen Gartenrevolution standen dann auch die Werke von Dichtern und Philosophen. »Paradise lost« (1667), das religiöse Epos des englischen Dichters John Milton, beschrieb als eines der ersten Werke die Grundzüge eines Landschaftsparks, um das Urbild des Gartens zu veranschaulichen.[4] Das im Garten realisierte Idealbild der Welt hatte sich gewandelt von einer abstrakten, geometrischen Struktur zur natürlich vorhandenen Natur, die

Links: Park von Stourhead, Wiltshire, mit palladianischer Brücke, Apollotempel und Pantheon im Hintergrund; Stich von F. Vivares, 1777.
Die Anordnung der Gebäude hat immer wieder Anlaß zu der Vermutung gegeben, Vorbild dieser Hauptvedute des Parks sei Claude Lorrains Gemälde »Aeneas an der Küste von Delos« (s. Abb. S. 34) gewesen.

Rechts: Kew Gardens, London. Blick auf die Alhambra und die Pagode. Stich von H. Schutz, 1798

durch die Gartenkunst nur mehr verstärkt und gesteigert zu werden brauchte. Im Zentrum des Wandels vom formalen Barockgarten zum englischen Landschaftsgarten steht daher eine fundamental gewandelte Einstellung gegenüber der Natur. In einer Argumentation, die sich bis zum zeitgenössischen Naturschützer wenig geändert hat, wurde Natur zum ersten Mal in ihrem eigenen Recht erkannt. Entsprechend dieser moralisch-ästhetischen Kritik mußte der französische Park in seiner scheinbaren Naturfeindschaft in geradezu irreligiösem Licht erscheinen:

Wie hoch geht Leben, Fortschritt wohl hinauf?
Wie weit ringsum? Wo hört es unten auf?
Der Wesen Kette, die mit Gott begann,
ätherisch hohe Wesen, Engel, Mann,
Tier, Vögel, Fisch, Insekt, was Augen hier
nicht sehen: vom Unendlichen zu Dir,
von Dir zum Nichts; (...)
Blieb' eine Stelle in der Schöpfung leer,
zerbrochen auch die große Leiter wär.
Entfernst Du aus der Kette nur ein Glied –
das zehnte, tausendste – ein Bruch geschieht.
Wenn jed' System gemessen sich bewegt
und gleichsam seinen Teil zum Ganzen trägt,
die kleinste Störung schon allein befällt
nicht das System nur – nein, die ganze Welt.
Alexander Pope[5]

Daß gerade England zur Heimat des Landschaftsgartens wurde, hängt eng mit dem fortschrittlichen Entwicklungsstand zusammen, den das Land zu Beginn des 18. Jahrhunderts in allen gesellschaftlichen Bereichen erreicht hatte. Seit der *Glorious Revolution* von 1688 in Form einer konstitutionellen Monarchie parlamentarisch regiert, in wirtschaftlicher Hinsicht sehr fortschrittlich mit Ansätzen frühkapitalistischer Wirtschaftsformen, war das Mutterland der Aufklärung von einem liberalen Geist bestimmt, den seine Literaten und Publizisten dank einer zensurfreien Presse nahezu ungehindert verbreiten konnten. John Lockes empiristische Erkenntnistheorie, die Formulierung liberaler Prinzipien wie der Gewaltenteilung, der Schutz des Privateigentums und das Plädoyer für die Abschaffung des königlichen Erbrechts bereiteten gewissermaßen den intellektuellen Boden. Ihre ästhetische und moralphilosophische Ergänzung fand solch liberales Denken in den Schriften des Locke-Schülers Shaftesbury. Dieser gilt, neben Joseph Addison und Alexander Pope – einem Publizisten und einem Dichter –, als geistiger Wegbereiter des Landschaftsgartens. Die Verherrlichung der Natur und das Pathos der Freiheit, das hier zum ersten Mal im Zusammenhang der Gartenkunst propagiert wurde, blieben im übrigen nicht nur auf intellektuelle Debatten beschränkt. Beide nahmen vielmehr in einer »typisch englischen« Lebensform Gestalt an: der Lebensform des wohlhabenden und gebildeten Landadeligen auf seinem suburbanen, vor den Toren der Stadt gelegenen Landsitz. Kein königlicher oder fürstlicher Hof, sondern eine kleine kulturtragende Schicht verbürgerlichter Adeliger war mithin dafür verantwortlich, daß die Ermüdungserscheinungen des formalen Stils tatsächlich zu einer neuen ästhetischen Gestaltung führten. Von den formalen Strukturen des barocken Gartens lösten sich zuerst Mitglieder der liberal eingestellten Oberschicht. Sie konnten dies um so leichter, als der philosophisch und literarisch begründete Neuansatz sich mit einem konkreten und persönlichen Eindruck verband: der Begegnung mit den italienischen Gärten der Renaissance, die man auf den traditionellen Bildungsreisen durch Italien kennen- und liebengelernt hatte. Hier, in der südlichen Kulturlandschaft, fand man nicht nur eine stimmungsvolle Alternative zum strengen Barockgarten vor, es erinnerte überdies alles an die Atmosphäre der antiken Literatur, an Horaz und Vergil, die man zuvor gründlich gelesen hatte. Auf Oxford und Cambridge folgte fast obligatorisch Italien. Nach ihrer Rückkehr aus dem Süden muß sich bei den englischen Reisenden die Idee festgesetzt haben, die eigenen nördlichen Gefilde in eine vergleichbare klassische Bildungslandschaft zu verwandeln.

Die Bauherren, die die neuen Gärten selbst anlegten oder befreundete Künstler damit beauftragten, bildeten politisch, weltanschaulich und in ihrem Kunstgeschmack eine relativ homogene Gruppe. Als entschiedene Befürworter eines starken Parlaments traten sie für die Einschränkung königlicher Macht und die Sicherung bürgerlicher Freiheitsrechte ein. Viele von ihnen waren Freimaurer. Die meisten von ihnen gehörten nicht dem eingesessenen Landadel der Tories an, sondern waren Anhänger der aufstrebenden, finanzstarken Whig-Partei, die ihren Grundbesitz erst in den Jahrzehnten zuvor erworben hatte. Im letzten Drittel des 17. Jahrhunderts war in England infolge sogenannter Einhegungen (*acts of enclosures*) Gemeindeland in großem Umfang in private Hände übergegangen. Die neuen Besitzer waren Bankiers, Handelsherren, Generäle oder Politiker, also ein Personenkreis, der bürgerlichen Berufen nachging oder nachgegangen war. Wohlhabend geworden und durch Reisen und Literatur klassisch gebildet, zog man sich – und dies kam nun entscheidend hinzu – nicht selten infolge des Scheiterns politischer Ambitionen auf die erworbenen Landbesitztümer zurück, um hier *procul negotiis* ein zurückgezogenes, den Künsten gewidmetes Leben zu führen.

Der dritte Graf von Shaftesbury (1671–1713), selbst ein überzeugter Anhänger der Whig-Partei, gilt geistesgeschichtlich als ein Romantiker ante nominem. Er hat über England hinaus ideengeschichtlich großen Einfluß ausgeübt und wurde noch von Goethe, Herder und Schiller rezipiert. Seinen philosophischen Standpunkt kann man am ehesten als die empfindsam-pantheistische Ergänzung des rationalistisch-physikalischen Weltmodells Newtons kennzeichnen: »Die Seele ist ein Spiegel der göttlichen Ordnung des Universums«, »die göttliche Intelligenz zeigt sich in der schönen Harmonie der Welt«, »Schönheit und Wahrheit« sind eins. Von solchen Vorgaben ausgehend entwickelte Shaftesbury eine Art antiintellektualistischen Erkenntnisbegriff, in dem Erkenntnistheorie, Moralphilosophie und Ästhetik eine Einheit

eingehen. Nicht der Verstand läßt uns hiernach die Welt in ihren Grundzügen erkennen, sondern die Erkenntnis gründet in der Intuition, einer Art ästhetischer Wahrnehmung; diese wurzelt wiederum in einer bestimmten seelischen Gestimmtheit, einem *good humour*. Shaftesburys Anliegen war es, Erkennen nicht mehr nur einer einzigen Instanz im Menschen zuzubilligen, sondern sozusagen dem »ganzen Menschen« zu seinem Recht zu verhelfen. Damit aber wird die Argumentation um eine ethische Dimension erweitert: Ergänzt wird das Erkennen nun durch ein moralisches Empfinden, einen *moral sense*, der es erst ermöglicht, die universale Harmonie der Schöpfung zu gewahren. Alles in der Natur steht mit allem in Verbindung – um dies wahrzunehmen ist nur erforderlich, daß der Mensch selbst in der rechten, gelassenen Verfassung gezügelter Passionen ist.

Es ist offensichtlich, daß in diesem religiös gefärbten philosophischen System die Natur, die des Menschen als auch die äußere Natur, eine entschieden positive Bewertung erfährt: »O herrliche Natur! Über alles schön und gut. Alliebend, alliebenswert, allgöttlich!«[6] Die Welt, der Makrokosmos, in dem alle Teile harmonisch aufeinander bezogen sind, und der menschliche Mikrokosmos entsprechen sich. Es ist diese moralische Neuinterpretation der Natur, die in der Folge auch die Kritik an der barocken Gartenkunst mitbegründet hat. Shaftesburys Kritik an der »formal mockery of princely gardens«, an der »formalen eitlen Spielerei fürstlicher Gärten«,[7] erfuhr in der Folge weite Verbreitung.

Großen Anteil daran hatte der Essayist Joseph Addison (1672–1719), der als Herausgeber der moralischen Wochenschriften Tatler, Spectator und Guardian Shaftesburys Philosophie popularisierte. Bei Addison, der in seinen Aufsätzen bereits einzelne Elemente unregelmäßiger, natürlicher Gärten aufgeführt und in diesem Zusammenhang als einer der ersten die Vorzüge der chinesischen Gartenkunst erwähnt hatte,[8] nimmt insbesondere die Engführung von Natur und Freiheit einen prominenten Platz ein. Im Tatler (1710) formulierte er fortan diesen als Credo geführten Zusammenhang von Natur und Freiheit. Ein Traum läßt ihm dort ein idyllisches Alpental erscheinen, in dem alles blüht »without being disposed into regular borders and parterres«. In dieser Parklandschaft, die bereits ohne künstliche Grenzen den Blick in die umgebende Natur freigibt, regiert die Göttin der Freiheit: »This happy region was inhabited by the ›Goddess of liberty‹.«[9]

Nach Shaftesbury und Addison war es der Dichter Alexander Pope (1688–1744), dessen Schriften nun unmittelbar die ab den zwanziger Jahren einsetzende neue Gartengestaltung beeinflußten. Auch Pope, der nicht zuletzt dank seiner Homer-Übersetzungen große Popularität genoß, folgte der Harmoniephilosophie Shaftesburys. In seinem »Essay on man« (1733) faßt er die naturreligiöse All-Einheitsphilosophie zusammen: »All are but parts of one stupendous whole, Whose body nature is and god the soul.«[10] (»All das sind Teile eines Ganzen nur: Gott ist die Seele, Körper die Natur.«)

Entscheidend wurde, daß Pope im Anschluß an Addison das bis dahin noch als unberührte Wildnis verstandene Naturideal in Richtung einer durch die Kunst versöhnten Natur modifizierte. Galt Shaftesburys Naturhymne noch weitgehend der gänzlich unberührten, freien Natur – »the wildness pleases« –, in der weder Kunst noch menschliche Vorstellungen oder Hochmut die alte Ordnung störten – »where neither art, nor the conceit or caprice of Man has spoiled their genuine Order, by braking in upon that primitive state«[11] –, so bereitete Pope die gärtnerische Umsetzung vor, indem er eben nicht nur eine philosophische Begründung zur Erhöhung der Natur lieferte, sondern Regeln der Gestaltung anerkannte und sich hierbei auf die Gärten der Antike bezog: »Those rules of old discovered not deviced, are *nature still but nature methodized*.«[12] Natur und Freiheit werden im Park anschaulich, in dem sich beide den gleichen Gestaltungsregeln unterwerfen: »Nature like Liberty is but restrained by the same laws which first herself ordained.«[13] Pope machte das, was er essayistisch entwarf, auch in einem konkreten Beispiel anschaulich. Sein Garten in *Twickenham*, jenem vornehmen, an der Themse gelegenen Vorort Londons, gilt als der erste Garten in England, der die Merkmale des neuen, natürlichen Stils andeutete und auf das Prinzip Symmetrie verzichtete. Er hat die befreundeten Landbesitzer zur Nachahmung angeregt und die weitere Ausbreitung des Landschaftsgartens befördert. Berühmtheit erlangte Popes kunstvoll mit Muscheln ausgestaltete

Grotte, die unter der Landstraße die beiden Teile seines Gartens miteinander verband und fortan das Bild des zurückgezogen auf dem Land lebenden Dichters prägte.

Freiheit und Natur sind die sich ergänzenden Schlüsselbegriffe der Philosophie des neuen Landschaftsgartens. Denn gleich einem Urfaktum wurde dem menschlichen Geist die Abneigung gegen jede Einschränkung gewissermaßen als angeboren unterstellt: »The mind of man naturally hates everything that looks like a restraint upon it.«[14] Es ist nicht unwahrscheinlich, daß auch bei diesem Diktum Addisons diesem das Bild des Versailler Parks vor Augen stand. Wenn Pope formuliert, »a tree is a nobler object than a prince in his coronation robe«[15] – »der frei sich entfaltende Baum sei edler als ein Monarch in seinem Königsornat« –, so artikuliert er damit eine Überzeugung, die in der Zwischenzeit Gemeingut geworden war. Die Aversion gegen die geradezu als pervertiert eingeschätzten künstlerischen Auswüchse absolutistischer Herrschaft war damit nicht nur eine Geschmacksfrage. Sie entsprach vielmehr dem Selbstverständnis einer sich aufgrund ihrer parlamentarischen Verfassung als frei und daher überlegen empfindenden Nation. Die englische Vorliebe für das antike Rom fügte sich diesem Selbstverständnis gut ein. Altrömische virtus, der Status der politischen Großmacht und die dort entdeckte Blüte der Künste bildeten zusammen ein angemessenes Vorbild, das es wert war, wiederholt zu werden. In den Augen der fortschrittlichen Whig-Adeligen und der verbündeten Intellektuellen sollte England die moderne Verkörperung antiker, freiheitlicher Größe werden, zum »Land, das allein sich antiker Freiheit rühmen kann« – »a land which yet alone can boast That liberty corrupted Rome has lost«.[16]

Genau an diesem Punkt wird der zeitkritische Aspekt der neuen Gartenkunst deutlich. Allen Tendenzen, die dem gewünschten Idealbild nicht entsprachen und es verzerrten, mußte nun ein idealer Gegenentwurf als Spiegelbild vorgehalten werden. Auch in dieser Hinsicht spielte Popes Landsitz in Twickenham eine wichtige Rolle.[17] Der Ort wurde zum Treffpunkt der sogenannten *country party*, die sich in Opposition zur korrupten *court party* als moralische Alternative verstand. Für die *court party* stand exemplarisch die Figur des Premiers Robert Walpole, Vater des erwähnten Horace Walpole, dem allerorten die Kritik galt und der ein beliebter Gegenstand des Spottes der seinerzeit in Blüte stehenden politischen Karikaturen war. Walpole warf man vor, die liberalen Whig-Prinzipien verraten zu haben und eine durch und durch korrupte Politik der Ämterpatronage zu verfolgen. Die *country party* wollte dagegen ihre Landsitze als den symbolischen Ort einer liberalen Gegenregierung verstanden wissen, als Rückzugsort für die besten Männer des Landes: »There, my retreat, the best companions grace, Chiefs out of war, and Statesmen out of place«.[18] Zur oppositionellen Gruppe gehörten neben Pope als geistigem Mittelpunkt Schriftsteller wie Jonathan Swift und John Gray, die Herausgeber der moralischen Wochenschriften Joseph Addison und Richard Steele, Politiker wie George Littleton, William Pitt und Richard Cobham, Bauherren wie Henry Pembroke und der Earl of Burlington und Architekten wie Charles Bridgeman und William Kent. Soweit überhaupt Aussicht auf eine Veränderung der politischen Verhältnisse bestand, galt die Hoffnung dem Sohn König Georges II., dem Kronprinzen Frederick Louis, der sich seinen Landsitz *Carlton House* denn auch von Kent nach Twickenhamer Vorbild gestalten ließ.

Besondere Bedeutung für den Fortgang der Entwicklung der Gartenkunst kam in der Folge – als besonders fruchtbares Beispiel für das Zusammenwirken von Bauherrn und Architekt – der Zusammenarbeit des dritten Earl of Burlington mit William Kent (1685–1748) zu. Kent, ursprünglich Maler, den Burlington auf seiner *grand tour* in Italien kennengelernt hatte, den er nach England geholt und dort in der Hoffnung gefördert hatte, mit seiner Hilfe eine Renaissance augusteischer Blütezeit der Künste auf englischem Boden herbeizuführen, wurde bis zur Jahrhundertmitte der führende Mann der neuen Gartenkunst. Die wichtigsten Anlagen im neuen Stil im Süden Englands sind sein Werk: *Chiswick* für Burlington selbst, Stowe für den Viscount Cobham Sir Richard Temple, *Rousham*, das Kent in der Nachfolge Bridgemans für den General Dormer anlegte, daneben *Esher* und *Claremont*. Dies sind die Namen jener, die englische Landschaft verändernden grandiosen Parkareale, in denen die Idee des Landsitzes ihre überzeugendste Umsetzung fand. Die bald über die Landesgrenzen ausstrahlende Wirkung der Anlagen beruhte nicht zuletzt auf den malerischen Kompositionsregeln, die Kent aus der Orientierung an den klassischen Landschaftsbildern gewonnen hatte. Nach dem Vorbild von Nicolas Poussin, Salvatore Rosa und vor allem von Claude Lorrain wurden die Parks gleichsam zu dreidimensionalen Gartenveduten, die im Einzelfall sogar bestimmten Landschaftsgemälden nachgebildet waren. Kents Werke waren, in den Worten Horace Walpoles, »mehr Werke seines Pinsels als seiner Zirkel«.[19] Die Gartenkunst war eine von der Architektur unabhängige, sich in ihren Prinzipien nach der Landschaftsmalerei richtende Disziplin geworden, deren bedeutendere Beispiele sich als Gesamtkunstwerke voller historischer und literarischer Anspielungen präsentierten. Exemplarisch für die Intention, mit den Gärten Symbole einer an antiken Vorbildern orientierten Freiheit zu schaffen, steht im Park von *Stowe* in Buckinghamshire einem *Tempel der Alten Tugend* mit den Büsten Homers, Sokrates', Lykurgs und Epaminondas ein *Tempel der Neuen Tugend* gegenüber, eine leere Ruine, in der eine kopflose Statue den Premier Walpole wiedergibt. Dagegen erinnert ein *Ehrentempel der Edlen Briten* unter anderem mit den Büsten von Königin Elisabeth, Francis Drake und den Philosophen Locke und Bacon nicht nur an vermeintlich ruhmreichere Tage, sondern gemahnt durch die Büsten Popes und des Kronprinzen Frederick an die politisch mögliche Alternative zur schlechten Gegenwart.

Villa Rotonda von Andrea Palladio (1508–1580), Vicenca. Ein in der strengen Pointierung des Architektonischen vorbildhafter Bau vor allem für die englische Baukunst der nachfolgenden Jahrzehnte

Der englische Landsitz bestand nicht nur aus dem Park, ein wesentlicher Teil dieser Gesamtkunstwerke war auch die Villa selbst. Der vorherrschende Stil dieser Landvillen war ab etwa 1720 der Neopalladianismus, der sich aus dem italienischen Vorbild des 17. Jahrhunderts ableitete. 1715 waren in England zwei wichtige Werke erschienen; zum einen die englische Ausgabe der Schriften Palladios »Vier Bücher zur Architektur«, zum anderen das von dem Architekten Colin Campbell herausgegebene Werk »Vitruvius Britannicus«, die beide zur Verbreitung Palladios und der vitruvianischen Architekturtradition in England beitrugen. Wiederum war es dann aber Burlington selbst, der bei der Verbreitung des Stils in England eine Hauptrolle spielte. Seiner Variation von Palladios berühmter *Villa rotonda* (1725) in *Chiswick* folgte eine große Zahl von Bauwerken im Geiste klassischer Einfachheit. Der Stil entsprach dem Wunsch nach Schlichtheit und Dezenz und war in seiner nüchternen Strenge der barocken Pracht in ihrem zügellosen Überfluß entgegengesetzt. Wie in seiner Art der Park brachte er die gewünschte antimonarchische Grundtendenz zum Ausdruck und galt in seiner Klarheit und Einfachheit als Muster von Natürlichkeit. Darüber hinaus war der Stil durch den antiken Ursprung gerechtfertigt. »Lern nur die Regeln der Alten wahrhaft achten / Denn sie nachahmend, ahmst Du die Natur nach«, so hat Pope den Zusammenhang von antiken Architekturregeln und den Regeln der Natur formuliert.[20]

Der Neopalladianismus ist sinnfälliger und durch die ganze Geschichte des englischen Parks hindurch beibehaltener Ausdruck einer in seiner würdevollen Feierlichkeit moralischen Architektur. Palladianisches Landhaus und natürlicher Landschaftspark formten eine Einheit – zu der sich freilich im Verlauf der Entwicklung weitere Stilelemente wie die neu entdeckte Neogotik gesellten, die vor dem Hintergrund nationaler Größe die Ideale Freiheit und Natürlichkeit symbolisch verband und dabei die These des Zusammenhangs von politischer Freiheit und einer Blüte der Künste zu bestätigen schien.

Die weitere Entwicklung des Landschaftsgartens in England kann hier nur skizziert werden. Kents Nachfolger wurden ab der Mitte des Jahrhunderts Lancelot Brown (1716–1783) und Sir William Chambers (1723–1796), deren kontroverse Auffassungen zu heftigen ästhetischen Debatten führten. Brown, dessen gängiger Beiname »Capability« auf die Technik anspielt, bei der Anlage eines Parks stets von den naturgegebenen Möglichkeiten und Voraussetzungen auszugehen, die er lediglich einer Verbesserung (*improvement*) im Sinne größtmöglicher Harmonie der natürlichen Elemente unterzog, gestaltete unter weitgehendem Verzicht auf Parkarchitekturen weiträumige, ruhig wirkende Parkareale. Große Wiesenflächen, gewelltes Gelände (*undulating grounds*), Baumgruppen (*clumps*) und ausgedehnte Wasserflächen wurden die Hauptmerkmale seiner zahlreichen, insgesamt über 200 Gärten. Sie haben ihm alsbald den Vorwurf eingetragen, zu stark auf künstlerische Akzente zu verzichten und die Annäherung an die natürliche Landschaft zu weit zu treiben. Im Gegensatz dazu propagierte Chambers in seinen beiden Hauptschriften »Design of Chinese Buildings« (1757) und »A Dissertation on Oriental Gardening« (1772) den Typus des *jardin anglois-chinois*. Gärtnerisches Hauptwerk von Chambers, der selbst Reisen nach China unternommen hatte, war der königliche Garten von Kew, der eine Vielzahl dekorativer architektonischer Elemente und stimmungsvoller exotischer Szenen enthielt, unter anderem eine Moschee, ein Haus des Konfuzius sowie jene berühmte Pagode, die zum Vorbild des chinesischen Turms im *Englischen Garten* in München wurde.

All diese Gartenformen, die vollständigkeitshalber noch durch die Form der *ornamented farm*, der Zierfarm, wie sie der Dichter William Shenstone (1714–1763) in seinem Park *Leasowes* verwirklichte, ergänzt werden muß, haben in Deutschland ihre Nachahmer gefunden. Beigetragen haben dazu neben den Englandbesuchen der Bauherren die große Zahl beschreibender und theoretischer Werke zur Gartenkunst, die ab den siebziger Jahren des Jahrhunderts erschienen und meist nur kurze Zeit später ins Deutsche übersetzt wurden. 1771 erschienen Thomas Whatelys »Observations on modern Gardening« (»Betrachtungen über das heutige Gartenwesen, durch Beispiele erläutert«). Geistesgeschichtlich bedeutsam wurde vor allem Edmund Burkes »Enquiry into the Origin of our Ideas of the Sublime and Beautiful« (»Untersuchung über den Ursprung unserer Begriffe vom Schönen und Erhabenen«.) Es folgten William Masons und Sir William Chambers' »Dissertation on oriental gardening« (»Über die orientalische Gartenkunst«, 1775). Bereits einen Rückblick und eine Bestandsaufnahme der historischen Entwicklung stellt der 1789 in deutscher Übersetzung erschienene Essay von Horace Walpole »Über die englische Gartenkunst« dar (»On modern gardening«, 1770). Einen vorläufigen Abschluß bilden die Schriften Humphry Reptons (»Observations on the theory and praxis of landscape Gardening«, 1803), der vor allem Fürst Pückler-Muskau beeinflußte.[21]

Der Landschaftsgarten in Deutschland

Rezeption des englischen Vorbilds, Vorformen, Sentimentale Gärten

Niemand glaubt sich in einem Garten behaglich, der nicht einem freien Leben ähnlich sieht; an Kunst, an Zwang soll nichts erinnern, wir wollen völlig frei und unbedingt Atem schöpfen.
Johann Wolfgang Goethe

*Wörlitz, Dessau-Wörlitzer Gartenreich.
Goldene Urne, links im Hintergrund die Neue Brücke,
rechts der Warnungsaltar.*

Horace Walpole, der eingangs erwähnte Sohn des ersten englischen Premierministers Robert Walpole, bemerkte in seinem 1770 erschienenen Essay zur Geschichte des englischen Gartens, daß der neue, natürliche Stil am ehesten in Deutschland Aufnahme und Verbreitung finden würde. Zum einen sei das Klima vergleichbar, zum anderen kämen gerade die deutschen »little princes« als Bauherren in Frage, da sie »keinen Aufwand bei ihren Palästen und Landhäusern schonen« würden, ein Aufwand, der sich »nur für die Wohlhabenheit eines freien Landes (schickt), wo unter vielen unabhängigen Privatpersonen Wetteifer herrscht«.[1] Walpoles Prophezeiung hat sich als zutreffend erwiesen. In den siebziger Jahren des 18. Jahrhunderts setzte in Deutschland eine regelrechte Englische–Garten–Manie ein, in deren Folge neue, aufwendige Anlagen entstanden. Der Wörlitzer Park des Fürsten Franz von Anhalt-Dessau bildete den Auftakt, fast zeitgleich schuf Graf Johann Ludwig von Wallmoden-Gimborn den *Georgengarten* in Hannover-Herrenhausen.[2] 1774 entstand die Anlage des Herzogs Karl Eugen von Württemberg in Hohenheim bei Stuttgart, 1776 die des Mainzer Kurfürsten von Erthal in Schönbusch bei Aschaffenburg, kurz darauf die des Erbprinzen Wilhelm in Hanau. 1778 legte Goethe zusammen mit dem Großherzog Karl August nach dem Wörlitzer Vorbild in Weimar den *Park an der Ilm* an. Auch alte barocke Anlagen wurden dem neuen Stil angepaßt und erfuhren Veränderungen oder Erweiterungen im landschaftlichen Stil. Paradebeispiele hierfür sind der 1776 landschaftlich erweiterte Schwetzinger Park des pfälzischen Kurfürsten Karl Theodor sowie bereits zuvor die große Anlage auf der Kasseler Wilhelmshöhe. Englische Gärten waren in wenigen Jahren zur Mode geworden, der Fürsten und adelige Landbesitzer mit Begeisterung folgten. Die neue Art der Gestaltung entsprach dem naturverbundenen Geist der Zeit. Bereits 1774 sah der Essayist Justus Möser jedenfalls genug Grund zu einer Satire (»Das englische Gärtgen«), in der er sich über die allgemeine Anglomanie lustig machte, und wenig später konnte Goethe in der Dramensatire »Triumph der Empfindsamkeit« (1777) den verbreiteten Gefühlskult verspotten, der in den mit Staffagebauten durchsetzten ersten Anlagen zu einer geradezu musealen Erinnerungskunst geführt hatte: »Denn, notabene! in einem Park / Muß alles Ideal sein, / Und salca venia jeden Quark / Wickeln wir in eine schöne Schal' ein, / So verstecken wir zum Exempel / Einen Schweinestall hinter einem Tempel; Und wieder ein Stall, versteht mich schon, / Wird geradewegs ein Pantheon.«[3]

Auf die von Rousseau geprägte und gerade in Deutschland lebendige naturselige Grundstimmung der Zeit, die der Übernahme des englischen Gartens den Boden bereitete, wird gleich noch zu kommen sein. Selten läßt sich der Beginn der Rezeption eines Stils aber so konkret mit einem bestimmten Ereignis identifizieren wie im Fall der deutschen Rezeption der englischen Gärten. Initialwirkung hatte die Englandreise des Fürsten Franz von Anhalt-Dessau, der 1764 in Begleitung seines Architekten Erdmannsdorff und seines Gärtners Eyserbeck die erste seiner insgesamt vier Bildungsreisen antrat, die ihn außer nach Italien auch nach England führte. Direkt im Anschluß an diese erste Reise machte er sich in Zusammenarbeit mit seinen Begleitern daran, die gewonnenen Eindrücke in seinem eigenen Reich zu verwirklichen. Der Wörlitzer Park aber, der in den kommenden Jahrzehnten zur vielleicht getreuesten Nachbildung einer englischen Anlage vervollkommnet wurde, avancierte alsbald zu einer europäischen Sehenswürdigkeit ersten Ranges, die scharenweise Landbesitzer, Künstler und Poeten anzog. In der Folge wurde eine Englandreise für jeden, der mit Gartenkunst zu tun hatte, ein Muß: »Was Italien für den reisenden Maler ist, das würde England für den Gartenkünstler sein«, kommentierte der deutsche Gartentheoretiker Hirschfeld.[4]

Sckell reiste 1775 nach England, und noch Lenné und mehr noch Pückler orientierten sich auf der Insel an den jeweils aktuellen Tendenzen der Gartenkunst. Tatsächlich hätten ohne den direkten Kontakt mit den englischen Bauherren und Architekten und ohne die persönliche Anschauung ihrer Werke weder die Gärten des Fürsten Franz noch später die Sckells oder Pücklers jene überzeugende und lebendige Wirkung erzeugen können, die dazu beitrug, daß der neue Stil sich etablieren und schließlich durchsetzen konnte.

Die eben zitierten ironischen Verse Goethes zielten auf eine gerade in Deutschland häufige Stilvariante des Landschaftsgartens, den sentimentalen oder empfindsamen Garten. In der Literatur wird dieser Typus von drei anderen Formen des Landschaftsgartens unterschieden:[5] zum einen von einer mit chinesischen Elementen spielenden Frühform, die noch in der Welt des Rokoko beheimatet ist, ferner vom sogenannten klassischen Stil, wie er sich insbesondere bei Sckell findet, und schließlich von einem romantischen Stil, der sich in wiederum unterschiedlichen Ausprägungen vor allem bei Pückler, zum Teil bei Lenné – bei dessen Anlagen in Potsdam sich bereits wieder eine Tendenz zum architektonischen Garten geltend

Ausgewählte Szenen aus Daniel Chodowieckis (1726–1801) Radierungszyklus: »Natürliche und affektierte Handlungen des Lebens«, den er 1779/80 für den Göttinger Taschenkalender auf Anregung Georg Christoph Lichtenbergs gestaltete. Die moralisierende Szenenfolge kontrastiert naturwidrige, prätentiöse, höfische Umgangs- und Verhaltensweisen mit ihrem natürlichen, schlichten, bürgerlichen Gegenteil, markanterweise vor dem entsprechenden gärtnerischen Hintergrund von französischem und englischem Garten.

macht – sowie zum Beispiel im Park Wilhelmshöhe findet. Freilich sind diese Unterscheidungen idealtypische Einteilungen, denen die vorhandenen Gärten nie ganz in Reinform entsprechen. Am deutlichsten und auch heute noch erkennbar ist der Unterschied zwischen den empfindsamen, eher emblematischen, sprich bedeutungs- und symbolhaltigen Gärten der Frühzeit und der reifen, abgeklärten und expressiven Klassizität vor allem der Sckellschen Spätwerke.

Weder in ihrer sentimentalen noch in ihrer klassischen Form sind die englischen Gärten in Deutschland einfach eine Kopie des Originals. Dies ist jedoch keine Überraschung. Selten zeigt sich die Übernahme eines Stils in einem anderen Land vollkommen konform mit dem Vorbild, vor allem dann nicht, wenn sie eine Generation später erfolgt. Modifikationen der ursprünglichen Vorlage sind zu erwarten, deren Hauptgrund in den – verglichen mit England – gesellschaftspolitisch rückständigeren Voraussetzungen zu sehen ist. Die Bauherren und Besitzer der Parkanlagen in Deutschland waren – ganz anders als in England, wo sie zu einer bürgerlichen Schicht vermögender Landbesitzer gehörten, die ihre Landvillen ursprünglich als Entwürfe eines liberalen Weltentwurfs verstanden wissen wollten[6] – zumeist Fürsten, die ihre Kleinstaaten aller Aufklärung zum Trotz noch mehr oder weniger absolutistisch regieren. In Deutschland fehlte weitgehend das in England wichtige politische Motiv, das die Freiheitssymbolik des natürlichen Parks auf eine entsprechende staatliche und gesellschaftliche Realität bezog. Es fehlte wohl auch das Selbstbewußtsein, das sich aus dem Gefühl der Zugehörigkeit zu einer Nation speiste, die sich politisch und ästhetisch auf der Höhe der Zeit wußte.

Dagegen verweisen die deutschen sentimentalen Gärten in ihrem eher idyllischen Charakter auf die empfindsame Literatur der Zeit. In den Bildern der Naturidylle, die sie von dort übernahmen, war keine konkrete politische Freiheit gemeint. Freiheit meinte hier nun die des fühlenden, von gesellschaftlichen Rollenzwängen befreiten Individuums. Das Gefühl, die angemutete Stimmung war Selbstzweck, der keine Handlungsaufforderung zur Veränderung gesellschaftspolitischer Realitäten folgte.[7] Dagegen besaßen die frühen Gärten in England (beispielsweise vermittels der Büsten von oppositionellen Politikern) eine deutlich politische, geradezu tagespolitische Stoßrichtung. Die in den empfindsamen deutschen Gärten angemuteten Philosophien und Dichtungen spiegelten dagegen zuallererst den privaten Bildungshorizont, die durch Büsten vergegenwärtigten Persönlichkeiten das ethische Ideal der Bauherren wider. Früheren absolutistischen Potentaten nicht unähnlich inszenierten sie letztlich wieder sich selbst; nun allerdings waren sie sozusagen moralisch gerechtfertigt durch eine humanistische und aufgeklärte Bildung.

Die Grundmerkmale der seit der Mitte des 18. Jahrhunderts vorherrschenden literarischen Strömung der Empfindsamkeit sind ein meist mit unmittelbarer Naturerfahrung verbundener Gefühlsüberschwang, die skrupulöse Beobachtung innerseelischer Regungen und eine Vorliebe für naturnahe Einfachheit und menschliche Ungekünsteltheit. Als Übersetzung des Titels von Laurence Sternes »Sentimental journey« selbst gewissermaßen ein englischer Abkömmling, war die literarische Richtung der Empfindsamkeit zunächst tatsächlich von der englischen Romanliteratur von Samuel Richardson und Laurence Sterne beeinflußt.[8] In Deutschland gehörten ihr die Schäferdichtung des Schweizers Salomon Gessner ebenso an wie die ländlichen Idyllen von Johann Heinrich Voß, Klopstocks Hymnen und sein »Messias« (1773 vollendet) oder Goethes »Werther«. Charakteristisch für die Epoche waren Dichterbünde, von denen die bekanntesten der Göttinger Hain um Klopstock sowie der Darmstädter Kreis um die hessische Landgräfin Karoline und den Dichter Johann Heinrich Merck waren. Letzterem gehörte neben Herder zeitweise auch Goethe an.

Kennzeichnend für das Zusammenspiel von literarischer Empfindsamkeit und Gartenkunst war, daß die Literatur nicht nur als zitierte Erinnerung im Garten erschien, sondern die künstlerische Entwicklung in Form einer ästhetischen Reflexion begleitete. Beide, Literatur und Gartenkunst, priesen das Natürliche und verwendeten dabei die gleichen Argumente. In ihrer Kritik beispielsweise an der strengen Formensprache der klassischen französischen Dramatik und der Vorliebe für die vermeintlich natur- und lebensnäheren Dramen Shakespeares entsprach die Literaturtheorie der gartenkünstlerischen Kritik am französischen Barockgarten. Stein des Anstoßes für Literatur wie Gartenkunst war die Unnatur einer als formelhaft und kalt empfundenen Artifizialität, die die Kunstformen ebenso wie das höfische Leben kennzeichnete. Die Frage der Gartengestaltung – ob artifizieller französischer oder natürlicher englischer Stil – erhielt geradezu fundamentalen Charakter; der Garten wurde zu einem Sinnbild, das zur Beschreibung der unterschiedlichsten Lebensbereiche geeignet schien: »Darum stört uns jede sich aufdringende Spur der despotischen Menschenhand in einer freien Naturgegend, darum jeder Tanzmeister-

Bomarzo, Sacro Bosco, Theater und schiefes Haus

zwang im Gange und in den Stellungen, darum jede Künstelei in den Sitten und Manieren, darum alles Eckige im Umgang, darum jede Beleidigung der Naturfreiheit in Verfassungen, Gewohnheiten und Gesetzen.«[9] Eine Störung, ja ein Ärgernis war insbesondere – dieser Vorwurf taucht in zahllosen Kommentaren auf – der Charakter der Regelmäßigkeit und Monotonie. Er verursachte nicht nur *ennui* (Langeweile), sondern war geradezu die Quintessenz der als Last empfundenen Stil- und Lebensform des Aristokraten. Auf die Gartenkunst bezogen hat Hirschfeld den grundsätzlichen Gegensatz formuliert: »Noch eine widrige Wirkung der Symmetrie ist die Einförmigkeit und Langeweile, die von ihr unzertrennlich ist, und die der Bestimmung der Gärten gerade entgegen steht. Alles, natürliche und künstliche Gegenstände, alles sieht sich so gleich; keine Mannigfaltigkeit, keine angenehme Unterbrechung; alles ist auf einmal überschaut, auf einmal begriffen. Wir fühlen es, daß die Eindrücke bald ermatten, alle Kraft verlieren; wir wollen beschäftigt sein, und finden nichts, das uns mehr rührt; wir entwinden uns der Langeweile, indem wir über den engen gesperrten Bezirk des Gartens hinaus in die freien Gefilde wandeln, wo die Natur uns wieder mit der ihr eigenen Mannigfaltigkeit reizender Szenen ergötzt.«[10] Fast zeitgleich hat Schiller die Gleichsetzung von Schönheit und Freiheit an dieser Opposition der Gartenstile ausgerichtet: »Eine Birke, eine Fichte, eine Pappel ist schön, wenn sie schlank emporsteigt; eine Eiche, wenn sie sich krümmt; die Ursache ist, weil diese sich selbst überlassen, die krumme, jene hingegen die gerade Richtung haben.«[11]

Daß die Begeisterung, mit der empfindsame Gärten angelegt wurden, viel mit einer privaten, fern aller Öffentlichkeit stattfindenden Naturerfahrung zu tun hatte, die das Erlebnis Park vermittelte, belegen zahlreiche Äußerungen, sowohl der Bauherren wie der damaligen Besucher. Deutlich wird dabei, daß das Naturerlebnis zunehmend nicht mehr in Gesellschaft wie im Barock und Rokoko, sondern allein gesucht wird. So beschreibt Herzog Karl August, der gelegentlich in seinem Weimarer Park übernachtete, eine ganz private Stimmung, die ihm der Aufenthalt im Park vermittelt: »Ich war so ganz in der Schöpfung und so weit von dem Erdentreiben. Der Mensch ist doch nicht zu der elenden Philisterei des Geschäftslebens bestimmt; es ist einem ja nicht größer zu Mute, als wenn man doch die Sonne so untergehen, die Sterne aufgehen, es kühl werden sieht und fühlt, und das *allein so für sich*.«[12]

Auch Goethe deutet einen Zusammenhang von Kontemplation, gefühlter Einheit mit der Natur und englischen Gärten an, wenn er schreibt: »Da laß ich mir von den Vögelein etwas vorsingen, und zeichne Rasenbänke, die ich will anlegen lassen, damit Ruhe über meine Seele kommt. Es geht gegen elf und ich habe gesessen und einen englischen Garten gezeichnet. Es ist eine herrliche Empfindung dahausen im Feld *allein* zu sitzen (…)«[13]

Vorformen des Landschaftsgartens

Das Motiv des empfindsamen Menschen, der – allein für sich – in der kontemplativen Begegnung mit der Natur sich seiner selbst in einem wesentlichen Sinn bewußt wird, läßt die in den empfindsamen Gärten noch spürbaren religiösen und naturreligiösen Spuren deutlicher hervortreten. Ein Blick auf die Vorformen des Landschaftsgartens zeigt, daß neben den englischen Einflüssen, gleichsam verdeckt, auch religiöse und naturreligiöse Strömungen maßgebend waren, die gerade den empfindsamen Gartenstil vorbereiteten.

Natürliche Elemente gab es schon in den Gärten der Renaissance und des Barock.[14] Der Wald (*bosco*), vergleichbar dem *wildnuss* in deutschen Barockgärten, war nicht nur ein Stück Wildnis (*selvaggio*), sondern stellte es auch dar. Er bildete den Kontrast zur rationalen, geometrischen Regeln folgenden Architektonik des übrigen Gartens, der als geordneter Kosmos des Gegenteils zu seiner Selbstvergewisserung sozusagen bedurfte. Abgesehen von Jagd- und

Bomarzo, Monster Drachenkopf: Über dem Ausgang, der als Pforte zum Inferno Dantes interpretiert wird, befindet sich die Inschrift »Ogni pensiero vola« (»Jeder Gedanke fliegt«)

Oben: Kuks, Bethlehem. Das Felsrelief von Mathias Braun zeigt die Ankunft der Heiligen Drei Könige

Unten: Kuks, Bethlehem. Felsrelief von Mathias Braun mit der Hubertuserscheinung

Tierparks, aus denen sich, wie beispielsweise in Aschaffenburg, gelegentlich auch der Landschaftsgarten entwickelte, bildete derart ungezügelte Natur in den Gärten jedoch lediglich eine Randzone des Gartens und war auf einen engen Bezirk begrenzt. Es gab allerdings auch Ausnahmen: Eine der bekanntesten ist der manieristische Wald- und Felsenpark von *Bomarzo* in der Nähe der alten Bischofsstadt Viterbo in Latium. Hier wird schon durch den Namen des *sacro bosco*, des Heiligen Waldes, ein naturreligiöser Zusammenhang angedeutet. Der Herzog von Bomarzo, Francesco Orsini, hatte in der Mitte des 16. Jahrhunderts unterhalb des gleichnamigen Städtchens entlang eines bewaldeten Hügels einen Park anlegen lassen, den er mit kolossalen Phantasieskulpturen, skurrilen Monstern, Drachen, riesigen Elefanten und Schildkröten ausstaffierte. Ein schief gebautes Haus, Höhlen sowie antikisierende Bauten wie ein Theater, ein Hippodrom und ein Tempel steigern noch die befremdliche Wirkung der Szenerie. Viele Einzelheiten dieses eigenartigen Parkprogramms sind heute unverständlich. Erkennbar ist immerhin das Grundthema: die Geschichte des »Rasenden Roland« aus Ariosts zeitgenössischer Dichtung (1516). Sicherlich ist der bizarre Manierismus des Parks von Bomarzo ein Sonderfall in der Geschichte der Gartenkunst, entsprungen der ungewöhnlichen Phantasie seines Auftraggebers, von dem man sagt, er habe sich nach dem Scheitern seiner politischen Ambitionen in eine gartenkünstlerische Phantasiewelt fern von Rom zurückgezogen. Bomarzo hat jedoch in den Felsengärten von Kuks und Sanspareil Nachfolger gefunden.

Ein religiöser, genauer naturreligiöser Hintergrund wurde in ganz anderer Weise im ostböhmischen *Kuks* in der Landschaft umgesetzt. Der kaiserliche Statthalter in Böhmen, Graf Franz Anton Sporck, ließ dort, in der Nähe seiner barocken Elbresidenz, einem seinerzeit weithin bekannten Bad, in den zwanziger Jahren des 18. Jahrhunderts einen Waldgarten anlegen, den er mit überlebensgroßen Büßer- und

Oben: Nymphenburg, Magdalenenklause

Unten: Bayreuth, Eremitage, Altes Schloß, 1715–1718. Die rustikale Tuffsteinfassade des Alten Schlosses unterstreicht den Charakter von Naturnähe.

Heiligenfiguren bevölkerte. Bethlehem hieß der Naturpark, dessen Programm mit den Ambitionen des Bauherrn in Zusammenhang stand, der der religiösen Reformbewegung der Jansenisten angehörte und auf der hauseigenen Druckerei selbstverfaßte Erbauungsschriften drucken ließ. Die Parkfiguren waren aus den vorhandenen Felsen gemeißelt worden und stellten zusammen mit dem naturbelassenen Felsmaterial eine aus Natur bestehende und in Natur eingebettete heilige Szenerie dar. Der Schöpfer dieser ausdrucksstarken Figuren war der in Böhmen bekannte Barockbildhauer Matthias Braun (1684–1738). Er schuf die steinernen Eremiten sozusagen als künstlichen Ersatz für die ursprünglich tatsächlich hier hausenden Eremiten. Der Wald besteht aus einer Vielzahl felsiger biblischer Szenen: Eine heilige Grotte, an ihren Außenwänden mit Reliefs geschmückt, markiert die Geburtsstätte Christi; man begegnet skurrilen Waldmenschen und Heiligen wie der eindrucksvollen knieenden Figur des heiligen Garino vor seiner Höhle: »Christliche Symbole und naturphilosophische Anschauungen, der transzendente christliche und der pantheistische Gottesbegriff«[15] vermischen sich in diesem »heiligen Wald«. Eindringlich wirkt der Realismus der Figuren Brauns, die illusionistisch wie versteinerte Menschen in Szene gesetzt wurden.

Ein anderes, ebenfalls im Barock bereits existierendes Motiv ist das der Einsiedelei oder Eremitage. Ihr Zweck war, dem Wunsch des Menschen nach Einsamkeit, Einkehr und Besinnung Genüge zu tun. Die *Magdalenenklause* im Park von Nymphenburg, ein im Schatten eines Wäldchens gelegener rechteckiger flacher Bau, der sich durch das unbearbeitete Material äußerlich das Aussehen einer Ruine gibt und im Inneren einen als Grotte ausgestalteten Kapellenraum birgt, wurde schon 1725 von Joseph Effner für den Kurfürsten Max Emanuel als Stätte religiöser Besinnung und des Rückzugs vom höfischen Zeremoniell erbaut. Auffallend ist hier die Mischung romanischer, gotischer und maurischer Formelemente, die bereits auf

Oben: Felsenpark Sanspareil, Belvederefelsen

Unten: Bayreuth, Eremitage, Untere Grotte, 1737–1740

den Stilpluralismus und Historismus späterer Staffagebauten vorausdeutet. 1728 wurde die Kapelle durch den Wittelsbacher Erzbischof und Kurfürsten von Köln, den Sohn Max Emanuels, Clemens August, geweiht.

Das vielleicht prominenteste Beispiel einer Eremitage ist die *Schloßgarteneremitage von Bayreuth*, die Markgraf Georg Wilhelm 1715 bis 1718 in einem von einer Mainschleife umfaßten Waldgebiet anlegen ließ. Auch hier war das Bedürfnis nach Einsamkeit das Motiv, lautete doch das Motto des Bauherrn: »Ich bin allein, wenn ich vergnügt sein will.« Den Mittelpunkt bildet ein einfacher eingeschossiger, um einen klosterförmigen Innenhof gruppierter Schloßbau (das *Alte Schloß*), der eine Reihe von Mönchszellen enthielt. Der angrenzende architektonische Gartenbezirk geht in ein ausgedehntes Waldgebiet über, in dem früher eine Reihe von Einsiedeleien, einfache mit Rinde verkleidete Holzhäuschen, den Wunsch nach Einsamkeit in der Natur erfüllten. 1753 wurde unter der Markgräfin Wilhelmine, der Schwester Friedrichs II. von Preußen, die Anlage um die festlich-theatralische *Neue Grotte* ergänzt. Bereits seit den vierziger Jahren wurden weitere Staffagebauten hinzugefügt, darunter ein imposantes Ruinentheater und das in Form eines antiken Säulengrabmals errichtete Ruinendenkmal des Lieblingshundes Folichon. Am Rande der von hohen Bäumen umgebenen *Unteren Grotte* steht noch heute das in den Hang gebaute Eremitenhaus des Markgrafen. Ein weiterer, heute nicht mehr vorhandener Tempel enthielt nach dem englischen Vorbild von Stowe die Büsten berühmter Geistesgrößen (*uomini illustri*) wie Descartes, Leibniz, Bayle, Newton und Locke. Den englischen Einfluß, der sich aus einem gescheiterten Heiratsprojekt der Markgräfin mit dem Prinzen von Wales erklärt, verrät auch der *belt-walk*, der oberhalb des Mains fast die gesamte Anlage wie ein Gürtel umläuft. In ihrer Gesamtheit markiert die Bayreuther Eremitage den Übergang von der heiter-verspielten Atmosphäre eines ländlichen Rokoko-Lustschlößchens zur weltflüchtigen, ernsten

Felsenpark Sanspareil, seitlicher Aufgang des Ruinentheaters

Hingabe an eine stimmungsvolle Naturidylle; es ist ein Ort, an dem man, wie Voltaire seiner »Äbtissin Wilhelmine« schrieb, »alle Annehmlichkeiten eines Hofes ohne die Unbequemlichkeiten der großen Welt genießen kann.«

1745, gut zwanzig Jahre bevor Wörlitz den gewissermaßen offiziellen Beginn des Landschaftsgartens in Deutschland markiert, ließ Markgräfin Wilhelmine bei Bayreuth mit *Sanspareil* einen weiteren Park anlegen. Er wird gelegentlich »als der früheste sentimentale Landschaftsgarten Deutschlands und des Kontinents« bezeichnet.[16] Wie im Fall von Bomarzo handelt es sich um einen inmitten eines ausgedehnten Waldgebiets gelegenen Felsengarten, der als Kulisse die ursprünglich noch romanische Burg Zwernitz einbezog. Hier gab es weder ein Schloß als architektonisches Zentrum noch anmutige Wiesen und Bäche, statt dessen nichts als Wald und natürlich belassene Felsen, deren bizarre Formationen alle Aufmerksamkeit auf sich ziehen. Dazwischen eine Ansammlung von Staffagebauten, Hütten, Tempel, Ruinentheater und vor allem Grotten, die als Schauplätze mythologischer Ereignisse verstanden werden wollten, als eine Art »mythologischer Robinsonade«[17]. Den gedanklichen Hintergrund der Anlage bildete nämlich ein literarisches Thema, das aus dem zu seiner Zeit verbreiteten Erziehungsroman »Les aventures de Télémaque« (1699) von François Fénelon übernommen und hier ins Naturhafte überführt wurde: Dianengrotte, Vulkansgrotte, Mentorgrotte, Urne des Ulysses, naturalistische Staffagebauten wie kleine Hütten, eine den Sitz des Pan darstellende Sirenengrotte, die Grotte der Kalypso – so heißen die Stationen einer Phantasielandschaft, die die Reiseabenteuer und Versuchungen des jungen Helden Telemach nacherzählen und damit ein altes und gerade in den Gärten gerne inszeniertes Motiv zitieren: die als Lebensprüfung verstandene Abenteuerreise mit einem Aufenthalt auf einer einsamen Insel, die in Daniel Defoes »Robinson Crusoe« (1719) ihr berühmtestes Beispiel besitzt. Nur kurze Zeit vor der Entstehung von Sanspareil war im Park

Seifersdorf, Tempel des Andenkens guter Menschen. Davor steht der Altar der Tugend, aus: W. G. Becker, Das »Seifersdorfer Thal«, 1792

von *Stourhead* in Anlehnung an die »Aeneis« des Vergil dieses Thema auf die gärtnerische Bühne gebracht worden. Von den Staffagebauten sind in Sanspareil heute nur noch einige wenige vorhanden, darunter das sogenannte *Morgenländische Haus*, 1746 um eine einzelne Buche als Mittelpunkt erbaut, und das *Ruinen- oder Grottentheater*, das in einzigartiger Weise das Prinzip der Staffage mit dem der Theaterkulisse verbindet und die romantischen Freilichttheater vorwegnimmt. Zu seiner Zeit war der Felsengarten von Sanspareil als singulärer Vorläufer des Landschaftsgartens tatsächlich »ohnegleichen«. »Die Natur selbst war Baumeisterin«, so beschrieb Wilhelmine ihrem Bruder den Garten, der in seinem Naturalismus einen ganz eigenen Typus darstellt.

Es ist fraglich, ob diese Vorläufer des Landschaftsgartens unmittelbar in die ersten Gärten, die sich bewußt und direkt am englischen Vorbild orientieren – Wörlitz, Weimar, Aschaffenburg und Wilhelmshöhe –, Eingang gefunden haben. Der Einfluß der naturreligiösen Strömung ist eher allgemeiner, ideengeschichtlicher Natur. Allerdings widmete der Gartentheoretiker Hirschfeld den »Tempeln, Grotten, Einsiedeleien, Capellen und Ruinen« in seinem Hauptwerk, der »Theorie der Gartenkunst« (1775–1785), ein eigenes Kapitel (ohne auf die genannten Gärten einzugehen). Er hebt dort den mit diesen Elementen verbundenen stimmungshaften Bezug hervor, der seiner Meinung nach ihre Integration in einen Landschaftsgarten rechtfertigt: Einsiedeleien etwa sind »zur Verstärkung der Eindrücke bestimmt, die stille und melancholische Reviere machen sollen«.[18] Das Atmosphärische, die Stimmung, die mit Ruinen und Einsiedeleien verbunden ist, wurde gesucht, und mit ihnen hielt auch der naturreligiöse Hintergrund Einzug. Der englische Garten hätte jedenfalls nicht die Verbreitung in Deutschland gefunden, wäre er dort nicht auf eine bis zur Mystik zurückreichende Geistesströmung der Verbindung von Religiosität und Naturgefühl gestoßen, deren später Nachfolger der empfindsame Garten ist.

Sentimentale Gärten: Hohenheim, Seifersdorfer Tal, Weimarer Park an der Ilm, Tiefurt

Die ersten »natürlichen« Gärten der siebziger und achtziger Jahre des 18. Jahrhunderts in Deutschland ähnelten noch wenig jenen weiträumigen, erhaben wirkenden Parkarealen mit ihren von stolzen Baumgruppen durchsetzten weiten Wiesenflächen, wie sie in England ab den vierziger Jahren Lancelot Brown geschaffen hatte. Zunächst interessierte an den englischen Vorbildern – neben der generellen Begeisterung für das neue Naturideal – vor allem der Assoziationsreichtum, das Abwechslungsreiche und Erzählerische, das in ihnen zum Ausdruck kam. Wie beim klassischen Landschaftsgemälde aber wurden diese Aspekte in einzelnen, symbolhaften und bedeutungsvollen Architekturszenen gesehen. Die ersten Anlagen in Deutschland fielen entsprechend kleinteilig aus und bildeten durch die Vielzahl ihrer Staffagebauten, ihrer Gedenksteine, Statuen, Büsten und Tempelchen eine durchaus nicht nur natürliche, sondern künstliche und gelegentlich auch gekünstelte Miniaturwelt, die von literarischen und historischen Anspielungen nur so schillerte.

Ein Musterexemplar dieses Typs war der – heute nicht mehr vorhandene – Park des Herzogs Karl Eugen von Württemberg in *Hohenheim* bei Stuttgart. Mit nicht weniger als sechzig Staffagebauten auf engem Raum wurde in diesem *Dörfle* genannten Park ein Programm ländlicher Einfachheit und Ursprünglichkeit inszeniert. Es gewann seine Pointe daraus, daß die diversen Dorfbauten wie Bauernhäuser, Kaufladen, Apotheke, Schule, Rathaus und eine Mühle auf und neben künstlichen Ruinen des antiken Rom errichtet waren. Das Arrangement sollte den Triumph ländlicher Einfachheit über eine untergegangene Zivilisation symbolisieren, erwies sich jedoch beim zweiten Hinsehen als eine fürstliche Spielerei mit der *Idee* der ländlichen Idylle. Denn hinter den Fassaden der

Oben: Hohenheim, Das Rathaus. Gouache von Victor Heidelhoff, um 1790

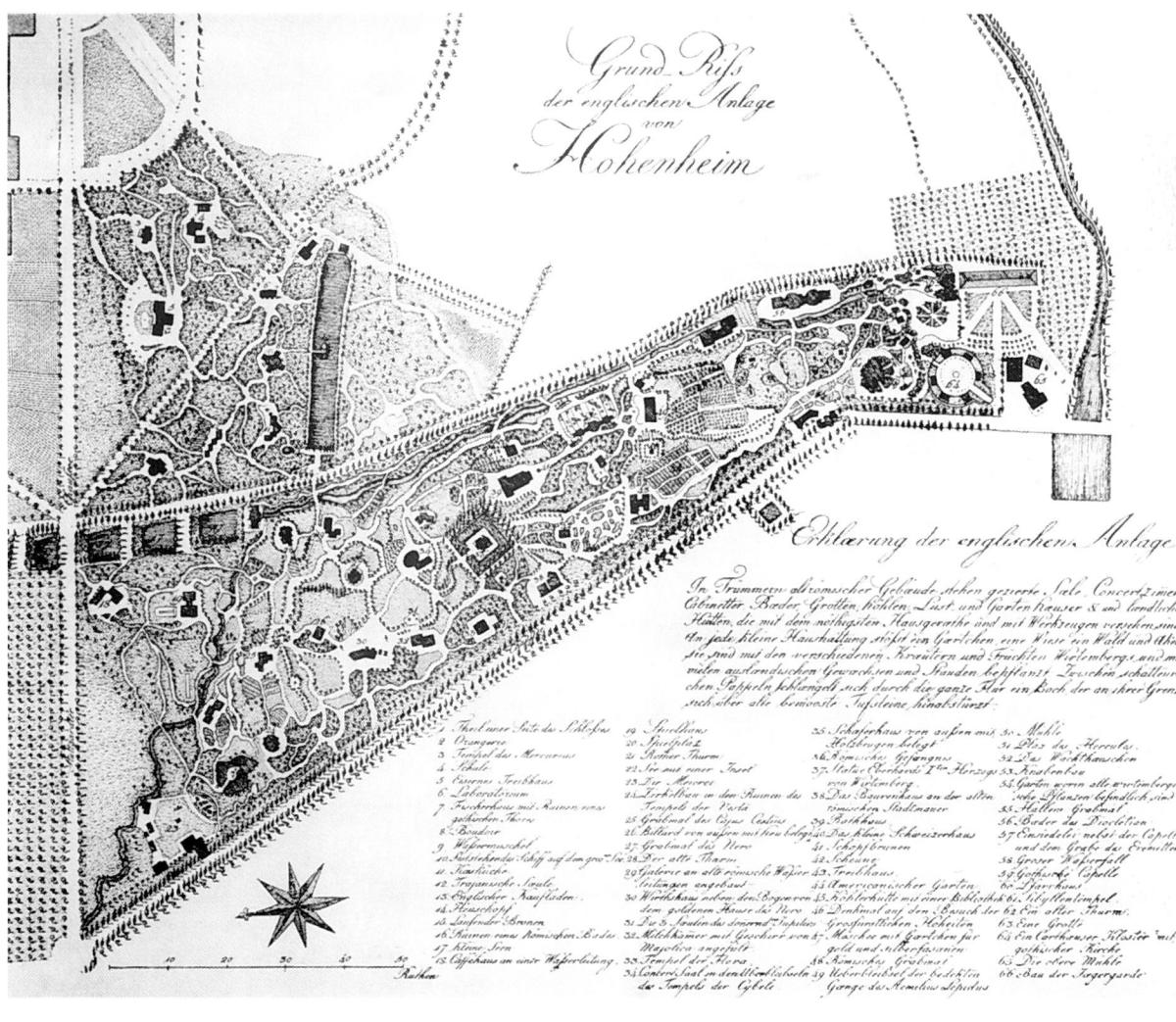

Unten: Plan von Park Hohenheim, aus Victor Heidelhoff, »Ansichten des Herzoglich Württembergischen Landsitzes Hohenheim«, 1795

rustikalen Architekturstaffagen verbarg sich kunstvollste Pracht: So entpuppte sich eine antike Tempelruine als festlicher Konzertsaal, ein altrömischer Gefängnisturm als Rokokofestsaal, eine Köhlerhütte als Bibliothek. De Ligne vermerkt in seiner Beschreibung dieser Miniaturwelt einer *urbs in rure*, einer Stadt auf dem Land: »Um nämlich dasjenige, was andere glücklich genug sind, in ihren Cabinettern auf Kupferstichen zu besitzen, in seinem Garten wirklich zu haben, hat der Herzog die schönsten Werke Italiens, in dem Verhältniß wie vier zu eins, aufführen lassen, so daß (...) seine Säulen z.B. den vierten Theil von denen ausmachen, von welchen uns die Römer so schöne Überbleibsel hinterlassen haben.«[19]

Das englische Dörfle von Hohenheim war eine noch ganz einem absolutistischen Verständnis folgende erste Annäherung an eine ländlichere Sphäre. Insgesamt charakteristischer für die frühen Landschaftsgärten in Deutschland ist der ausgeprägte und enge Bezug zur Literatur, genauer zur empfindsamen Literatur, die in Übereinstimmung mit den geistigen Strömungen der Zeit das Ideal der freien Natur propagierte. Hierbei lag die Betonung ganz auf dem subjektiven Gefühl des Naturbetrachters, dessen Naturerlebnis eine Verinnerlichung erfuhr. Diese Tendenz zur sentimentalen Verstärkung von Naturerfahrung artikulierte sich in unterschiedlicher Deutlichkeit in vielen Gärten des ausgehenden 18. Jahrhunderts. Die markantesten Beispiele für die empfindsam-sentimentalen Anlagen sind neben Wörlitz, das aufgrund des weitergespannten Interessenhorizontes des Fürsten Franz auch andere stilistische Tendenzen aufweist und seiner Bedeutung entsprechend separat behandelt wird, der *Seifersdorfer Park* der Grafenfamilie Brühl bei Dresden, der von Goethe mitangelegte Weimarer *Park an der Ilm* und vor allem der am Rande Weimars gelegene Garten von *Tiefurt*.

Bei der Anlage des Seifersdorfer Tals bei Dresden, von der nur noch einige wenige bauliche Reste erhalten sind, hatten die Bauherren auf eine gärtnerische Gestaltung der natürlichen

Oben: Weimar, Park an der Ilm, Römisches Haus. Der zwischen 1791 und 1797 nach Skizzen Goethes als Wohnhaus für den Herzog errichtete Tempelbau beherrscht den Talgrund

Unten: Weimar, Park Belvedere, Rosenlaube mit den Büsten von Herzog Karl August und Herzogin Luise

Weimar, Schloß Belvedere, 1724–1732

Oben: Weimar, Park an der Ilm. Das am Talrand gelegene Gartenhaus wurde 1776 von Goethe bezogen

Unten: Tiefurt bei Weimar, Musentempel, 1803

Gegebenheiten weitgehend verzichtet. Statt dessen konzentrierte sich die Familie, Graf Moritz Brühl nebst seiner Gemahlin Christiane, auf die reiche staffageartige Ausstattung des Flußtals der Röder, in dem ab 1781 zahlreiche Büsten, Gedenksteine, Tempelchen und Hütten Aufstellung fanden. Der Bezugspunkt dieser Gedächtniskunst war größtenteils die Familie des Bauherrn selbst, deren Mitgliedern und ihrer guten Taten in einzelnen Szenen gedacht wurde. Dem Grafen selbst war eine »Kapelle zum guten Moritz« gewidmet, in dem der patriarchalischen Wohltätigkeit des Freimaurers ein Denkmal gesetzt wurde. Darüber hinaus artikulierte sich im Park besonders explizit die Vorliebe für eine durch literarische Assoziationen bereicherte Gartengestaltung. Neben Büsten von Goethe, Wieland und Herder fanden sich Reminiszenzen der populären empfindsamen englischen Dichter Laurence Sterne und Edward Young. Ihnen wurde mit dem Grab und der Hütte Lorenzos und der Urne für Philander und Narcissa, in Form einer szenischen Wiedergabe einzelner Romanmotive, gedacht. An den italienischen Renaissancedichter Petrarca beziehungsweise dessen Geliebte erinnert das Laura-Denkmal einer abgebrochenen Säule. Eine empfindsam-sentimentale Steigerung kam schließlich auch in verschiedenen Naturszenen zum Ausdruck; eine Reihe von besonders anmutigen Aussichtsplätzen erhielt charakteristische Namen, die den jeweiligen Stimmungscharakter unterstreichen sollten. Ein Platz hieß »lachende Wiese«, ein anderer »Sonnenuntergang«, ein weiterer schließlich lapidar »Ach wie schön«. Kurz nach seiner Entstehung bestand der Seifersdorfer Park aus über vierzig solcher empfindsamer, natürlicher oder durch Monumente angereicherter Szenen. Er folgte dabei keinem einheitlichem Plan, sondern bestand aus einer mehr oder weniger zufälligen Abfolge von Szenen, in denen die Familie Brühl durch das Gedenken an geistige Symbolfiguren ihren persönlichen Bildungshorizont dokumentierte.

Der *Park an der Ilm*, im wesentlichen eine von steilen bewaldeten Hängen eingeschlossene

Tiefurt, das aus Felsen errichtete Herderdenkmal, 1804

Flußaue am Rande des alten Kerns der Stadt Weimar, wurde ab 1778 zunächst unter Mitwirkung Goethes, in den folgenden Jahren zunehmend vom Herzog Karl August selbst angelegt. Wörlitz, das die beiden 1778 besucht hatten, war das erklärte Vorbild; der im Park aufgestellte *Dessauer Stein* mit der Aufschrift »Francisco Dessaviae Principi 1782« erinnert daran. Nachdem Goethe vom Herzog das auf der östlichen Talseite gelegene Gartenhaus als Geschenk erhalten hatte, das er bis 1782 bewohnte, erfolgte eine sukzessive Ausgestaltung des Talgeländes und die Errichtung einer Reihe von Parkgebäuden. Eine empfindsame Stimmung ist im Park nach einigen Kriegszerstörungen und Jahren der Vernachlässigung heute nur noch partiell wahrzunehmen. Während die eigentliche Parkgestaltung auf die kleinräumige, reich bepflanzte Hangpartie konzentriert blieb, zeigt sich der Talgrund, der sich ilmaufwärts bis zum Park des Schlosses Belvedere (der dortige Park wurde in den ersten Jahrzehnten des 19. Jahrhunderts unter der Großherzogin Maria Pawlowna ebenfalls im landschaftlichen Stil umgestaltet) fortsetzt, als eher ländliches, nur durch einige Baumgruppen strukturiertes Wiesengelände. Der schlängelnde Lauf der Ilm verleiht ihm eine pittoreske Note. Emfindsame Ideen waren allerdings bei der Entstehung ein wichtiges Motiv. Das Hoffräulein Christel von Laßberg hatte sich mit Goethes »Werther« in der Hand aus Liebeskummer in die Ilm gestürzt. Die Begebenheit war Anlaß genug für Goethe, an jener Stelle einen als Felsentreppe gestalteten Gedenkplatz, ein »seltsam Plätzchen«, anzulegen, das den Kern der weiteren Anlage bildete. Auch die offizielle Eröffnung des Parks am Namenstag der Herzogin im Juli 1778 war gewissermaßen vom Geist der Empfindsamkeit beseelt. Anläßlich des Luisenfestes hatte Goethe eine, wie Hirschfeld berichtet, »mit Moos und Baumrinden bekleidete«[20] Einsiedelei, das »Luisenkloster«, errichtet, in der den Hofgästen von verkleideten Mönchen ein ländliches Mahl serviert wurde. Die *Sphinxgrotte*, ein kleiner *gotischer Pavillon* und der so-genannte *Schlangenstein* sind weitere dem Geist der Zeit entsprechende sentimentale Parkmonumente. Das von Goethe mitentworfene klassizistische *Römische Haus* schließlich, das nicht nur Staffage, sondern als Gartenwohnung für den Herzog konzipiert war, beherrscht noch heute, an der Grenze zum alten Weimarer Stadtpark gelegen, das Tal.

In dem nur wenige Kilometer flußabwärts von Weimar gelegenen *Tiefurt*, dem Sommersitz der Herzogin Anna Amalia, gingen Gartenkunst, Landleben und Literatur eine besonders innige und für die Zeit charakteristische Verbindung ein. Mehr noch als in Weimar selbst ist hier der empfindsame Stil in der Parkgestaltung erkennbar und die literarisch geprägte Atmosphäre einer ländlichen Idylle lebendig geblieben. Anfang der achtziger Jahre des 18. Jahrhunderts hatte die kunstsinnige Herzogin auf dem Gutshof, der ursprünglich als Landsitz für den Bruder des regierenden Herzogs, den Prinzen Konstantin, bestimmt war, einen Kreis von Literaturfreunden versammelt. Zu ihm gesellten sich im Laufe der Jahre die meisten der Weimarer Größen: Goethe ging ein und aus, Herder und Wieland kamen, gelegentlich auch Schiller. Man trug sich gegenseitig Gedichte vor, präsentierte die eigenen Werke, führte auf einer Freilichtbühne Theateraufführungen auf und publizierte mit dem *Tiefurter Journal* die eigenen literarischen Erzeugnisse. 1782 wurde nächtens am Ufer der Ilm bei Fackelschein Goethes Singspiel »Die Fischerin« aufgeführt. Der Park selbst, ein auf einer Seite vom Hochufer der Ilm halbkreisförmig umschlossenes Wiesenstück, grenzt direkt an das einfache, zweigeschossige Landschlößchen. Im Inneren vermitteln die im ursprünglichen Stil erhaltenen Räume in einer sonst selten zu findenden Geschlossenheit die geistige Atmosphäre jener Jahre höchster kultureller Ambitionen in naturnaher, ländlicher Umgebung. Natürlich gibt es ein Goethezimmer (fünfzigmal hat Goethe sich zwischen 1776 und 1780 ins Gästebuch eingetragen), des weiteren ein Musik- und ein Speisezimmer, in denen die Tischgesellschaft zusammenkam, sich besprach und musizierte. Auch der Park, der in der Mitte des 18. Jahrhunderts durch den Pückler-Schüler Petzold eine Erneuerung erfuhr, hat sein ursprüngliches Gepräge weitgehend bewahren können. Der empfindsame Charakter wird vor allem durch die erhaltenen Denkmäler

Szene aus Goethes Singspiel »Die Fischerin«, das am 22. Juli 1782 im Park von Tiefurt uraufgeführt wurde. Aquarell von Georg Melchior Kraus, 1782

Man suchte die Betrachter in bestimmte Stimmungen zu versetzen und wollte Gefühle erzeugen. Die Büsten und Statuen der Dichter und Philosophen rückten deren Weltbilder und einzelne Romanszenen ins Bewußtsein, manche architektonische Staffagen gaben Reiseeindrücke wieder. All dies war freilich anfangs auch in England der Fall, wenn auch wohl weniger ausgeprägt und ohne die lyrische Note. Quintessenz und Ziel dieser neuen Gartenbilder in Deutschland war das gedankenreiche Naturerlebnis, eine ästhetische Wahrnehmung, die letztlich als ethische Erfahrung aufgefaßt wurde. Die durch die Architektur mit einem konkreten geistigen Inhalt versehene Naturszenerie war Anlaß und Anstoß zu einer sehr privaten Erfahrung, der Garten insgesamt in ganz direktem Sinn »Gefäß für weltanschauliche Inhalte«.[21]

Hirschfelds Gartentheorie

Im vorigen Kapitel wurde auf die verschiedenen englischen gartentheoretischen Schriften hingewiesen, die ab den siebziger Jahren des Jahrhunderts durch Übersetzungen Eingang in die deutsche Debatte über den neuen Stil gefunden hatten. Obwohl diese Werke und die Diskussionen über Form und Stil des Landschaftsgartens, die in ihnen ausgetragen wurden, von den Fachleuten rezipiert wurden, übertraf sie in ihrer Bedeutung für die konkrete Gestaltung der Gärten das umfangreiche und in Deutschland sehr einflußreiche fünfbändige »Theorie der Gartenkunst« (1775–1785) von Christian Cay Lorenz Hirschfeld.[22] Hirschfeld, der selbst erstaunlicherweise England nie gesehen hat, war Professor für Philosophie und Ästhetik in Kiel. In seiner Theorie hat er in einer an scholastische Systematik erinnernden Gründlichkeit eine umfassende Bestandsaufnahme der Gartenkunst seiner Zeit verfaßt und sie in ihren historischen, ästhetischen und vor allem hinsichtlich der als Kompositionsmittel genutzten natürlichen Ele-

vermittelt. Gedacht wurde – dem Geist des Ortes entsprechend – in dieser Weise vor allem den Künsten. In direkter Nachbarschaft des Flusses steht der offene Säulenbau eines Musentempels (1803), eine Büste auf der anderen Ilmseite erinnert an Wieland; sie ist mit einer Inschrift Goethes versehen: »Wenn zu den Reihen der Nymphen, versammeln in heiliger Mondnacht, Sich die Grazien heimlich herab vom Olympus gesellen: Hier belauscht sie der Dichter und hört die schönen Gesänge.« Ein aus Felsblöcken errichtetes Gedächtnismal ist Johann Gottfried Herder gewidmet. Der Musik wird durch den von einer Lyra und den Masken der komischen und tragischen Muse bekrönten *Mozart-Gedenkstein* (1799) gedacht, während eine Statue des *Amor als Nachtigallenfütterer* ebenfalls mit einer von Goethe verfaßten Inschrift der Schauspielerin Corona Schröter und damit der im Park selbst gepflegten Schauspielkunst gewidmet ist. Ebenfalls ein deutlicher Ausdruck einer spezifisch empfindsamen Haltung sind das Trauerdenkmal für den früh verstorbenen Prinzen Konstantin sowie das Leopold-Denkmal, das dem 1785 bei einer Rettungstat in der Oder ertrunkenen Herzog Leopold von Braunschweig gewidmet ist.

Tiefurt und Seifersdorf zeigen in ihrem sentimentalischen Charakter mehr als andere Anlagen den Einfluß der Literatur. Mit ihren literarischen Anspielungen sind sie gewissermaßen selbst eine Form von Literatur; der Gang durch den Park wurde zum literarischen Spaziergang. Dabei mögen sich ebenjene Gefühle wiederholt haben, die die empfindsame Literatur der Zeit selbst bei der Lektüre hervorrufen wollte. Insofern erfuhr der Betrachter im sentimentalen Garten quasi eine Steigerung seiner Leselust. Die Naturszenen wiederum, deren Wirkung auf den Betrachter durch die architektonischen Einsprengsel noch verstärkt wurde, wollten rühren und zu moralischer Besinnung anregen.

Christian Cay Lorenz Hirschfeld, »Theorie der Gartenkunst«, Titelvignette, 1779

mente nach allen Regeln der Kunst analysiert. Hirschfeld differenziert Gärten nach Tages- und Jahreszeiten, nach dem gesellschaftlichen Stand der Besitzer, nach der durch den Park evozierten Stimmung (den melancholischen, heiteren, romantischen und feierlichen Garten). Sogar verschiedene Arten der Bepflanzung, die geeignet sind, die jeweilige Wirkung zu erzielen, werden diesen unterschiedlichen Typen zugeordnet. Schließlich erweitert er die aus England bekannten Vorgaben, indem er als weiteres Kriterium die jeweiligen Aufgaben eines Gartens auflistet und entsprechend Friedhöfe, Klostergärten, Gärten bei Akademien, Bäder und Hospitalgärten in seinen Katalog aufnimmt. In diesem Zusammenhang erfährt der neue Typus des Volksgartens eine erste positive Behandlung, da er der Stadtbevölkerung »Bewegung, Genuß der freien Luft, Erholung von Geschäften (und) gesellige Unterhaltung« erlaubt.[23] Darüber hinaus bot Hirschfeld eine umfangreiche Beschreibung und Würdigung der seinerzeit vorhandenen Parkanlagen, die in ihrer Detailgetreue eine wertvolle Quelle darstellen. Entsprechend der Entstehungszeit des Werks ist auch Hirschfelds Theorie an der frühen Phase des empfindsamen Gartens orientiert. Sein erster ästhetischer Grundsatz verrät ihn ganz als Vertreter eines an der Rezeption orientierten Kunstverständnisses: Bedeutung und Qualität eines Parks bemessen sich nach dem Grad und der Überzeugungskraft der Wirkung auf den Betrachter: »Bewege durch den Garten stark die Einbildungskraft und die Empfindung, stärker als eine blos natürlich schöne Gegend bewegen kann«.[24] Gleichzeitig aber erklärt die Tatsache, daß der Landschaftsgarten in der Lage ist, auf ebensolche Weise zu wirken, den Garten zur Kunstform.

Ein besonderes Merkmal der Theorie Hirschfelds ist sein Versuch, einen Mittelweg zwischen dem französischen Garten und dem englischen Vorbild zu finden. »Also nicht bloße Nachahmung so wenig des engländischen, als des französischen Gartengeschmacks, obgleich, wenn es doch nicht ohne Nachahmung sein könnte, der erste allein der Nachahmung wert wäre. Es wird sich in der Folge zwischen beyden Arten des herrschenden Geschmacks ein Mittelweg ergeben, der, indem er die alte Manier verläßt, sich nicht ganz in die neue verliert (...)«[25] Die Suche nach einer spezifisch deutschen Variante des natürlichen Gartens, der die Extreme vermeidet, wird jedoch bei Hirschfeld noch wenig konkret. In jedem Fall hat seine Kritik an allen ans Rokoko erinnernden, gekünstelten Formen, seine Kritik an der durch die Häufung von Staffagebauten oftmals erzielten Überladung, generell am *jardin anglois-chinois*, der weiteren Entwicklung des Landschaftsgartens gewissermaßen die Richtung vorgegeben.

Hirschfelds Theorie der Gartenkunst besaß seinerzeit den Stellenwert eines Standardwerks. Neben den damals stark verbreiteten Gartenkalendern erzielte sie eine außerordentlich große Breitenwirkung und diente noch vierzig Jahre später Sckell als Orientierungspunkt. Dies gilt auch für den Ansatz eines deutschen Gartenstils, der von Sckell schließlich nicht nur theoretisch aufgenommen wurde. Wenn Hirschfeld als Aufgabe hervorhebt, daß »wir Gärten gewinnen werden, die mit dem Gepräge des deutschen Genies bezeichnet sind«,[26] so konkretisiert sich dies bei Sckell in der Absicht, zum Beispiel im *Englischen Garten* in München ein Denkmal der großen vaterländischen Ereignisse sowie ein Pantheon der großen bayerischen Regenten zu errichten.[27] Auch die Volksgartenidee ist bei Hirschfeld »ein neues und fruchtbares Feld für die patriotische Gartenkunst«, da sie erlaubt, nationale Themen und Inhalte mit größtmöglicher öffentlicher Wirkung umzusetzen. Besondere Aufmerksamkeit gilt »Gebäude(n), Statuen, Büsten und andere(n) Denkmäler(n), die das Volk an sein einheimisches Verdienst, an die Wohltätigkeit seiner Patrioten, an das Glück seiner Nationalbegebenheiten erinnern, sind sie nicht an Würde und Kraft weit mehr, als die Bildsäule eines Faun?«[28] Auch in diesem Punkt hat sich Sckell mit dem Englischen Garten als Nachfolger Hirschfelds erwiesen.

National eigenständige Tendenzen sind somit nicht nur in den empfindsamen Strömungen der ersten Phase des Landschaftsgartens zutage getreten, sondern auch später in der sogenannten klassischen Phase bei Sckell. Daß mit dieser nun wieder repräsentativeren Stilvariante des Landschaftsgartens – die in ihrem indirekten Lob der Fürstenherrschaft eigentlich den ursprünglichen kritischen Impulsen der ersten englischen Gärten widersprach – formal erneut eine Annäherung an das englische Vorbild erreicht wurde, weist darauf hin, daß der Landschaftsgarten als Kunstform inzwischen so allgemein akzeptiert war, daß er unterschiedliche ideologische Intentionen erfüllen konnte.

*Der Landschaftsgarten –
Grundzüge der Gestaltung*

*Links: Claude Lorrain, Aeneas in Delos, 1672.
National Gallery, London*

*Unten: Schwetzingen. Prinzip Bewegung: geschwungene
Linien, natürliche Formen. Sckells erste landschaftlich
gestaltete Partie*

Als gestaltete Natur kennt der Landschaftsgarten wie andere Kunstwerke formale Grundsätze und Regeln der Komposition. Sie haben sich im Laufe seiner Entwicklung in dem Maße herausgebildet, in dem die Gartenkünstler ihre eigene Arbeit kommentierten und systematisierten, denn bis auf Hirschfeld waren in Deutschland die Gartenkünstler nicht selten auch ihre eigenen Theoretiker. Nur Natur war der Landschaftsgarten natürlich zu keiner Zeit, sondern »Natur in ihrem festlichen Gewande« (Sckell) oder in den Worten Hirschfelds: »Kunst bedeutet hier, dasjenige was die Natur Angenehmes und Interessantes hat, auf eben die Art, durch eben die Mittel, deren sie sich bedient, vereinigen, und die Schönheiten, die sie in ihren Landschaften verstreuet, auf einen Platz sammeln zu wissen; ein neues Ganzes, dem weder Harmonie noch Einheit fehlt, hervorzubringen; durch Verbindung und Anordnung zu schaffen, und doch nicht von der Natur abzuweichen.«[1] In diesem Sinne ist der Landschaftsgarten ein Stück idealisierte Natur, in dem die malerischen Facetten der natürlichen Landschaft gesteigert und in konzentrierter Form zusammengefaßt sind. Auch in den Fällen, in denen er sich weitgehend an die vorhandene Landschaft anpaßt und auf künstliche Veränderungen scheinbar verzichtet – wie in England die Parks von Lancelot Brown –, blieben Fragen der Geländewahl, des Umfangs und der Plazierung der Landvilla zu entscheiden. Zu überlegen war, ob, und wenn ja, an welcher Stelle und in welcher Größe ein See angelegt werden sollte oder von welcher Art die Bepflanzung zu sein hatte. Die Kernfrage aber blieb bei alledem, in welchem Maße der Landschaftsgarten die vorhandene Natur verändern und sich selbst als Kunst zu erkennen geben durfte.

Ihrer Entstehung nach sind die Kompositionsregeln des Landschaftsgartens zunächst die Negation dessen, was in den Gärten des Barock als maßgeblich galt. Elementare Grundmuster barocker Anlagen sind das noch aus der Renaissance übernommene Rechteck, das Quadrat oder gelegentlich auch der Kreis. Das Prinzip der Gesamtanlagen war das der Symmetrie. In Opposition dazu suchte der Landschaftsgarten die Mannigfaltigkeit und die Abwechslung und zeigt sich entsprechend unsymmetrisch, bewußt unübersichtlich, bewegt und vielfältig. Das frühere komplexe System architektonischer Elemente mit Treppen, Statuen, Hecken, Kanälen und Bassins ebenso wie das weit gefächerte Muster der einzelnen Parterregärten, das dem architektonischen Zentrum des Parks, dem Schloß, in seinen formalen Strukturen angeglichen war, ersetzt der Landschaftsgarten durch die vergleichsweise zwanglose Aneinanderreihung einzelner Gartenräume. Die Grundelemente des Landschaftsgartens – Land, Wasser, Vegetation und Architektur – sind dabei in ihrer Anordnung nicht mehr am Schloß, im Prinzip überhaupt nicht mehr an der Kunstgattung Architektur als der im Barock wichtigsten der Künste ausgerichtet, sondern statt dessen nun an der Malerei. Gartenkunst wird – bis zu einem gewissen Grad jedenfalls – zur dreidimensionalen Landschaftsmalerei, der Park zur begehbaren Gemäldegalerie.

In der Tat hat die klassische Landschaftsmalerei des 17. Jahrhunderts das Muster vorgegeben, an dem sich die Vorstellungen der Bauherren und Architekten bei der Anlage ihrer Parks orientierten. Auf den lyrischen oder heroischen Landschaftsbildern von Nicolas Poussin (1594–1665), Claude Lorrain (1600–1682), Gaspard Dughet (1615–1675) und Salvatore Rosa (1615–1673), Maler, die seit den zwanziger Jahren des 17. Jahrhunderts in Rom lebten und arbeiteten, war das Ideal einer Landschaft anschaulich geworden, das die Anmut südlicher Gefilde mit antiker Mythologie stimmungsvoll verband. »In Claude Lorrain erklärt sich die Natur für ewig«, hat Goethe einmal notiert, und tatsächlich haben diese klassischen Landschaften – mehr noch als die nordischen Landschaften des Holländers Ruysdal – die Naturvorstellungen geprägt, die noch bei den nachkommenden Generationen gerade in ihrer Integration von Geschichte und Mythologie gültig geblieben sind. Noch die Blüte der englischen Landschaftsmalerei bei Gainsborough und Constable hat von dort Anregungen erfahren, ähnlich wie die Landschaften Jacob Philipp Hackerts (1737–1807) oder die des Romantikers Joseph Anton Koch.[2] Vor allem bei Lorrain und seinen in goldenes Abendlicht getauchten Ensembles von Tempeln, Meer und einer mediterranen Vegetation, die an die Landschaft der römischen Campagna erinnert, konnten die englischen und deutschen Italienreisenden ihre eigenen Eindrücke – in idealer Weise konserviert – wiedererkennen. Entsprechend gerne wurden die Bilder gesammelt. Hier war nicht nur die verehrte Antike ins Mythologische erhoben worden, sondern das angestrebte Ideal einer paradiesischen Frühzeit inmitten der verklärten Landschaft Italiens modellhaft sichtbar. William Kent, der, bevor er in England als Gartenkünstler reüssierte, in Rom als Maler lebte, kommt bei diesem Transfer der Künste wohl die entscheidende Rolle zu. Horace Walpole jedenfalls, der ganz England als »Leinwand« beschrieb, »worauf (erst) eine Landschaft entworfen werden könnte«,[3] hat Kent in diesem Sinne beurteilt: »So verlieh der Pinsel seiner Einbildungskraft den Szenen, die er bearbeitete, alle Künste der Landschaftsmalerey. Seine großen Grundlagen waren Perspektive, und Licht und Schatten (…) Indem er so die Lieblingsgegenstände auswählte, die Mängel durch vorgepflanzte Schirme zu verkleiden wußte und manchmal der rohesten Wüstenei erlaubt, ihre Folie einem glänzenden Schauplatze entgegenzusetzen, realisierte er die Kompositionen der größten Meister in der Malerei.«[4]

Wie konkret auch immer die Malerei die Gestaltung der ersten Landschaftsgärten im einzelnen beeinflußt und bestimmt hat, die Schriften der Landschaftsgärtner und Theoretiker enthalten zahlreiche Analogien zwischen den Künsten. Auch Hirschfeld beginnt seine Einführung in die »Gartenkunst, als schöne Kunst betrachtet« ganz selbstverständlich mit der Erörterung der Gesichtspunkte, die für den Maler von Belang sind.[5] Am wichtigsten sind Aussicht und

Claude Lorrain, Landschaft mit dem Vater der Psyche, Apoll ein Opfer darbringend, 1662. Anglesey Abbey, National Trust

gute Standpunkte, von denen sich Ausschnitte des Parks als schlüssig komponierte, harmonische Bildflächen mit Vorder- und Hintergrund darbieten. An welcher Stelle eine Brücke über einen Bach führt, wo ein Tempel errichtet wird, dessen heller Stein das vorherrschende Grün durchbricht und als Blickfang dient, wo in der Distanz am Ende langer Sichtachsen markante optische Fixpunkte gesetzt werden, die den Horizont unterbrechen und die Ferne strukturieren, all dies wird nach Regeln entschieden, die sich an der Komposition eines Landschaftsgemäldes orientieren. Noch Pückler empfiehlt, bei der Anlage von Gärten vor allem auf das Verhältnis von Licht und Schatten zu achten: »Man verteile überall in dem Gemälde Licht und Schatten zweckmäßig, so wird dadurch die Gruppierung im Großen in der Hauptsache gelungen sein – denn Rasen, Wasser und Fluren, als selbst keinen Schatten werfend (...) sind das *Licht* des Landschaftgärtners, Bäume, Wald und Häuser dagegen (...) müssen ihm als Schatten dienen.«[6]

Lage und Größe

Da manche Landschaftsgärten auf die Umwandlung barocker Anlagen zurückgehen, hatten sie deren natürliche Voraussetzungen hinsichtlich der Lage zunächst zu übernehmen. Idealerweise jedoch nehmen Landschaftsgärten weder ausschließlich die in der Renaissance bevorzugte Hanglage ein, noch teilen sie die Vorliebe des Barockgartens für die flache Ebene. Dem Vorbild einer freien Naturlandschaft folgend, wie man sie in Latium, teilweise auch in England vorfand, bemühten sich die Landschaftsgärtner um eine Physiognomie, bei der Bodenerhebungen und Senkungen, Freiflächen und Anpflanzungen sich abwechselten. Auch die Bodenoberfläche ist in Nachahmung des Brownschen Stilprinzips des *undulating ground* möglichst gewellt. Ein in dieser Weise vielförmiges Landschaftsbild »bietet in den beständigen Ungleichheiten, Krümmungen und Senkungen des Bodens mehr Abwechslung, in den Aussichten mehr Größe und Mannichfaltigkeit (...)«[7] Der im Barockgarten erreichte, von einem Punkt aus mögliche Überblick über den gesamten Garten wird im Landschaftsgarten vermieden. Man will sich beim Durchwandern des Parks durch plötzlich bietende Aussichten überraschen lassen. Sanfte Übergänge werden bevorzugt, ideal ist eine mittlere, hügelige Landschaft, die die Extreme vermeidet. Weder zu hohe Hügel soll es geben – Sckell will Hügel im Park auf eine Höhe von zwanzig bis vierzig Fuß begrenzen – noch »jene kühnen Formen der Natur, ihre fürchterlichen Schlünde, ihre überhängenden Felswände«.[8] »Anders ist es auf der Höhe, anders in der Tiefe; jeder Schritt führt auf eine neue Lage, auf ein neues Gemälde, bey aller Unbeweglichkeit der Gegenstände. Die Szenen verschwinden und kommen wieder hervor; neue verhüllen die alten; die Situationen ändern unaufhörlich ab. Man steigt, und der Horizont erweitert sich von allen Seiten; man sieht, je höher man kommt, die Gegenden sinken und sich verlieren; die blaue Decke des Himmels dehnt sich in die Unermeßlichkeit aus, und an ihrem Saum verbleicht das Licht des Tages in den Dunst der Ferne; Erstaunen und Bewunderung füllen die Seele. An ihre Stelle treten bald sanftere Bewegungen, indem man in die Tiefe wieder hinabsteigt (...)«[9]

Das Ziel größtmöglicher Mannigfaltigkeit und Unüberschaubarkeit ließ sich natürlich um so eher erreichen, je ausgedehnter das zur Verfügung stehende Gelände war. Eine ausreichende Größe war daher stets ein wichtiges Kriterium der Gestaltung. Deshalb galten überall dort, wo nur begrenzter Raum zur Verfügung stand, die Veränderungen zuerst der Verschleierung seiner Begrenzung. »Nicht wie er ist, sondern wie er uns erscheint« ist nach Pückler maßgebend, dessen Muskauer Park alle vorhandenen Anlagen in Europa an Größe übertraf. Während Pückler im übrigen meinte, »daß ein Park, in dem man nicht wenigstens eine Stunde lang rasch spazierenfahren oder reiten kann, ohne dieselben Wege wieder zu betreten«, »sehr bald ermüdet«,[10] hat Hirschfeld für die erwünschte Vermeidung von Begrenzungen eine eher psy-

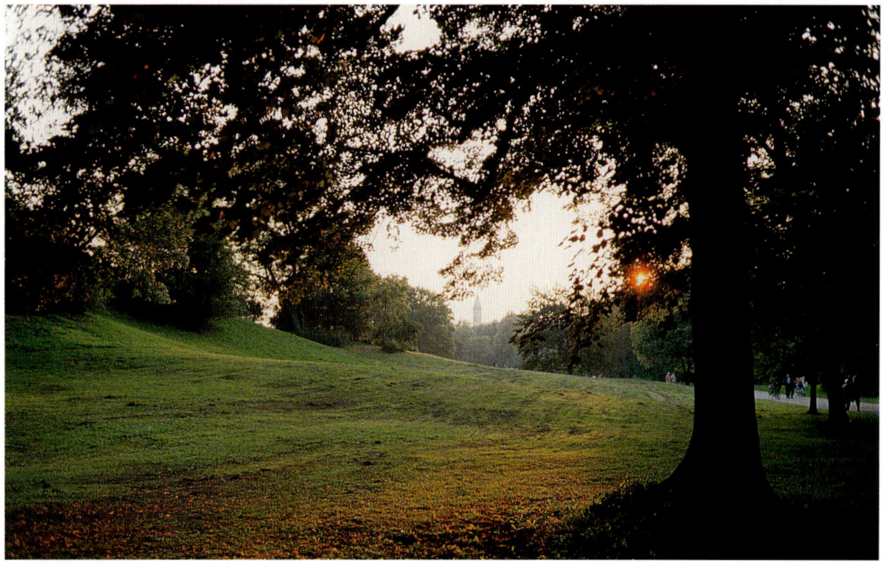

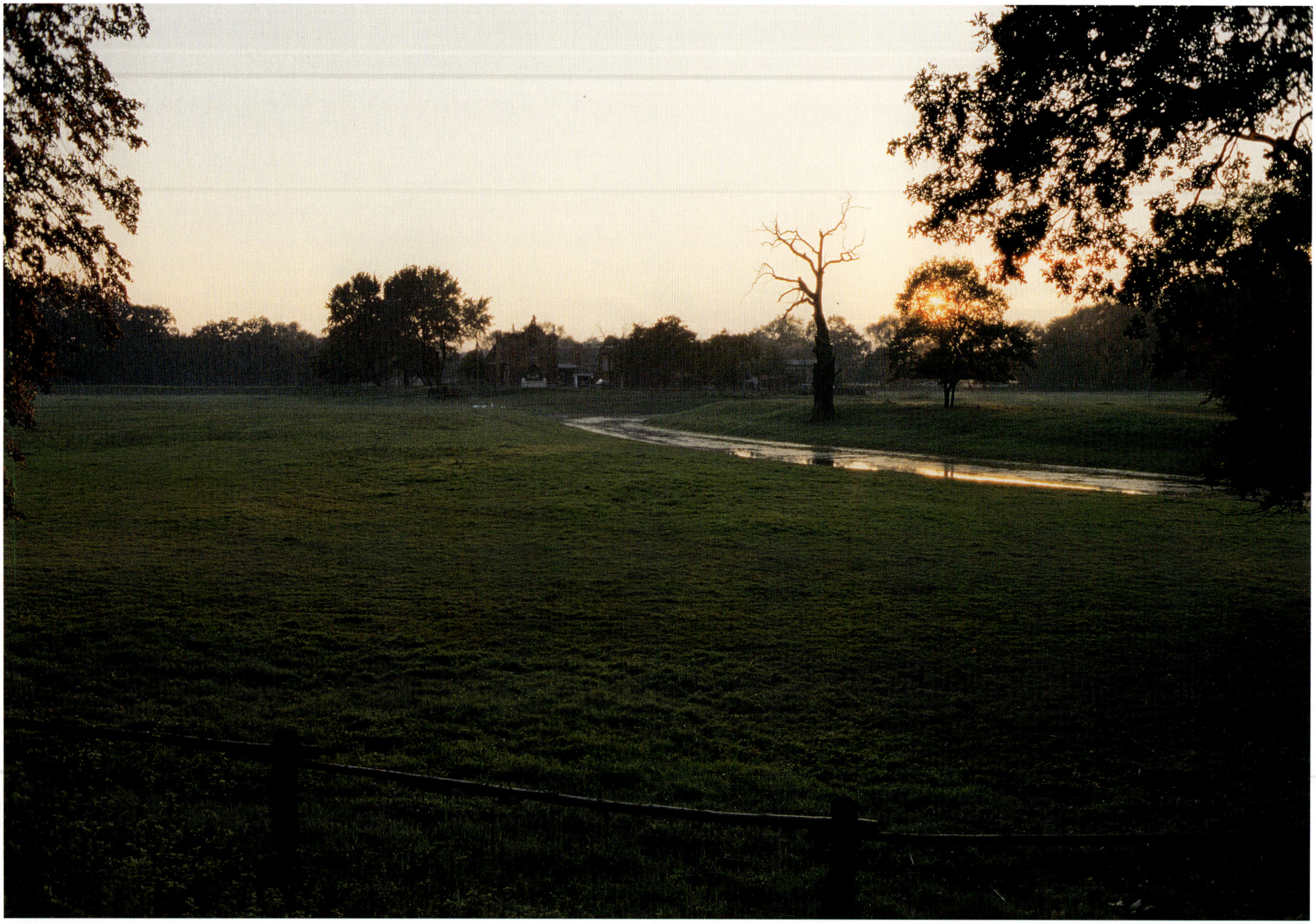

Linke Seite
Oben: Englischer Garten, München. Bewegter Boden, »undulating ground«. Blick vom Monopteros nach Westen

Unten: Luisium, Dessau-Wörlitzer Gartenreich. Blick vom Park auf die wirtschaftlich genutzte Landschaft mit dem ehemaligen Gestüt, das optisch in den Park einbezogen ist

Rechte Seite
Oben: Neuer Garten, Potsdam, Gartenraum mit Urne der Gräfin Lichtenau

Unten: Wilhelmsbad, Hanau, Pyramidengrab für den früh verstorbenen Sohn des Erbprinzen Wilhelm. Die flankierenden Trauerweiden unterstreichen den melancholischen Charakter des Gartenraums im Sinne Hirschfelds

Peter Joseph Lenné, der Plan der Pfaueninsel zeigt das markante, ornamentale Wegenetz des Parks

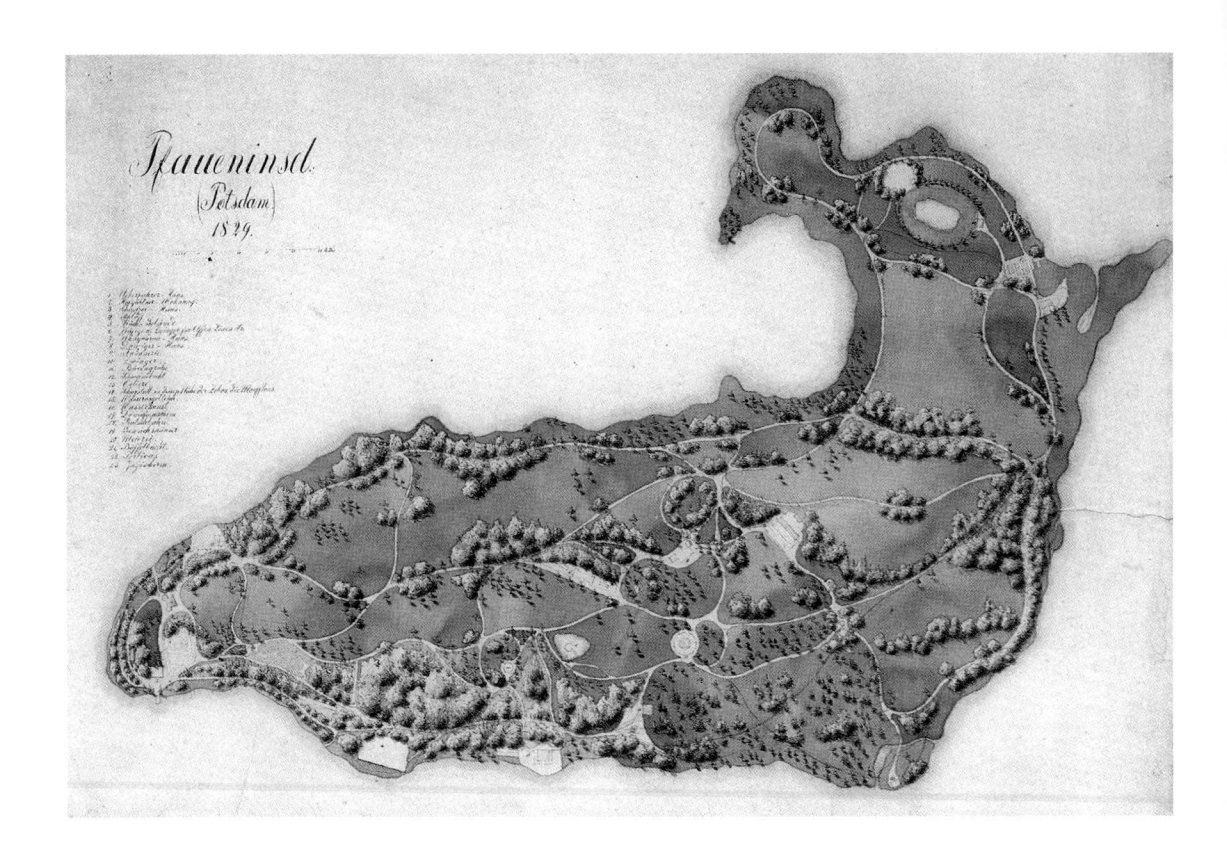

chologisch-wirkungsästhetische Begründung gefunden: »Der Anblick des Endes eines uns angenehmen Ortes ist verdrießlich, so wie die Vorstellung, daß man da wieder umkehren muß.«[11]

Größere Parks waren – durch die Art der Bepflanzung und die Bodenmodulierung – in unterschiedliche, mehr oder weniger deutlich voneinander unterschiedene Gartenräume, einzelne »Scenen«, »Bilder« oder »Partien« unterteilt. Hirschfeld wollte diese einzelnen Bereiche zusätzlich durch verschiedene Charaktere und Stimmungen voneinander unterscheiden, die »entweder einsam, ernsthaft, melancholisch, feierlich, lebhaft, lachend, romantisch, wild, traurig, fruchtbar, öde, frei, versperrt usw. sein können. (…) Man merke sodann auf die natürlichen Abtheilungen dieses Charakters, um darnach die nöthigen Ausbildungen und die Anlegung der Scenen an ihrem Orte so zu treffen, daß eine jede mit dem Charakter des Platzes, wo sie sich befindet, vollkommen übereinstimme.«[12] Hirschfeld hat hier Aufgaben für den Gartenkünstler formuliert, die eher den Status idealer Prinzipien haben, als daß sie konkret nachvollziehbare Anleitungen wären. Eine weitere Art der Unterteilung in einzelne Parkräume findet sich später insbesondere in den Anlagen Pücklers. In ihnen wird der eigentliche Park vom *pleasureground*, dem unmittelbar an das Schloß grenzenden Bereich abgetrennt, da dort »nicht mehr landschaftliche Mannigfaltigkeit, sondern nur Bequemlichkeit, Anmut, Sicherheit und Eleganz bezweckt«[13] sind.

Im Verlauf der Entwicklung des Landschaftsgartens gehen Park und freie Landschaft eine immer engere Verbindung ein; der Park wird mehr und mehr in die umgebende Landschaft einbezogen: »You must call in the country«, hatte schon Alexander Pope gefordert, und wenig später vollbrachte Kent die revolutionäre Tat, mit der dies erreicht wurde. Es war, wie Walpole ein wenig poetisch umschrieb, Kents Sprung über den Zaun, der die Erkenntnis vermittelte, daß schon die Natur ein Garten ist: »He leaped the fence and saw that all nature was a garden.«[14] Um eine Abgrenzung aus praktischen Gründen dennoch beizubehalten, die das Vieh vom Park fernhielt und gleichwohl den optischen Zusammenhang suggerierte, erfand man in England jenes Stilmittel des »unsichtbaren« Grabens, das als *Aha* bekannt wurde, weil man das natürliche Hindernis erst in unmittelbarer Nähe plötzlich vor sich sah. Nach Walpole war es der Gartenkünstler Charles Bridgeman, der 1723 im Park von Stowe als erster dieses Stilmittel einsetzte und damit das uralte Gartenprinzip der Begrenzung durch Ummauerung aufgab. Später erfolgte neben dieser optischen auch die faktische Integration des Gartens in die Landschaft. Das Gartenreich von Dessau-Wörlitz, das in seiner Einbeziehung landwirtschaftlich genutzter Flächen in den Park (siehe Abb. Seite 38) das Beispiel der englischen *ornamented farm* aufgreift, tendiert bereits zur großangelegten, Landschaft und Garten umfassenden Einheit. Ähnliches gilt für das Potsdamer Gartenreich Lennés, das, den Visionen Friedrich Wilhelms IV. folgend, eine Ästhetisierung der gesamten Landschaft erreichte.

Wege

Ein Grundprinzip des Landschaftgartens besteht darin, daß sich der Park und seine Schönheiten dem Besucher sukzessive erschließen; Wege sind hierbei »die stummen Führer des Spazierengehenden«,[15] die sich so weit wie möglich den natürlichen Gegebenheiten anpassen sollten. Die Natur aber, so lautete das Credo schon bei Kent, vermeidet die gerade Linie. Bereits im frühen 18. Jahrhundert gab es geschlängelte und gekrümmte Wege, die zunächst mehr dem Wunsch nach Abwechslung folgten als aus Gründen größerer Naturnähe gewählt wurden. In Abgrenzung des Landschaftsgartens gegenüber der formalen Struktur des Barockgartens und seinen schnurgeraden Alleen wurde dann der Wegführung bewußt eine der Natur angepaßtere Form gegeben. Vorbild war zunächst die berühmte Schlangenlinie, die

Links: Weimar, Belvedere. »Natürliche« Wegführung

Unten: Friedrich Ludwig von Sckell mit seinem Zeichenstock, aus »Beiträge zur bildenden Gartenkunst«

in der Nachfolge William Hogarths (»The Analysis of Beauty«, 1753) als Paradigma von Schönheit schlechthin galt. Die entsprechende frühe ornamentale Wegführung in den ersten englischen Parks hielt jedoch bereits Hirschfeld für eine wiederum unnatürliche Übertreibung: »Die gemeine reguläre Schlangenlinie enthält fast eben so viele Einförmigkeit, als die gerade Linie. Dagegen verdient die sich ohne Regelmäßigkeit frei krümmende und mit Abwechslung schlängelnde Manier unstreitig den Vorzug. Wir wollen sie die Naturlinie nennen.«[16] Bei Lenné ergibt die Wegführung ein kunstvolles Muster geschwungener Linien. Seine aufwendig kolorierten und plastisch gezeichneten Gartenpläne in der Nachfolge des Franzosen Thouin zeigen eine ornamentale Vielfalt von Kurven und Gabelungen, die seine Entwürfe zu kleinen Kunstwerken machen.[17]

Auch in der Frage der Wegführung erkannte man nach der ersten Begeisterung angesichts jeder Krümmung mehr und mehr den Vorzug einer ganz der natürlichen Beschaffenheit folgenden, scheinbar zwanglosen Wegführung. Weder durfte es daher zu viele Wege geben, noch sollten die beibehaltenen trotz ihrer Windungen und Krümmungen den Eindruck von Künstlichkeit hervorrufen. Natürliche Hindernisse, Baumgruppen und Bodenerhebungen wurden angelegt, um dem Verlauf der Wege einen eigenständigen Charakter zu verleihen. Die Wege selbst dienten ferner dazu, den Park größer und vor allem reichhaltiger erscheinen zu lassen, indem beispielsweise bei der Annäherung an einen Bau dieser sich nach und nach, mehrfach, aus verschiedener Perspektive dem Blick darbot. Pückler merkt außerdem an, daß Parkszenen sich vervielfältigen würden, wenn man sie für beide Bewegungsrichtungen komponieren würde.

Sckell hat das Zeichnen der Wege nicht nur auf dem Papier, sondern in direkter Anschauung der vorhandenen Gegebenheiten in der Natur empfohlen. In seinen »Beiträgen zur bildenden Gartenkunst« hat er ausführlich beschrieben, wie man den hierzu notwendigen, mit einer eisernen Spitze versehenen Stab verwenden muß: »Diesen Stab hält der Zeichner mit der rechten Hand oben und mit der Linken gegen unten (...), so daß die eiserne Spitze rückwärts gegen die Erde gekehrt ist. In dieser aufrechten Haltung, mit dem vorwärts nach der bestehenden Localität und den bereits durch den Plan bestimmten Hauptpuncten, denen seine Linie (im Falle sich keine Hindernisse entgegenstellen) begegnen soll, hingerichtetem Blicke, folgt er dann mit starken Schritten der schönen Wellen-Linie nach, die ihm seine geübte Einbildungskraft vorbildet, und gleichsam vor ihm herschweben läßt. Sein rückwärts gekehrter Zeichenstab, den er mit fester Hand führt, und dessen Spitze auf die Erde drückt, ritzt ihm diese Schönheits-Linie ganz mechanisch, ohne daß sich der Zeichner mehr darum zu bekümmern oder rückwärts zu sehen braucht, in den Boden ein; worauf dann hinter ihm nach durch zwei Arbeiter Pflöcke gesteckt, aber noch nicht festgeschlagen werden dürfen.«[18]

Wasser

Wasser, bereits in den orientalischen Gärten aus Gründen der Bewässerung ein unverzichtbares Element, spielt in allen Epochen der Gartenkunst eine Rolle. Im Mittelalter galt die Aufmerksamkeit dem einzelnen Brunnen, in der Renaissance, im Manierismus und schließlich im Barock wurde das Spiel mit dem Wasser zu aufwendigen, prachtvollen und kunstvollen Arrangements kaskadenartiger Brunnenanlagen oder einem weitverzweigten System von Kanälen und Bassins mit Fontänen und Wasserspielen gesteigert. Auch der Landschaftsgarten kommt ohne das belebende Element nicht aus. Für Hirschfeld wie für Sckell ist Wasser nichts weniger als die »Seele« des Landschaftsgartens,[19] und ebensowenig wollte sich Pückler seiner romantischen Wirkung verschließen: Denn »wer lauschte nicht gern dem süßlichen Gemurmel des Bachs, dem fernen Rauschen des Mühlwehrs, dem Plätschern des perlenden Springbrunnens – wen entzückte nicht in einsamen

Oben: Bayreuth, Eremitage, Brückenweiher

Unten: Bad Muskau, natürlicher Lauf der Herrmannsneiße

*Nymphenburg, Badenburger See. Im Hintergrund liegt
der 1862 errichtete Monopteros*

Kassel, Wilhelmshöhe, Großes Aquädukt, 1788–1792. Die Wasserspiele sind eines der prominenten, die romantische Dramatik steigernden Gestaltungsmittel in Wilhelmshöhe. Noch heute wird in den Sommermonaten das Schauspiel mit herabstürzenden und emporschießenden Wassermassen an den Kaskaden, dem Aquädukt und der großen Fontäne inszeniert.

Rechte Seite, oben: Bayreuth, Eremitage, antikisierendes Ruinengrab für den Lieblingshund der Markgräfin Folichon, 1756

Unten: Wörlitz, Schloß. Gründungsbau des Klassizismus in Deutschland, 1768–1773 von Erdmannsdorff anstelle eines barocken Vorgängerbaus errichtet

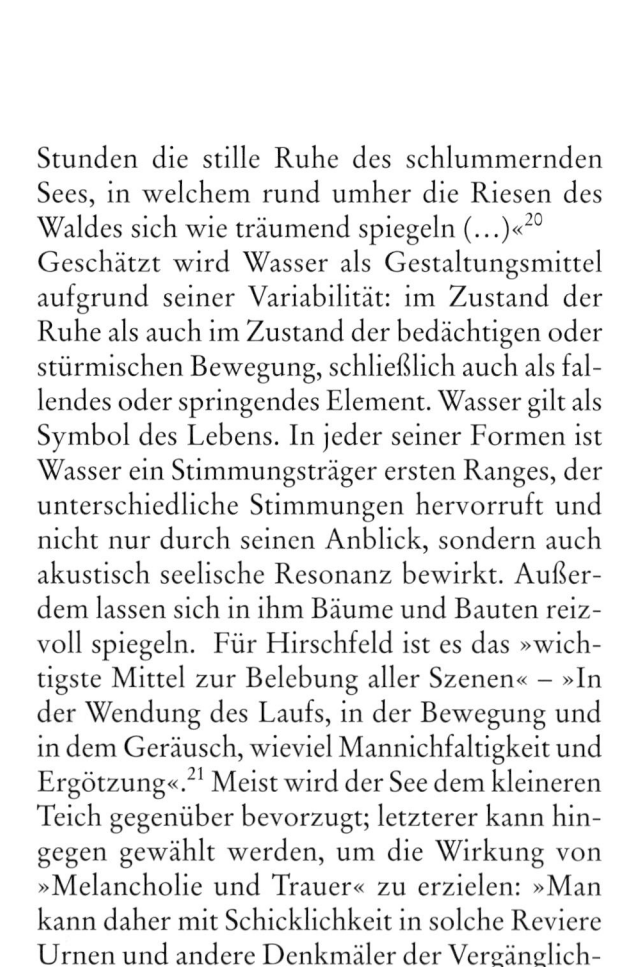

Stunden die stille Ruhe des schlummernden Sees, in welchem rund umher die Riesen des Waldes sich wie träumend spiegeln (…)«[20]
Geschätzt wird Wasser als Gestaltungsmittel aufgrund seiner Variabilität: im Zustand der Ruhe als auch im Zustand der bedächtigen oder stürmischen Bewegung, schließlich auch als fallendes oder springendes Element. Wasser gilt als Symbol des Lebens. In jeder seiner Formen ist Wasser ein Stimmungsträger ersten Ranges, der unterschiedliche Stimmungen hervorruft und nicht nur durch seinen Anblick, sondern auch akustisch seelische Resonanz bewirkt. Außerdem lassen sich in ihm Bäume und Bauten reizvoll spiegeln. Für Hirschfeld ist es das »wichtigste Mittel zur Belebung aller Szenen« – »In der Wendung des Laufs, in der Bewegung und in dem Geräusch, wieviel Mannichfaltigkeit und Ergötzung«.[21] Meist wird der See dem kleineren Teich gegenüber bevorzugt; letzterer kann hingegen gewählt werden, um die Wirkung von »Melancholie und Trauer« zu erzielen: »Man kann daher mit Schicklichkeit in solche Reviere Urnen und andere Denkmäler der Vergänglichkeit stellen.«[22]
Sckell wiederum hat große, ruhige Seen bevorzugt. Eine seiner ersten Maßnahmen im Englischen Garten in München war die Vergrößerung des bereits von seinem Vorgänger angelegten Kleinhesseloher Sees um mehr als das Doppelte; am stärksten entspricht seinem Ideal einer abgeklärten, erhebenen Klassizität wohl die Seenlandschaft im Park von Nymphenburg in ihrer ruhigen Form. Sckell hat denn in seiner Theorie auch eine ganze Reihe von Überlegungen der Frage gewidmet, durch welche optischen Mittel sich bei einem eher kleinen See ein Eindruck von Größe herstellen läßt. Dabei galt es, jeden Eindruck von Künstlichkeit zu vermeiden; die Uferlinien sollten entsprechend der Geländeformation, zum Teil durch Schilf und Gebüsche verdeckt, verlaufen.

Pückler seinerseits betont, daß der Lauf von Bächen und Flüssen analog dem von Wegen geführt werden müsse: »Wie dort lasse man, nach Beschaffenheit des Terrains und der entgegenstehenden Hindernisse, bald lange, bald kurze und schroffe Biegungen eintreten, lieber nur abgerundete Ecken als Halbzirkel bildend, ja zuweilen ganz scharfe Winkel, wo das Wasser sichtlich abgestoßen wird. Beide gegenüberstehenden Linien eines Flusses oder Baches müssen zwar im Ganzen einer ziemlich parallelen Richtung folgen, doch mit sehr verschiedenen Nuancen, welche nicht nach freier Willkür, sondern durch die Gesetze ihres Laufs bestimmt werden müssen.«[23] Alle Gestaltungsformen des Wassers sind daraufhin berechnet, eine pittoreske Wirkung zu erzielen. Hirschfeld läßt hier interessanterweise neben Wasserfällen und Felshindernissen auch Fontänen zu, da »auch die Natur (wie in Island) springendes Wasser zeige«.[24] Es mag sein, daß ihm bei diesen Anmerkungen die Kasseler Wilhelmshöhe vor Augen stand, deren große Fontäne seinerzeit als Sensation galt.

Architektur und Ikonographie

Obwohl im Landschaftsgarten das Hauptgebäude des Schlosses beziehungsweise der Villa seine traditionell zentrale, dominierende Stellung verliert, bleibt die Gebäudearchitektur doch auch weiterhin ein wichtiger Bestandteil des Parks. Die einzelnen, zahlreicher gewordenen Parkbauten stellen eine Gestaltungsaufgabe dar, die aufgrund ihrer gewonnenen Selbständigkeit und nach dem Verlust eines verbindlichen Stils sogar noch an Komplexität gegenüber früheren Epochen gewinnt. Die wichtigste Funktion der Parkbauten ist, zur optischen Bereicherung des Parkbildes beizutragen: »Gebäude (…) dienen zuvörderst der Belebung einer Gegend überhaupt; sie nehmen ihr das Einförmige und Oede«. »Außerdem«, so Hirschfeld weiter, »wird ihre Wichtigkeit dadurch noch näher einleuchtend, daß sie sich theils als Gegenstände der Schönheit, theils als Mittel zur Bezeichnung und Verstärkung der Charaktere der Gegenden, theils als Denkmäler betrachten lassen.«[25] Die wichtigste Regel für Architektur im Landschaftsgarten aber ist: Das aus dem Barock übernommene Schloß oder die neu errichtete Landvilla sind nicht mehr der von überall sichtbare zentrale Punkt, auf den die Parkanlage zugeordnet ist; ihre Bedeutung ist reduziert auf die eines optisch markanten Höhepunkts unter mehreren. Das Schloß wird nun zum Bestandteil einer von mehreren Gartenszenen, in die es sich als Blickfang einfügt.

Wie einleitend bemerkt, wird zum bevorzugten Stil der Landvillen der aus England importierte Neopalladianismus in seiner in Deutschland von Erdmannsdorff, Friedrich Gilly, Langhans, später von Schinkel und Klenze weiterentwickelten klassizistischen Form. Es ist der Stil, der in seinem nüchternen, einfachen und zugleich würdevollen Charakter der Weltanschauung und dem Selbstverständnis der aufgeklärt-liberalen Bauherren in England am meisten entsprach. Insofern war er das Muster eines »moralischen« Architekturstils, der der »unmoralischen« verschwenderischen Opulenz des Barock entgegengesetzt war. Die klassischen Formen des Hauptgebäudes und mancher Nebengebäude aber kontrastierten mit anderen Stilformen der Staffagearchitekturen, mit denen das Parkgelände durchsetzt war. Als Staffagebauten wurde eine manchmal geradezu phantastisch anmutende Vielfalt an Gebäude- und Stilformen entwickelt. So halten ganz unterschiedliche Zeiten und Länder Einzug in den Park: Chinesische Architektur steht neben dem gotischen Mittelalter, antikes Ebenmaß kontrastiert mit wildromantischer Urwüchsigkeit. Exotische Formen und Motive, ägyptische Pyramiden und Obelisken, chinesische Teehäuser und Pagoden sowie arabische Moscheen sollten den Respekt vor den jeweiligen Weltanschauungen artikulieren, während Gedenksteine und Urnen an bedeutungsvolle Begebenheiten und Personen erinnerten. Tempel, die antiken Vorbildern nachempfunden oder kopiert wurden, sind sicherlich in der Überzahl. Klassische Formen und die Huldigung der Antike behielten im Landschaftsgarten insgesamt das Übergewicht. Daneben aber artikulierte sich beispielsweise in Grotten, einem der wenigen Elemente, das aus den Renaissancegärten übernommen wurde, in Einsiedeleien und Ruinen (die markanteste ist die Ruine des Merkurtempels in Schwetzingen) ein ganz anders gelagerter, naturfrommer Geschichtsbezug. Die Dörfchen mit den Imitationen einfacher Bauernhäuser wiederum brachten die neue Wertschätzung des einfachen Landlebens zum Ausdruck.

Der Stilpluralismus im Landschaftsgarten hat historisch den Historismus vorbereitet, jene bewußte Aufnahme früherer Stilformen – allen voran der Gotik, Romanik und Renaissance –, die im späten 19. Jahrhundert vielerorts das architektonische Bild der Städte prägten. Daß sich kein verbindlicher Stil mehr in den Landschaftsgärten herausbildete, lag nicht zuletzt daran, daß die Frage des architektonischen Stils zu einer Frage des persönlichen Geschmacks geworden war. Man wählte den Stil entsprechend der Vorliebe des Bauherrn, der den Garten zunächst als sein privates Refugium ansah, in dem auch stilistisch eine individuelle Beliebigkeit herrschte. Darüber hinaus war das Nebeneinander der Stile Ergebnis der Absicht, verschiedene Stimmungen zu erzeugen. Diese ließen sich außer durch landschaftliche Szenen auch durch unterschiedliche Architekturen hervorrufen, die in erster Linie als Bedeutungsträger aufgefaßt wurden. Der Rundbau einer Synagoge in Wörlitz war daher als Ausdruck für die religiöse Toleranz des Bauherrn zu verstehen, nicht als Muster reiner Stilform. Die Bauernhäuser des Dörfchens im Park von Schönbusch in Aschaffenburg wollten zwar den Eindruck von Echtheit hervorrufen, aufgrund ihrer Existenz in einem Park war ihr Staffagecharakter jedoch von vornherein offenkundig. Ziel war auch hier, eine weltanschauliche Überzeugung zum Ausdruck zu bringen: die Wertschätzung für die Einfachheit ländlichen Lebens.

Eine besondere Rolle kommt der Neu- oder Neogotik zu.[26] Dieser erste der sogenannten Neo-Stile, der dem Original formal zwar weitgehend die Treue hielt, den ursprünglichen Charakter einer religiösen Architektur aber weitestgehend ablegte, wollte zuallererst Geschichtlichkeit und Traditionsbewußtsein demonstrieren. Ausgangspunkt war auch in diesem Fall England, wo Horace Walpole mit dem gotischen Umbau seines Landsitzes *Strawberry Hill* zum ersten Mal einen Bau vollkommen in dieser neuen und gleichzeitig tradierten Manier schuf. Sein deutsches Pendant ist das *Gotische Haus* in Wörlitz. Verglichen mit dem Original zeigt sich die Neugotik insgesamt verspielter, filigraner in ihren Formen und meist kleiner in ihren Ausmaßen. Die gelegentlich fast zierliche Eleganz verrät die zeitliche Nähe zum Rokoko. Es fehlt ihr die Kraft und Wucht, mit der die alten gotischen Kathedralen ehedem die Gläubigen qua Architektur an ein überirdisches

Links oben:
Wörlitz. Die ursprünglich romanische, 1200 geweihte St.-Petri-Kirche mit neugotischem Kirchhof

Links unten:
Klein-Glienicke, neoromanisch-byzantinischer Klosterhof, 1750. Die von Ferdinand von Arnim unter Mithilfe des Prinzen errichtete Stimmungsarchitektur diente als Aufbewahrungsort für die mittelalterlichen und venezianischen Sammlungsstücke Prinz Carls.

Rechts
Oben: Schloß Babelsberg, 1833–1849 im neugotischen Stil zunächst von Friedrich Schinkel, seit 1841 von Ludwig Persius errichtet

Unten: Schwetzingen, Moschee, 1778 nach Entwürfen von Pigage errichtet

*Wörlitz, »italienische« Kanalseite des Gotischen Hauses,
um 1773*

Weimar, Park an der Ilm, Schlangenstein mit der Aufschrift »Genio huius loci«, der Aura des Ortes gewidmet. Dieser Gedenkstein wurde 1787 auf Veranlassung von Herzog Karl August errichtet. Die Schlange gilt als Symbol sich ständig erneuernden Lebens.

Reich gemahnten, was man nun natürlich auch gar nicht mehr anstrebte. In Rückerinnerung und historischer Ehrwürdigkeit lag die Bedeutung des Stils, der sowohl in England als auch in Deutschland als Anknüpfung an eine genuin nationale Tradition eingeschätzt und zugleich – dies wiederum zeigt seine weite Verbreitung in Europa – als dennoch in erster Linie aristokratischer Stil verstanden wurde. Markante Beispiele sind neben dem Wörlitzer Gotischen Haus die dortige St.-Petri-Kirche, die in ihrem hellen Innenraum eher den Charakter eines profanen Versammlungssaales besitzt, und die Kapelle der Löwenburg im Park von Wilhelmshöhe.

Die frühen Gärten – und dies war ein Grund für die bisweilen seltsam-skurril anmutende Stilmischung – waren das Werk begeistert-dilettierender Bauherren, die im Park in erster Linie ihre Weltanschauung umsetzen wollten. Der Landschaftsgarten war eine assoziative Kunst, bei der es mehr auf die Aussage als auf den ästhetischen Wert ankam. Sckells Anweisung hinsichtlich der Parkarchitektur, »wenige Gebäude im guten und reinen Style, an Stellen errichtet, wo sie Wirkung hervorbringen, sind der mittelmäßigen Menge weit vorzuziehen«, gilt jedenfalls erst für den reifen »klassischen« Landschaftspark, der sich tatsächlich auf wenige im klassizistischen Stil errichtete Gebäude beschränkte. Bezeichnenderweise war es dann wiederum der traditionsbewußte Fürst Pückler, der einerseits der Neugotik eine Lanze brach, sich dennoch gleichzeitig ihre Verwendung in seinen eigenen Anlagen aus Gründen fehlender historischer Aktualität versagte. In der »steinernen Vegetation« der Gotik scheint der Stein, schreibt er in den »Briefen eines Verstorbenen«, »gleich einer Pflanze emporgewachsen« zu sein. »Mir ist sie immer wie die echt romantische, d.h. echt deutsche, Bauart vorgekommen, aus unserem eigensten Gemüt entsprossen. Doch, glaube ich, sind wir jetzt entfremdet, da eine mehr schwärmerische Zeit dazu gehört. Wir können sie wohl noch einzeln bewundern und lieben, aber nichts mehr der Art schaffen, was nicht den nüchternsten Stempel der Nachahmung trüge. Dampfmaschinen und Konstitutionen geraten dagegen jetzt besser als überhaupt alle Kunst. Jedem Zeitalter das Seine.«[27]

Im Barock waren in Gärten nicht selten komplexe ikonographische Programme inszeniert worden, in denen Gebäude, Wegführung und einzelne Elemente wie Brunnen, Embleme oder Statuen innerhalb eines umfassenden Bedeutungsgefüges, das auch noch das Schloßinnere umfaßte, ihren exakt kalkulierten Platz einnehmen. Oft war das Thema die Verherrlichung des Bauherrn selbst. Ein solch geschlossenes, bis in die Ausgestaltung der Details erkennbares und auf ein einzelnes Thema ausgerichtetes symbolisches Gesamtsystem bietet der Landschaftsgarten nicht mehr. Thematische Klammer ist grundsätzlich nur noch die Natur selbst als Symbol von Freiheit. Ein Beispiel für diese Tendenz zur Abstraktion ist der Park von Schwetzingen: Während dort im barocken Teil die Ikonographie noch deutlich den personalen Bezug zum fürstlichen Bauherrn unterstreicht, der dafür gepriesen wird, die Schönheit des natürlichen Landes erst hervorgebracht zu haben, wird im landschaftlichen Teil mit dem Tempel der Botanik die Natur selbst in ihrem Wert symbolisch hervorgehoben.

Die konkreten Inhalte, die im Landschaftsgarten darüber hinaus symbolisch zur Sprache gebracht werden, kreisen um Werte, die dem aufgeklärten Humanitätsdenken der Zeit angehören: Toleranz, Bildung und eine Moralität, die sich in edler Hilfsbereitschaft manifestiert.

Rechts: Schönbusch bei Aschaffenburg. Das Dreigesicht im Giebel des Freundschaftstempels stellt vermutlich die kleinasiatische Göttin Hekate dar.

Unten: Englischer Garten, München, Rumfordsaal. Das ehemalige Militärkasino wurde 1791 durch den Baumeister Johann Baptist Lechner errichtet.

In Tiefurt erinnert ein Denkmal an Herzog Leopold von Braunschweig, der 1785 in der Oder bei dem Versuch umkam, Ertrinkende zu retten. Die erwähnte Synagoge in Wörlitz sollte die Toleranz des Fürsten in religiösen Fragen zum Ausdruck bringen und darüber hinaus – daher steht sie im Sichtenfächer der Goldenen Urne neben der Wörlitzer Kirche – die Gleichberechtigung mit der christlichen Kirche anzeigen. In der Regel werden im Landschaftsgarten gleichzeitig verschiedene Inhalte durch einzelne Szenen angesprochen. Wörlitz besitzt noch am ehesten ein geschlossenes Programm, da hier die zahlreichen, im Park inszenierten Reisemotive ihren Bezugspunkt im Leben des Fürsten Franz besitzen. Hier wird der humanistisch-aufgeklärte Bildungshorizont des Fürsten thematisch als Bildungsreise vorgeführt, deren Ziel die vorgelebte menschenfreundliche Toleranz einer aufgeklärten Fürstenherrschaft ist. Ein anderes übergreifendes Thema ist auf der Kasseler Wilhelmshöhe vorherrschend. Durch den offenkundig beabsichtigten gegenseitigen Bezug der drei, verschiedenen Epochen und Stilrichtungen angehörenden Schloßbauten thematisiert der Park das Phänomen der Geschichtlichkeit.

Ägyptische Sphinge und Götterfiguren, elysische Landschaftskompositionen, dreigesichtige Götteremblem, auffallend sprechende Namen wie *Freundschaftstempel* und *Philosophenhaus* – auch in diesen für den Landschaftsgarten typischen Beispielen einer offenbar symbolischen Architektur kommt die Vorliebe der Zeit für Exotisches zum Ausdruck. Immer wieder hat man in solchen Motiven darüber hinaus auch einen freimaurerischen Hintergrund sehen wollen.[28] Wie der Landschaftsgarten selbst, so stammt auch die Freimaurerei aus England (*freemasons* war ursprünglich die Bezeichnung für die nicht zunftgebundenen, freien Steinbildhauer und Steinmetzen), deren Bedeutung für die Formierung der bürgerlichen Gesellschaft in der Bildung einer sozialen Gruppe gesehen wird, die sich in Abgrenzung zum Staat durch einen moralischen Anspruch begründete.[29] In England, wo 1717 die Londoner Großloge ge-

Links: Schönbusch, Aschaffenburg, Philosophenhaus

Unten: Charlottenhof, Sanssouci, Dichterhain mit den Büsten Goethes und Schillers

*Gegenüberliegende Seite:
Tiefurt, Denkmal für Leopold von Braunschweig*

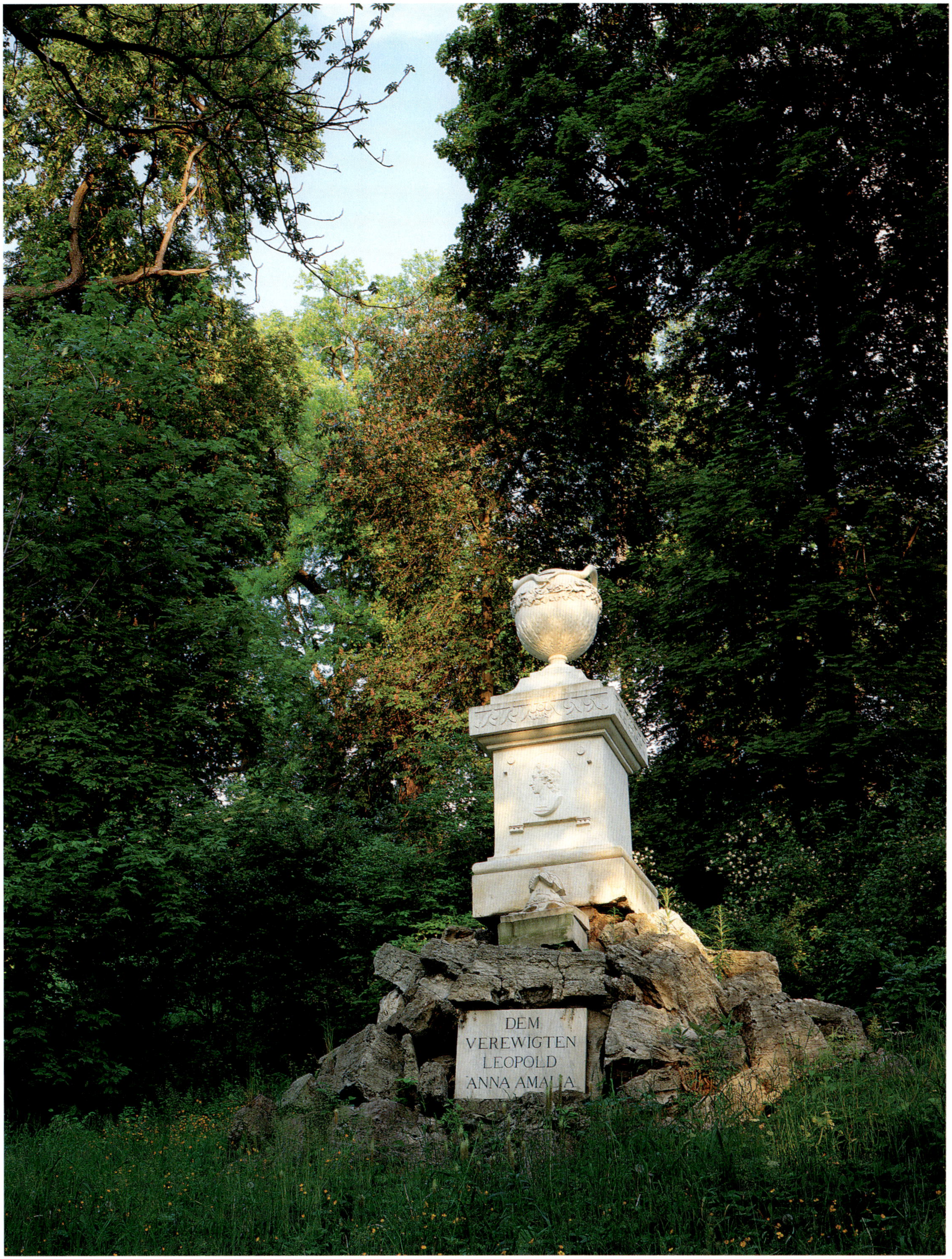
DEM
VEREWIGTEN
LEOPOLD
ANNA AMALIA

Oben: Wörlitz, Eingang zum Labyrinth mit den Büsten der Aufklärungsschriftsteller Lavater und Gellert

Unten: Englischer Garten, München, Rumforddenkmal von Franz Schwanthaler d. Ä., 1795/96

gründet wurde, gehörte eine große Zahl der Bauherren und Architekten Freimaurerbünden an, und hier ist der Zusammenhang von freimaurerischem Gedankengut und der symbolischen Architektur des Landschaftsgartens wohl auch besonders eng. Brüderliche Menschenliebe, Freundschaft, Weisheit, Wahrheit und Tugendhaftigkeit, auf solchen Grundsätzen der spekulativen Freimaurerei gründete das Humanitätsideal, das in den Gesamtkunstwerken der englischen Landsitze Gestalt annahm.

In Deutschland, das auch in dieser Hinsicht dem englischen Vorbild nachfolgte, waren nach Friedrich dem Großen neben Goethe auch Herder, Wieland und Klopstock Freimaurer, der Weimarer Großherzog Karl August gehörte ihnen ebenso an wie beispielsweise Graf Brühl (Seifersdorf). Friedrich Wilhelm II. wiederum war Mitglied der Rosenkreuzer, von deren Versammlungen im Berliner Park Charlottenburg Fontane in seinen »Wanderungen durch die Mark Brandenburg« berichtet. Wichtiger als die Frage der jeweiligen Zugehörigkeit scheint indessen zu sein, daß freimaurerisches Gedankengut in Form verschiedenster Motive und Anklänge inzwischen zum selbstverständlichen Inventar eines Landschaftsgartens gehörte. Im Zuge der Nachahmung der englischen Vorbilder wurden sie wohl auch einfach übernommen. Der geistige Kontext hat dabei inhaltlich ganz unterschiedliche symbolische Kombinationen zugelassen, nicht nur die unmittelbar zuzuordnenden Freimaurersymbole wie Zirkel, Hammer und Winkelmaß. Schon antikisierende Rundtempel, auf die man von Wörlitz bis zum Englischen Garten in München regelmäßig im Landschaftsgarten trifft, sind in der Harmonie, Proportion und Balance ihrer Architektonik als Muster auch eines menschlichen Ideals deutbar. Der *Tempel der Eintracht* (1795) in Laxenburg, dem großen kaiserlichen Landschaftsgarten bei Wien, ist das wohl prominenteste Beispiel, wobei hier eine nicht nur lokale Beziehung zu Mozarts »Zauberflöte« (1791) naheliegt. Bekanntlich gibt es in dieser »Freimaureroper« einen *Tempel der Weisheit*.[30] Neben Bauten im klassischen

Wörlitz, Warnungsaltar mit der Aufschrift »Wanderer, achte Natur und Kunst und schone ihre Werke«

Stil ließen auch Ruinenbauten freimaurerische Assoziationen zu. In Wilhelmsbad bei Hanau, in dem 1782 ein bedeutendes Freimaurertreffen stattfand, ließ der Bauherr eine von einem Wassergraben umgebene Burgruine errichten, die nicht nur romantischer Staffagebau war, sondern als abgelegener Wohnsitz diente. In den drei Stockwerken hat man »den Aufstieg vom Dunkel der Unwissenheit über die Prüfungen zur Weisheit« erkennen wollen. Bevorzugt waren in diesem Zusammenhang »schaurige Räume, deren Durchschreiten Prüflingen zur Weisheit verhelfen sollte«.[31] Am offenkundigsten jedoch wird freimaurerisches Gedankengut bei Bauten, die einen dezidiert moralischen Gehalt transportieren. Beispiele hierfür sind insbesondere der *Freundschaftstempel* und das *Philosophenhaus* im Park von Schönbusch, von denen man vermutet, daß sie als Versammlungsorte für Freimaurer dienten. Ähnliches gilt für den Neuen Garten in Potsdam, in dem in einem kleinen Koniferenhain eine Kybele-Statue eine Mutter der Natur darstellt. Daneben gehören auch solche Parkszenen, die Assoziationen an das griechische Totenreich hervorrufen, in den Umkreis einer wohl bewußt moralischen Architektur, die den Memento mori-Gedanken thematisierte. Das Wasser soll in solchem Zusammenhang an den griechischen Totenfluß Styx erinnern, über den nach antiker Sage die Seelen in den Hades überführt werden. Dieser Hintergrund wird in Schwetzingen mit dem dortigen Teich und dem benachbarten Merkurtempel sowie in Branitz mit der dortigen ägyptischen Partie, in der Fürst Pückler seinen eigenen monumentalen Grabhügel anlegen ließ, angedeutet. In Wörlitz wiederum ist auf der sogenannten Toteninsel gegenüber dem Pantheon dem Freimaurer Johann Gottfried Herder ein Gedenkstein gewidmet. Im Pantheon selbst finden sich im düsteren Untergeschoß die Statuen und Reliefs ägyptischer Götter. Ägyptische Motive, vor allem Sphinge und, wie in *Wilhelmsbad* und im Potsdamer *Neuen Garten*, Pyramiden, fanden vielerorts im Landschaftsgarten Aufstellung. Das Land galt nicht nur als Hort des Mysteriösen, sondern mit seinen altägyptischen Priesterbünden auch als legendärer Ursprung der Freimaurerei. Noch Schinkels ägyptisierende Bühnenbilder für die »Zauberflöte« sind ein Ergebnis jener Begeisterung, die über alle – freilich erfundenen – freimauererische Zusammenhänge hinaus den bereits romantischen Geschmack am exotischen Reiz verrät.

Im Zuge der Aufgabe emblematischer Bezüge sind auch die freimaurerischen Motive mehr und mehr verschwunden. In den späteren expressiven und romantischen Landschaftsgärten ist in erster Linie die Natur Träger des gedanklichen Gehalts. Beibehalten wurden jedoch auch in den späten Landschaftsgärten Denkmäler, Statuen und Gedenksteine, die oft mit Inschriften versehen wurden.[32] Der Denkmalkult, der im Verlauf des 19. Jahrhunderts seinen Höhepunkt erreichte, hat im Landschaftsgarten eine seiner Quellen. Warum sie dort so beliebt waren, steht wiederum bei Hirschfeld: »Sie (sc. Denkmäler und Inschriften) halten doch oft den flüchtigen Lustwandler an; sie reizen das Nachdenken zu einer Zeit, da man sich blos den sinnlichen Bewegungen überläßt, sie unterhalten in der Einsamkeit, beleben die Einbildungskraft, wecken die Empfindlichkeit, oder streuen nützliche Erinnerungen über den Pfad des Vergnügens oder über den Sitz der Ruhe aus; und fast immer sind sie doch wichtig als Veranlassung zu einer Folge von Ideen und Empfindungen, welchen sich die Seele vielleicht ohne sie nicht so leicht überlassen hätte.«[33] Ein pädagogischer Ton ist auch hier unüberhörbar. Entsprechend dieser moralischen Funktion der Denkmäler, die nicht zuletzt zu Einkehr und Erinnerung veranlassen sollten, verlieren die im Barock noch geschätzten Figuren der antiken Mythologie an Bedeutung. Die Vorliebe gilt nun den meist nationalen Fürsten des Geistes, Dichtern, Philosophen und Gelehrten, weiterhin den Bauherren und schließlich auch den Gartenkünstlern selbst. Die Büsten der Aufklärungsschriftsteller – Beispiele sind Herder in Tiefurt und Seifersdorf, Gellert und Lavater in Wörlitz – sollten deren Schriften und Philosophien ins Gedächtnis rufen, die Porträts der Poeten nicht zuletzt auch dichterische Genialität sichtbar machen. Auch die Rousseauinsel in Wörlitz mit der Nachbildung von dessen Grab in Ermonville ist Andenken und Propaganda in einem. Eine Inschrift auf dem dortigen Gedenkstein, die Fürst Franz selbst verfaßt hat, will nicht nur das Andenken an die Person bewahren, sondern ist zugleich Plädoyer für das neue Naturideal. Noch deutlicher wird der Mahn- und Aufforderungscharakter am »Warnungsaltar« in Wörlitz. Hier verkündet die Aufschrift »Wanderer, achte Natur und Kunst und schone ihre Werke« die Botschaft nun ganz unmittelbar. Noch in den späten Parks von Sckell spielen Denkmäler, die an die Erbauer erinnern, eine große Rolle. Das 1795 errichtete *Denkmal für den Grafen Rumford* im Englischen Garten verbindet das Andenken an den Initiator sowie den Bauherrn des Parks mit dem konkreten Hinweis auf deren künstlerische Leistung; der Betrachter wird auf das Hier und Jetzt seiner aktuellen Situation verwiesen, die ihm ein lobendes Andenken nahelegt: »Lustwandler steh! Dank stärket den Genuß. Ein schöpferischer Wink Carl Theodors. Vom Menschenfreunde Rumford mit Geist, Gefühl und Lieb' gefasst, hat diese ehemals oede Gegend in das, was du nun um dich sihest, verwandelt.«

Bäume und Sträucher im Landschaftsgarten

Katrin Schulze

Der Baum als Symbol für die Freiheit

»Welchen niedrigen Eindruck mußten nicht die widersinnig geschnörkelten Bux-Parterre, die wie Mauern geschnittenen Hecken, mit den verstümmelten Bäumen, denen die Schere nie vergönnte, ihre Blüthen hervorzubringen, im Vergleiche mit jenen Bäumen erwecken, die sich ihres freien Wuchses und der Entwicklung ihrer schönen malerischen Formen, ihrer Blüthen und Früchte erfreuen durften«[1] schrieb Sckell noch 1825 in seinen »Beiträgen zur bildenden Gartenkunst« fast hundert Jahre nachdem die aufklärerische Kritik an der »Entstellung« der Natur im Barockgarten ihren Höhepunkt erreicht hatte. Schriftsteller, Philosophen und Gartenkünstler äußerten sich polemisch über den »alten Geschmack« und machten die Verwendung der Pflanzen, also das Schneiden der Gehölze zu strengen Heckenwänden und kastenförmigen Alleen, zu absurden Figuren und architektonischen Elementen, zum Sinnbild des Bezwingens der Natur.

Im jetzt als »Garten der Freiheit« proklamierten Landschaftsgarten konnte der frei wachsende Baum nicht nur zum Ausdruck der von allen Zwängen befreiten Natur werden, sondern sogar zum politischen Symbol für die freie Entfaltung des Individuums. Es verwundert deshalb nicht, daß Gartenkünstler mehr und mehr das Augenmerk auf die Einzelgestalt des Baumes richteten, verstärkt die Unterschiede der Gehölzarten in Form, Farbe und Charakter wahrnehmen und für ihre gestalterischen Ziele nutzten.

Neben den Gehölzen hatten auch Stauden, Blumen und Kübelpflanzen ihren Platz sowohl in den Parks – vor allem in den Anlagen Lennés und Pücklers – als auch in den theoretischen Werken. An dieser Stelle müssen sie jedoch vernachlässigt werden, um der besonderen Bedeutung von Bäumen und Sträuchern vor dem geistesgeschichtlichen Hintergrund des Landschaftsgartens als auch in ihrer Funktion als malerisches Gestaltungsmittel und Stimmungsträger gerecht zu werden.

Gehölze als »malerische« Gestaltungsmittel

Die Komposition eines Landschaftsgartens, der mit den Augen eines Zeitgenossen seiner Entstehungszeit betrachtet eine Abfolge dreidimensionaler Landschaftsgemälde darstellt, hängt ganz wesentlich von Gehölzen ab, die »gewissermaßen die Repräsentanten der Form in der Landschaft«[2] darstellen. Das Prinzip des »Malerischen«, das von allen Gartentheoretikern thematisiert wird, bedeutet in bezug auf Pflanzungen eine harmonische Gesamtwirkung anzustreben, der zur Vermeidung von Eintönigkeit jedoch bewußt Kontraste oder Überraschungseffekte entgegengesetzt werden.

Allein durch den Wechsel von freien Wiesenflächen und Gehölzgruppen werden Bildabfolgen und Räume geschaffen. Bäume und Sträucher dienen dabei gezielt als Hilfsmittel zur Blickführung: »Auf Gegenstände, die einen besonderen Genuß verlangen, muß der Blick gleichsam gefesselt werden; indessen müssen andere Aussichten, die nur zerstreuen würden, verschlossen, andere Scenen verdunkelt seyn, bis die Phantasie oder das Gefühl, wo sie angehalten wurden, ganz befriedigt sind.«[3] Ähnlich wie in Wörlitz geben beispielsweise auch im Park Luisium bei Dessau dichte Pflanzungen den Blick plötzlich und überraschend auf Gebäude oder Staffagearchitekturen am Ende langer schmaler Sichtachsen frei. Dem Spaziergänger wird hier eine ganze Abfolge verschiedener Szenen vorgeführt: Ob es sich um das klassizistische Schlößchen handelt, um einen neugotischen Gartenpavillon, eine antikisierende Ruine oder die Aussicht in die umgebende Wiesenlandschaft, immer wird die Szene von Bäumen gerahmt und sozusagen als Bild fixiert. Hintereinander gestaffelte Baumgruppen werden dazu eingesetzt, nach den Regeln der Malerei dem Bild räumliche Tiefe zu geben, wie Sckell in seinen »Beiträgen zur bildenden Gartenkunst« empfiehlt: »Wenn die Endspitzen der Gebüsche abwechseln, wie die Coulissen der Theater vortreten, (...) wenn sich Vor-, Mittelgründe und Fernen zeigen, dann sind sie der nachahmenden Gartenkunst empfehlend und von einer außerordentlichen charakteristischen Schönheit und malerischen Wirkung.«[4]

Grundsätzlich wird in den meisten zeitgenössischen Gartentheorien die Zusammenstellung von Gehölzen durch die Begriffe Wald, Hain, Gruppe oder Einzelbaum charakterisiert, deren unterschiedliche raumbildende Wirkung eine Basis für die räumliche Gliederung des Parks darstellt. Der Hain unterscheidet sich vom dichteren Wald durch das Fehlen von Unterholz und lockerer gepflanzten Bäumen, die die Sonne stellenweise durchscheinen lassen.

Eine Baumgruppe kann als »Baustein« des Hains betrachtet werden oder auch einzeln auf weiter Wiesenfläche stehen. Sckell empfiehlt, jeweils eine ungerade Anzahl Bäume zwischen drei und 13 zusammenzufassen. Manche Gartentheoretiker setzen die Gruppe gleich mit dem englischen Begriff »clump«, Pückler hingegen unterscheidet »einzeln auf dem Rasen stehende, sinnig verteilte Baumgruppen, bald inselartig aus dem Rasengrün hervortretend, bald sich in weitern Dimensionen über eine große Fläche sozusagen, die Hand reichend«[5] von schwerfällig und unförmig gepflanzten »clumps«.

Der Einzelbaum zeichnet sich weniger durch räumliche Wirkung als durch seine charaktervolle Gestalt und seinen malerischen Wert aus. Eine ausgedehnte Wiesenfläche gewinnt an Schönheit durch einzelne Bäume, die »ein schönes Ansehen des Stammes und der Krone haben, oder sonst durch eine vorzügliche Eigenschaft das Auge reizen«,[6] wie Hirschfeld schreibt. Pückler verwendete in seinen Parkanlagen markante Solitärbäume wie alte Eichen, Buchen und Platanen als Zielpunkte langer Sichtbeziehungen und Orientierungsmerkmale. Für besondere Standorte wie zum Beispiel die Schloßwiese im Muskauer Park hatte er ein relativ aufwendiges Verfahren entwickelt, alte Bäume so zu verpflanzen, daß sie am neuen Standort gut gediehen und dort gleich den Anschein einer älteren Pflanzung erwecken konnten. So wurde zum Beispiel die auffällige Blut-

Wörlitz, die mit Pappeln bestandene Rousseauinsel

buche an der Schloßrampe bereits als vierzigjähriger Baum gepflanzt.

Für die malerische Wirkung einer Pflanzung ist jedoch vor allem die Form ihrer Gruppierung und die Zusammenstellung der Arten ausschlaggebend. Dabei gilt es in erster Linie, jeden Anschein von Künstlichkeit zu vermeiden. Gehölzgruppen sollen weder absichtlich gerundet erscheinen noch zu gleichmäßig verteilt werden. Der äußere Umriß einer Pflanzung ist laut Pückler um so natürlicher und schöner, je mehr er sich durch Unregelmäßigkeiten wie »unbestimmtem Überwerfen, kühnen Vorsprüngen und weitem Zurückweichen, hie und da wohl auch in fast graden, wiewohl immer durch einzeln vorgepflanzte Bäume und Sträucher unterbrochne, und dadurch locker erhaltnen Linien«[7] von der ideal geschwungenen »Schönheitslinie« Hogarths entfernt.

Um jeden Eindruck einer allzu künstlichen Regelmäßigkeit zu vermeiden, rät Pückler, sowohl die einzelnen Bäume in einer Gruppe in möglichst unterschiedlichen Abständen zu pflanzen, zum Teil sogar zwei Bäume in eine Grube, und zur Auflockerung und Vermittlung zwischen den Baumgruppen Sträucher und Einzelbäume auf dem Rasen zu verteilen. Auch bei der Höhenstaffelung der Gehölze in einer Gruppe gilt der Grundsatz, alles Regelmäßige bewußt zu vermeiden und die Natur nachzuahmen. So sollte, wie Sckell schreibt, eine Gehölzgruppe in der Ansicht nicht gleichmäßig »abgedacht« aussehen, weil der höchste Baum genau in der Mitte steht, sondern eine »unregelmäßige, kräftige, mit kecken Einschnitten malerisch gezeichnete Linie«[8] entstehen lassen. Seine minutiöse Naturbeobachtung entdeckt ergänzend zu den natürlichen Wellenlinien die »oblicke Linie« als besonders malerischen und zur Nachahmung empfohlenen Effekt, sozusagen eine Verbindung von unregelmäßigen Umrißlinien, die sich durch Hintereinanderstaffelung wie Bergrücken in einem Gebirgsmassiv kreuzen und überschneiden.

Was die Zusammenstellung der Arten betrifft, besteht bei den Theoretikern Überein-

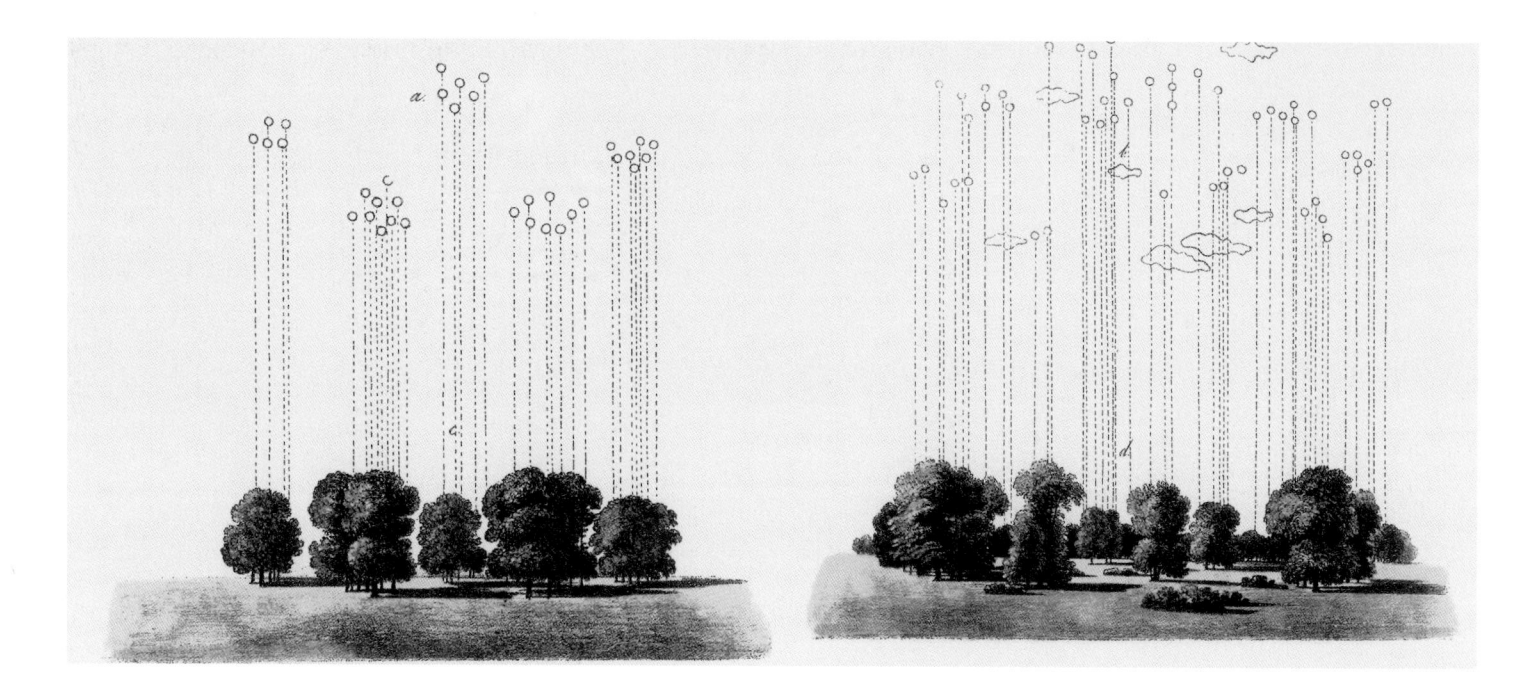

Links: Gezwungen und natürlich gepflanzte Baumgruppen aus dem Atlas zu Pücklers »Andeutungen über Landschaftsgärtnerei«

Rechte Seite: Baumgruppen

stimmung darüber, daß in einer Pflanzung in Anlehnung an die Natur eine Art dominieren und in großer Stückzahl – Sckell spricht von 400 bis 1000 Stück einer Art – gepflanzt werden sollte, um eine eindrucksvolle Wirkung zu erzielen. Aber auch die Kombination von Baumarten mit ähnlichen Merkmalen, was Kronenform oder Belaubung betrifft, ergibt eine harmonische und malerische Verbindung. Sckell schlägt zum Beispiel vor, Bäume mit großen ausgedehnten Kronen wie Eichen, Ulmen und Buchen oder aber spitzkronige bis säulenförmige wie Säulenpappeln, Birken und Tannen zu kombinieren, sowie Bäume mit großen Blättern wie Platanen, Ahorn und Tulpenbäume oder Arten mit gefiedertem Laub wie Eschen, Robinien und Gleditschien zu einer Gruppe zusammenzufassen. Um Eintönigkeit zu vermeiden, rät Sckell, solche harmonischen Gruppen mit Arten zu kontrastieren, die gegensätzliche Merkmale haben. Dieses Prinzip der Kontrastwirkung ist auch in den Entwürfen Lennés gut erkennbar, der die unterschiedlichen Wuchsformen der Baumarten in seinen Plänen graphisch besonders sorgfältig darstellte. Neben homogenen Gruppen einer Art kann man auch solche erkennen, in denen spitzkronige Nadelbäume mit Laubbäumen mit runder aufrechter und mit hängender Krone kombiniert sind. Jede Art kommt dabei in mehreren, dicht zusammengepflanzten Exemplaren vor, um die Wirkung zu steigern.

Nicht jedem Gehölz wird der gleiche malerische Wert zugestanden. Sckell gibt zum Beispiel aufgrund ihrer malerischen und ausdrucksvollen Gestalt Bäumen Vorzug vor Sträuchern und Laubbäumen vor Nadelhölzern. Unter den Laubbäumen wurden Arten mit eher runden, ausladenden Kronen wie Eichen, Linden, Kastanien, Buchen, Platanen und Ahorn allgemein wegen ihrer ehrwürdigen und majestätischen Wirkung als besonders malerisch empfunden. Schnell wachsende Laubhölzer wie Robinien und Pappeln stufte man meist als ästhetisch weniger wertvoll ein. Pückler verwendete sie dazu, seinen Pflanzungen möglichst von Beginn an den Anschein des Fertigen zu geben. Wenn die malerischeren Baumarten später herangewachsen waren, ließ er jedoch die Schnellwüchsigen wieder aushauen. Die »Lombardische Pappel« (Säulenpappel), die Sckell wegen ihrer außergewöhnlichen Wuchsform gern als wirkungsvollen Kontrastbaum zur Abwechslung einsetzt, wird von Pückler als steif und unmalerisch bezeichnet. Sie könne nur in dichten Gruppen im *pleasureground* gepflanzt werden, nicht aber im Park. Von einer Pappelallee behauptet er sogar, sie müsse »bei jedem der vom Pittoresken nur die entfernteste Ahndung hat, eine wahre Verzweiflung hervorbringen«.[9]

Die weniger malerischen Nadelhölzer, die nach Sckell kaum Abwechslung in Wuchsform und Farbschattierung bieten und sich ohnehin nur für melancholische Szenen eignen, finden dennoch Verwendung, weil die meisten Arten immergrün sind und deshalb einen unverzichtbaren Bestandteil der Bepflanzung bilden. Die Farbgebung spielt bei den Überlegungen zur Zusammenstellung von Gehölzen eine wichtige Rolle. Dabei achtet man nicht nur auf die kontrastreiche Kombination verschiedener Grüntöne, sondern auch auf die Blütenfarbe von Sträuchern, die Herbstfärbung des Laubes oder besonders intensiv gefärbte Rinde. Während Sckell vorschlägt, Gehölze mit hellem oder silbergrünem Laub vor dunkelgrünen anzuordnen, wurde zuweilen in Anlehnung an die Landschaftsmalerei auch die umgekehrte Farbabstufung von dunkel im Vordergrund bis hell im Hintergrund bewußt eingesetzt, um die perspektivische Wirkung des Bildes zu erhöhen.

Stimmungs- und Symbolgehalt von Gehölzen

Die Forderung nach Mannigfaltigkeit, Kontrasten und Abwechslung, die vor allem in den frühen Landschaftsgärten des 18. Jahrhunderts zum Gestaltungsprinzip erhoben wurde, begnügte sich nicht mit formalen Gegensätzen wie hell – dunkel oder offen – geschlossen. Das Zeitalter der Empfindsamkeit verlangte, ein ganzes Spektrum unterschiedlicher Stimmungen zu schaffen. So verband man beispielsweise Ruinenarchitektur, Grotten oder Einsiedeleien mit möglichst dunkler und schattiger Umgebung, einen antiken Tempel dagegen mit einem heiteren Baumhain oder einem lieblichen Tal.

Besonders deutlich wird die Funktion der Pflanzen als Stimmungsträger in Hirschfelds »Theorie der Gartenkunst«. Ganz im Geiste der Empfindsamkeit betont er die Wirkung verschiedener Landschaftsszenen auf die Seele des Menschen und teilt Gegenden und Gärten nach den Empfindungen ein, die sie auslösen. So unterscheidet er vier Grundtypen: den angenehmen, muntren, heiteren Garten, den sanftmelancholischen, den romantischen und den feierlichen. Neben der Geländeform und der Verwendung von Wasser in unterschiedlichen Ausprägungen sind es vor allem die Pflanzen, die er zur Erweckung der jeweiligen Stimmung heranziehen will. Für den heiteren Garten schlägt er Blumen, blühende und wohlriechende Sträucher sowie Bäume mit hellgrüner und leichter Belaubung vor, die unter Umständen aber auch eine weniger heitere Aussicht verbergen können. Der sanft-melancholische Garten zeichnet sich durch seine Stille, Dunkelheit und Geschlossenheit aus; er ist mit dichtem Gebüsch, dunkellaubigen Bäumen wie Roßkastanie (Aesculus hippocastanum) und Eibe (Taxus baccata) bepflanzt sowie mit der »Babylonischen Weide« (Trauerweide, Salix alba ›Tristis‹), »die durch ihre tief auf die Erde herabhangende Zweige ein Gefühl des Mitleidens und Bedauren verschwundener Glückseligkeit anzuzeigen scheint«.[10] Für den »romantischen Garten«, der von besonders kühnen und überraschenden Kontrasten lebt, schlägt Hirschfeld Gehölze mit auffälliger Laubfarbe vor, die entweder natürlich auftritt wie die silbrigen Blätter der Ölweide (Elaeagnus angustifolia) und des Sanddorns (Hippophae rhamnoides) oder aber bei Zuchtformen mit weiß- und gelbgescheckten Blättern oder rotem Laub wie der Blutbuche (Fagus sylvatica ›Atropunicea‹).

In ähnlicher Manier unterbreitet Hirschfeld noch andere Vorschläge für sogenannte »Themengärten« mit bestimmten Stimmungen. Eine Einteilung nach Jahreszeiten beinhaltet den Frühlingsgarten mit blühenden und duftenden Sträuchern wie dem Mandelbaum (Prunus dulcis) oder dem Schlehdorn (Prunus spinosa), den Sommergarten mit Sommerblühern und frühzeitig reifenden Obstarten, den Herbstgarten mit besonders schön gefärbten Bäumen wie der Scharlacheiche (Quercus coccinea) und dem Sumach-Baum (Rhus typhina) sowie beerentragenden Sträuchern. Für den Winter schlägt Hirschfeld immergrüne Pflanzen wie Efeu (Hedera helix) und Nadelbäume vor.

Eine andere Einteilung ordnet Gärten mit einer bestimmten Pflanzenauswahl den Tageszeiten zu: Im Morgengarten findet man Bäume mit zartem, gefiedertem Laub, die wenig Schatten werfen, wie die Robinie (Robinia pseudoacacia) und die Gleditschie (Gleditsia triacanthos), während im Mittagsgarten schattenspendende Bäume mit großen Blättern wie Linde (Tilia), Roßkastanie (Aesculus hippocastanum), Ahorn (Acer) und Trompetenbaum (Catalpa bignonioides) stehen. Im Abendgarten werden Sträucher wie Flieder (Syringa) und Geißblatt-Arten (Lonicera) gepflanzt, die vor allem abends besonders intensiv duften.

Hirschfelds detaillierte Vorschläge zeigen deutlich, wie intensiv man sich mit dem Charakter der verschiedenen Gehölze auseinandersetzte, um sie für eine stimmungsvolle Gestaltung zu nutzen.

Sckell geht in seinen »Beiträgen« über den reinen Stimmungsgehalt einzelner Gehölzarten noch hinaus, indem er ihnen ganz bestimmte symbolische Bedeutungen zuordnet. Neben einer Symbolik, in der Eiche und Buche für Kraft und Ausdauer stehen, Bäume mit zartem Laub wie Robinien oder Zitterpappeln aber für Schwäche, Beweglichkeit und Transparenz, die Trauerweide für Verlust und Schmerz, führt Sckell auch den mythologischen Zusammenhang einiger Pflanzen an. Die Zypresse symbolisiert zum Beispiel Trauer, da Apoll sie auf dem Grab des Cyparissus wachsen ließ. Andere Arten sind Attribute antiker Götter und können die jeweiligen Tempel in einem Park bedeutungsvoll ergänzen: der Lorbeer ist Apoll und den Musen geweiht, die Linde der Venus; die Esche wird mit Amor in Verbindung gebracht, aus deren Holz er seine Pfeile schnitzt.

Einen Sonderfall, was die symbolische Bedeutung von Bäumen anbelangt, stellt sicherlich die sogenannte *Rousseauinsel* dar. Das Motiv einer mit Säulenpappeln bepflanzten Insel, auf der sich ein Grabmal befindet, stammt aus Ermenonville, dem Landschaftsgarten des Marquis de Girardin, der um 1770 nördlich von Paris angelegt wurde. Hier wurde 1778 Jean-Jacques Rousseau beerdigt. Insel und Grabstein sowie die Art und Anordnung der Bepflanzung verschmolzen zu einer Art Symbol, das in zahlreichen Landschaftsgärten, zum Beispiel in Wörlitz und in Burgsteinfurt bei Münster, zitiert wurde und vom zeitgenössischen Betrachter auch ohne Inschrift sofort als Hommage an Rousseau und seine Ideen verstanden werden konnte.

Bestimmte Baumarten übernehmen im Landschaftsgarten in Form einer »Reiseerinnerung«

Wörlitz, Einzelbaum

der Gartenkünstler oder Fürsten auch die Funktion, andere Länder zu symbolisieren. Die im 18. und 19. Jahrhundert weit verbreitete Sehnsucht nach Italien hatte auch Auswirkungen auf die Wahl der Pflanzen. In Anlehnung an die Malerei war die Vorstellung einer arkadischen Landschaft vom Bild der römischen Campagna geprägt. Da der typische Baum dieser Gegend, die Zypresse, in Deutschland nur schwer gedeiht, versuchte man durch Bäume mit ähnlicher spitzkroniger Säulenform eine italienische Atmosphäre zu schaffen. Im Dessau-Wörlitzer Gartenreich wurde als Ersatz die aus Nordamerika eingeführte Rot-Zeder (Juniperus virginiana) hierzu verwendet, Lenné pflanzte in seinen Potsdamer Parks die Säuleneiche (Quercus robur ›Fastigiata‹), eine Zuchtform der Stieleiche.

Verwendung von nicht heimischen Gehölzen

Die Aufmerksamkeit, die man Form, Farbe und Charakter der Gehölze bis hin zur Blattform und Eigenart der Borke unter gestalterischen Gesichtspunkten im Landschaftsgarten schenkte, wuchs im 18. Jahrhundert gewissermaßen parallel zu einem immer stärkeren naturwissenschaftlich-botanischen Interesse an. Während zu dieser Zeit über England vor allem amerikanische Gehölze eingeführt wurden, schuf zu Beginn des 19. Jahrhunderts die Gründung der Horticultural Society in London die Basis für eine systematische Erforschung und Einfuhr ausländischer Pflanzen nach Europa. Sammler wurden nun gezielt in alle Weltteile geschickt. Bis 1850 kamen verstärkt asiatische, vor allem chinesische und japanische Pflanzen über England nach Deutschland, die aufgrund ihrer oft reichen, fremdartigen Blüten und ihres filigranen Wuchses ganz neue Gestaltungsmöglichkeiten boten.

Auch in Deutschland bemühte man sich jetzt vermehrt um Anzucht und Verwendung nicht heimischer Pflanzen sowie um die Zucht von Sorten heimischer Gehölze, die sich in Farbe und Wuchs von ihrer ursprünglichen Art unterscheiden, wie die von Pückler so gerne als Solitärbaum verwendete Blutbuche. Zu diesem Zweck wurden zahlreiche Baumschulen angelegt, meist in unmittelbarer Nähe oder direkt auf dem Gelände der großen Parks. Über die Wörlitzer Baumschule wurden im 18. Jahrhundert viele ausländische Pflanzen eingeführt, angepflanzt und in Deutschland verbreitet. Ähnlich große Bedeutung für Zucht und Verbreitung von exotischen Gehölzen erlangte auch etwas später die Landesbaumschule der Gärtnerlehranstalt in Potsdam, die 1823 auf Anregung Lennés hin gegründet worden war.

Die Fortschritte in der Anlage von Gewächs- und Treibhäusern – Sckell hatte beispielsweise selbst Gewächshäuser für den Botanischen Garten und den Nymphenburger Park in München entworfen und sich intensiv mit der Beheizungs- und Belüftungstechnik auseinandergesetzt – ermöglichten es zudem, Pflanzen aus anderen Klimazonen aufzuziehen oder zu überwintern.

Auch in gestalterischer Hinsicht verwundert es nicht, daß gerade Gartenkünstler versuchten, die bisher in erster Linie auf heimische Pflanzen begrenzten Gestaltungsmöglichkeiten mit Gehölzen und Zierpflanzen aus fernen Ländern zu erweitern. Im 18. Jahrhundert kamen vor allem nordamerikanische Bäume wie verschiedene Eichen – Scharlacheiche (Quercus coccinea), Sumpfeiche (Quercus palustris) und Roteiche (Quercus rubra) – über England nach Deutschland, unter anderem auch die Balsam-Pappel (Populus balsamifera), der Rot-Ahorn (Acer rubrum) und der Silber-Ahorn (Acer saccharinum), der Tulpenbaum (Liriodendron tulipifera) und der Trompetenbaum (Catalpa bignonioides) sowie viele Nadelhölzer. Dabei waren

Parkszene in Branitz. Aus den Laubwaldgruppen sticht wie so häufig die Blutbuche hervor.

es meistens einzelne Reisende, die Samen oder kleine Pflanzen einführten. Auch Fürst Franz von Anhalt-Dessau brachte Gehölze von seinen ausgedehnten Englandreisen mit und ließ in Wörlitz und den Dessauer Parks mit Vorliebe nordamerikanische Nadelbäume pflanzen wie Weymouthskiefern (Pinus strobus), Rot-Zedern (Juniperus virgniana), Sumpfzypressen (Taxodium distichum) und Hemlockstannen (Tsuga canadensis)

Während Sckell und vor allem Lenné, der in Sanssouci und auf der Pfaueninsel sogar mit tropischen Pflanzen arbeitete, die Verwendung von Gehölzen aus anderen Weltteilen als Bereicherung für Gartenanlagen begrüßten, gab Pückler den einheimischen Pflanzen aufgrund ihrer natürlichen Erscheinung im Park entschieden den Vorzug. Er fürchtete die »höchst widrige affektierte Wirkung« der fremdländischen Pflanzen, denn »auch die idealisierte Natur muß dennoch immer den Charakter des Landes und Klimas tragen, wo sich die Anlage befindet, damit sie wie von selbst so erwachsen erscheinen könne, und nicht die Gewalt verrate, die ihr angetan ward.«[11] Sein Gärtner Eduard Petzold, der nach dem Verkauf Muskaus noch wesentlich an der weiteren Gestaltung des Parks beteiligt war, kritisierte Pücklers eingeschränkte Sicht, die nur auf den ästhetischen Wert der Gehölze abzielte, nicht aber auf den botanischen. Petzold war es dann auch, der ab 1857 das »Arboretum muscaviense« im heute polnischen Teil des Muskauer Parks anlegte, eine damals an die 2800 Arten umfassende und im 19. Jahrhundert weithin bekannte Gehölzsammlung. In dieser Anlage, zu der Petzold zusammen mit dem Arboretgärtner Kirchner auch ein theoretisches Werk verfaßte, zeigt sich besonders, in welchem Maß man im 19. Jahrhundert versuchte, gestalterische Ziele mit botanisch-wissenschaftlichen zu kombinieren. Petzold selbst sah den Zweck seines Arboretums darin, die ästhetische Wirkung verschiedener Gehölze in der Landschaft beurteilen zu können und zugleich ihre Härte und Verwendungsmöglichkeit in unseren Breiten zu prüfen. Darüber hinaus wollte er jedoch auch eine wissenschaftliche Grundlage für die Bestimmung und Nomenklatur der Gehölze liefern. Wie aus seinen Aufzeichnungen hervorgeht, begnügte er sich jedoch nicht mit einer systematischen Aufstellung der Gehölze, sondern versuchte diese mit gestalterischen Gesichtspunkten zu verbinden, wie zum Beispiel dem Freihalten von Sichtachsen, die das Gebiet mit dem eigentlichen Muskauer Park verbanden, der Anordnung von Baumgruppen und der Wegführung nach Prinzipien des Landschaftsgartens.

Gartendenkmalpflegerische Aspekte der Gehölzverwendung in Landschaftsgärten
Heute interessieren nicht nur die Fragen, wie ein Park zu seiner Entstehungszeit ausgesehen hat und welche Vorstellung sich der Gartenkünstler damals vom Bild der herangewachsenen, gealterten Anlage machte, sondern auch, wie man sein ursprüngliches Gestaltungskonzept für heute erlebbar erhält. Ob ein Park überhaupt in seinem »Originalzustand« erhalten oder in diesen zurückverwandelt werden soll, wird in vielen Fällen ein Streitpunkt innerhalb der Denkmalpflege und zwischen ihr und anderen Disziplinen wie Naturschützern und Planern bleiben. Sicher ist jedoch, daß die künstlerische Konzeption eines Parks verlorengeht, wenn man ihn ohne Pflegeeingriffe in den Gehölzbestand ganz sich selbst überläßt. Gartendenkmalpflegerische und kunsthistorische Bemühungen um die Erhaltung dieser grundlegenden Ideen sollten nicht als Selbstzweck einer Gruppe von Spezialisten betrachtet werden, sondern tragen auch ganz wesentlich zum Erlebniswert eines Parks bei, indem sie es jedem Besucher – ob Flaneur oder Bildungsreisendem – ermöglichen, sich zugleich in Natur und Kunstwerk zu bewegen und dies spontan zu genießen.

Der Gehölzbestand eines Landschaftsgartens

München, Englischer Garten, Einzelbaum

verändert sich durch das Altern und Absterben der Bäume unaufhörlich. Grundlegend muß man dabei einerseits die Auswirkung dieser Veränderungen auf die räumliche Konzeption des Parks betrachten, die wesentlich mit der Verteilung und Gruppierung von Gehölzen zusammenhängt. Außerdem kann aber auch die Stimmung des Parks durch ein verändertes Artenspektrum vom ursprünglichen Zustand abweichen.

Wenn man es sich also zur Aufgabe gemacht hat, die grundlegenden Gestaltungsabsichten in einem bestimmten Landschaftsgarten herauszufinden, um ihn in seiner ursprünglichen Aussage und Wirkung zu erhalten, dann handelt es sich nicht zuletzt darum, den »Originalzustand« der Bepflanzung zu ermitteln, der eine wesentliche Komponente für die Abfolge von Räumen und Stimmungen darstellt. Quellen für Informationen zum damals beabsichtigten Bild des Parks sind in erster Linie alte Pläne, wobei man zwischen Entwurfs- und Bestandsplänen unterscheiden muß und nicht davon ausgehen darf, daß alles Gezeichnete auch tatsächlich so ausgeführt wurde. Leider sind Angaben zu den gepflanzten Arten auf Plänen von älteren Anlagen eher die Ausnahme. Oft muß man deshalb nach alten Beschreibungen und Darstellungen suchen oder – wenn vorhanden – sich auf Bestellisten oder Rechnungen für Pflanzenlieferungen stützen, die jedoch nur Aufschluß über Arten und Stückzahl, nicht aber über die Standorte geben.

Auch eine Kartierung des erhaltenen Bestands kann Hinweise zur historischen Pflanzenverwendung vermitteln. In den frühen Landschaftsgärten, die Ende des 18. Jahrhunderts entstanden, können nur noch sehr langlebige Arten wie Eichen, Buchen, Kastanien, Linden und andere mehr aus der ursprünglichen Anlage stammen. Nicht heimische Gehölze können hingegen oft als Originalbestand ausgeschlossen werden, wenn sie erst nach Entstehung des Parks in Deutschland eingeführt wurden. Anhand einer solchen Bestandsaufnahme ergeben sich unter Umständen auch Anordnungsmuster im Park, die Vermutungen zu gestalterischen Absichten zulassen, wie die Häufung bestimmter Arten entlang der Wege, in Gebäudenähe, an Gewässern, in Reihe, als Gruppe oder als Einzelbäume gepflanzt.

In vielen Parks ist zu beobachten, daß sich nach und nach die heimischen Arten aufgrund ihrer natürlichen Verjüngung durchsetzen, vor allem wenn für die ursprünglich gepflanzten nicht heimischen Bäume nach deren Absterben kein Ersatz geschaffen wurde. Im Park Luisium bei Dessau haben zum Beispiel von den zahlreichen amerikanischen Nadelgehölzen der Entstehungszeit nur vereinzelte Exemplare überdauert, der Bestand ist jetzt durch die heimischen Gehölze Stieleiche, Hainbuche und Eibe geprägt. Allerdings können auch heimische Arten aufgrund von Überalterung oder spezifischen Krankheiten wie dem Ulmensterben völlig aus einem Park verschwinden, genauso wie das Hinzufügen von Gehölzen ein Grund für die Veränderung des Artenspektrums sein kann. Vor allem Mitte und Ende des 19. Jahrhunderts führte die Begeisterung für exotische Gehölze zu »verfremdenden« Pflanzungen wie zum Beispiel einem ganzen Sortiment nicht heimischer Nadelbäume auf ehemaligen Obstbaumwiesen im Wörlitzer Park.

Einfacher als die Verwendung der ursprünglich vorhandenen Arten ist oft die räumliche Verteilung von Gehölzen nachzuvollziehen: Anhand von Plänen, Ansichten und Beschreibungen lassen sich die räumliche Gliederung des Parks durch den Wechsel dichter Pflan-

Branitz, Silberpappel

zungen mit offenen Bereichen, die Anordnung von Baumgruppen auf Wiesenflächen und auch die für die Konzeption des Landschaftsgartens so wichtigen Blickbeziehungen von bestimmten Punkten zu Gebäuden oder markanten Einzelbäumen rekonstruieren. Um diese räumlichen Beziehungen zu erhalten, muß regelmäßig Wildwuchs entfernt werden; in Parks, die lange Zeit nicht gepflegt wurden, kann es auch notwendig sein, ältere Bäume zu fällen.

Schwieriger stellt sich das Problem des Ersetzens dar: Auch der Ausfall raumbildender Gehölze wie beispielsweise von Gruppen, die gezielt zur Blickführung gepflanzt wurden, kann die Aussagekraft eines Landschaftsgartens wesentlich schwächen. Wenn man bereits vor dem Absterben eines Baumes seinen »Nachfolger« daneben pflanzt, verschiebt sich nach und nach die ganze Gruppe. Pflanzt man aber erst nach dem Verlust des alten Baumes einen jungen an dieselbe Stelle oder in den alten Baumstumpf, wie es zum Teil praktiziert wird, dauert es natürlich entsprechend länger, bis eine räumliche Wirkung entsteht.

Ein bloßes Konservieren der historischen Substanz, wie es in der Baudenkmalpflege zum Teil üblich ist, hätte in bezug auf einen Park seinen Verfall zur Folge. Es kann also nicht genügen, einzelne historisch belegbare Bäume zu schützen, vielmehr muß im Sinne eines Bildschutzes ihre Funktion als Gestaltungselement erkannt und durch Ersetzen gewahrt werden, um die Konzeption des Parks zu erhalten.

Für die Denkmalpflege ist der Umgang mit der Bepflanzung eines Landschaftsgartens natürlich nur einer von vielen Aspekten. Dennoch sollte die Gartenkunst ein ganz besonderes Gebiet darstellen, da man sich einerseits mit den Problemen eines »lebenden«, sich naturbedingt laufend verändernden Denkmals auseinandersetzen muß, andererseits mit den ständigen Einflüssen und Flächenansprüchen der meist städtischen Umgebung, zugleich aber auch mit den Möglichkeiten, die gerade ein Landschaftsgarten als »benutzbares« Denkmal bietet, konfrontiert wird.

Das Dessau-Wörlitzer Gartenreich des Fürsten Franz

Empfindsamkeit und Aufklärung

Wörlitz – Zierde und Inbegriff des 18. Jahrhunderts
Christoph Martin Wieland

Wörlitz, Schloßwiese mit Dietrichsurne

Bildnis des Fürsten Friedrich Franz von Anhalt-Dessau von Anton von Maron, um 1766. Nürnberg, Germanisches Nationalmuseum.
Hier wird keine fürstliche Pose mehr zur Schau gestellt; die natürlich-zwanglose Haltung des 26jährigen Mannes verrät vielmehr eine bürgerliche Gesinnung.

Der Eindruck ist eindeutig. Man wähnt sich in England: weite, durch Hecken getrennte Wiesen, einzelne Baumgruppen, hochragend die Spitze eines schmalen gotischen Kirchturms, am Horizont der mäandernde Lauf eines Flusses; dann in anderer Richtung ein buchtenreicher See, Grün in allen Schattierungen, das den hellen Säulenportikus einer eleganten klassizistischen Landvilla hindurchschimmern läßt: »God dam, hier bin ich in England«, soll der reisende Diplomat Charles Stewart deklamiert haben, als er von einem der Elbwälle den Blick über die Auenlandschaft und den Park von Wörlitz schweifen ließ.[1] Das war im Jahr 1813, als die Gärten des Fürsten Franz von Anhalt-Dessau bereits zu den Hauptsehenswürdigkeiten Europas gehörten. Dichter und Fürsten, Gelehrte und Weltreisende kamen in Scharen und folgten dem fürstlichen Parkomanen de Ligne, der in seiner Beschreibung zeitgenössischer europäischer Gärten Wörlitz den ersten Rang zuerkannte: »Es ist ein Bedürfnis für mich zu bewundern, und endlich habe ich dieses Bedürfnis befriedigen können. Gärtner, Maler, Philosophen, Dichter, gehet nach Wörlitz.«[2]

Der Park von Wörlitz, der erste das englische Vorbild konsequent nachahmende Park auf dem Kontinent, ist das Ergebnis der künstlerischen und reformerischen Leidenschaft des aufgeklärten Fürsten Franz von Anhalt-Dessau (1740–1817), der, von Fortschrittsidealen begeistert, sein kleines, im Vergleich zum mächtigen Nachbarn Preußen gänzlich unbedeutendes Fürstentum in einen Musterstaat der Aufklärung verwandelte. Der eigentliche Park von Wörlitz, einer Kleinstadt in der Nähe der Residenz zu Dessau, ist das ästhetische Zentrum eines das ganze Land umfassenden Reformwerks, gestalterischer Höhepunkt eines weiträumigen Gebietes, das der Fürst seit den siebziger Jahren des 18. Jahrhunderts einem intensiven Programm der Landschaftspflege und Verschönerung unterworfen hatte. Zugleich sind Wörlitz und das gesamte Dessauer Gartenreich am deutlichsten den englischen Vorbildern verpflichtet. Sie folgen nicht nur stilistisch und kompositionell den englischen Vorgaben, sondern zeigen sich englischen Verhältnissen auch besonders verbunden, was den aufklärerischen Hintergrund betrifft. Neben der Hauptattraktion, dem Park von Wörlitz, sind die Gartenanlagen der Schlösser *Luisium*, *Oranienbaum* und *Georgium* die – überwiegend noch erhaltenen – Höhepunkte des ehemaligen Gartenreichs.[3]

Ausgangspunkt für die Konzeption des Dessau-Wörlitzer Gartenreichs waren die Englandreisen des anglophilen Fürsten Franz, die ihn nicht nur mit den meisten der wichtigen Gartenanlagen auf der Insel bekannt machten, sondern auch mit modernen Methoden der Landwirtschaft. Insgesamt viermal bereiste Fürst Franz, das erste Mal 1764 als 24jähriger, die Insel und holte sich auf den Landsitzen der verbürgerlichten Adeligen die nötigen Anregungen für sein eigenes Reich. Begleitet wurde er von einem ganzen Stab befreundeter Experten, zu denen der Architekt Friedrich Wilhelm von Erdmannsdorff, der Gärtner Johann Friedrich Eyserbeck, der Prinzenerzieher Berenhorst, der jüngere Bruder des Fürsten, Hans Jürge, und der Musiker Rust gehörten; zeitweise bestand die Reisegruppe aus 13 Personen. Obwohl es die Gärtner Eyserbeck und später Schoch waren, die in Wörlitz weitgehend die Gestaltung der Gartenanlagen übernahmen, und in Sachen Architektur maßgeblich Erdmannsdorff für die meisten Bauten, sowohl in Dessau selbst als auch im gesamten Gartenreich, verantwortlich war, kann Fürst Franz selbst als eigentlicher Schöpfer der Dessau-Wörlitzer Parklandschaft gelten. Er war nicht nur Bauherr und Finanzier, sondern selbst dilettierender Mitarbeiter, entschied mit über Thema und Gestaltung der Staffagebauten, ordnete die Aufstellung der Antiken an und bestimmte – gelegentlich auch gegen den Rat seiner Architekten – selbst den Stil der Parkarchitekturen wie zum Beispiel beim Gotischen Haus in Wörlitz. Besondere Bedeutung kommt der Freundschaft und engen Zusammenarbeit mit dem vier

Plan von Wörlitz, Teilansicht. Der Gartenplan des Wörlitzer Hofgärtners Johann Christian Neumark (1741–1811) stammt aus dem Jahr 1784.

Jahre älteren Erdmannsdorff (1736–1800) zu. Der aus Dresden stammende Freiherr, der später nach Sanssouci und Berlin zur Ausstattung der dortigen königlichen Schloßbauten berufen wurde, beriet den Fürsten und verlieh dank der auf seinen Reisen erworbenen Kenntnissen antiker Baukunst der Architektur in Anhalt-Dessau ein bis dahin nicht erreichtes Niveau. Sein Werk bedeutete die originäre Weiterentwicklung der klassizistischen Stilformen. »Hätte ich Erdmannsdorf nicht zur Seite gehabt, der mich immer wieder ermunterte und anfrischte, wenn ich matt werden wollte«, so Fürst Franz, »so würde ich Vieles gar nicht begonnen, Anderes liegen gelassen haben.«[4]

Der von humanistischen Idealen begeisterte Franz war gerade 18 Jahre alt, als er 1758 die Herrschaft über den politisch wenig bedeutenden Kleinstaat Anhalt-Dessau übernahm. Enkel des als der Alte Dessauer bekannten Landesherrn Leopold I., der durch die Erfindung des Stechschritts in die Geschichte einging, machte der junge Mann sich nach Ende des Siebenjährigen Krieges an eine umfassende Reformierung seines Landes. Das Ziel war: Ein Muster an aufklärerischer und fortschrittlicher Gesinnung zu schaffen. Das betraf zunächst die Landwirtschaft, die durch die Einführung des Fruchtwechsels modernisiert wurde, den Bau von Straßen und – ein Lehrstück, das der Fürst aus Holland mitbrachte – den Deichbau. Vorbild für die eigentliche Landschaftsgestaltung wurde die Idee der *ornamented farm*, wie sie der Dichter und Gartentheoretiker William Shenstone im mittelenglischen Park *The Leasowes* umgesetzt hatte: eine Kombination von kunstvoll arrangiertem Park und landwirtschaftlicher Nutzfläche, Paradigma der aufklärerischen Idee, das Schöne mit dem Nützlichen zu verbinden.

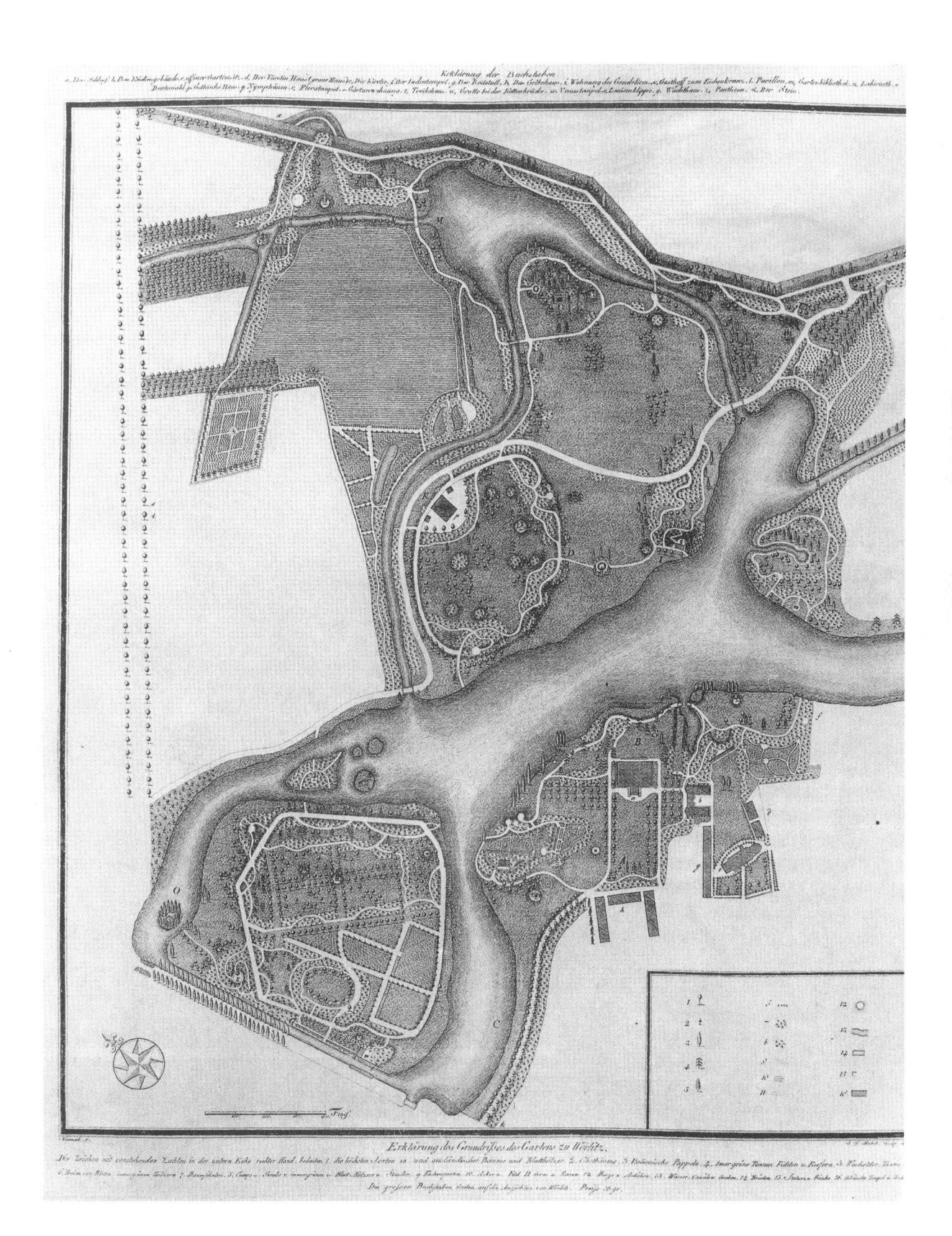

Friedrich II. von Preußen waren die Ambitionen seines Nachbarn wenig willkommen. In seinen Augen gerierte sich *princillon*, das Prinzlein, als Ästhet mit unangenehmen pazifistischen Neigungen. Nach nur wenigen Jahren in Diensten der preußischen Armee erklärte der junge Dessauer seinen Austritt aus derselben und sein Land anschließend als neutral. Zwar mußten daraufhin erhebliche Kontributionen an Preußen gezahlt werden, die relative politische Bedeutungslosigkeit aber erlaubte es dem Fürsten nun, das Land zu einem Zentrum der Gelehrsamkeit und der Künste zu machen, das dem berühmteren Weimar an Bedeutung nicht nachstand. Neben Erdmannsdorff als Koryphäe auf dem Gebiet der Architektur wirkte hier der Altertumsforscher und Übersetzer August von Rode. 1781 wurde in Dessau die »Allgemeine Buchhandlung der Gelehrten und Künstler« gegründet, die zur Unterstützung der Autoren den damals verbreiteten ungenehmigten Nachdruck ihrer Werke zu verhindern suchte. Die Stadt galt als Zentrum aufklärerischer Publizistik. Die 1796 gegründete *Chalkographische Gesellschaft* zog die bedeutendsten Kupferstecher der Zeit an. Im seinerzeit berühmten *Philantropinum* des Pädagogen Basedow folgte man den neuesten Überzeugungen einer praxisorientierten Erziehung. Armen- und Krankenhäuser sowie öffentliche Bibliotheken wurden errichtet, und speziell für Gartenfreunde stand im Wörlitzer Park den Besuchern eine Fachbibliothek zur Verfügung. Alles in allem siebenhundert Quadratkilometer reinste Aufklärung, ein Musterstaat, der die progressivsten Entwicklungen in Fragen der Bildung, der Landwirtschaft und in den Künsten miteinander verband. Hinzu kam ein Landesherr, dessen Menschenfreundlichkeit allgemein gerühmt wurde. Georg Forster, nach seiner Weltreise mit Cook zu Besuch in Wörlitz, meinte anerkennend: »Jetzt bin ich wieder mit dem Geschlecht der Durchlauchtigkeiten so halb versöhnt, um der guten Fürsten willen, die ich hier fast noch besser fand als damals in England.«[5]

England ist die erste und wichtigste Einflußquelle für Wörlitz. Gleich danach aber folgt, teilweise ebenfalls über den Umweg England vermittelt, Italien. Sowohl die antiken Monumente, die man in Rom und Neapel besichtigt hatte, als auch der oberitalienische Palladianismus fanden Eingang in die Gestaltung. »In England«, meinte Franz, »kann man ein ordentlicher Mensch werden, in Frankreich geht man unter und in Italien ist es Natur und Kunst, das Altertum in seinen herrlichen Gebilden, die Ruinen einer untergegangenen Welt, was den Geist erhebt und nährt.«[6]

Die italienischen Stationen der Bildungsreisen – insgesamt verbrachte man auf der *grand tour* von 1765/66 über ein halbes Jahr in Italien – gaben für Architektur wie Parkgestaltung die entscheidenden Anregungen. In Rom traf man mit Winckelmann, dem berühmten Autor der gerade erschienenen »Geschichte der Kunst des Altertums«, auf den kundigsten Reisebegleiter. Er brachte dem Fürsten auf den Wegen durch das antike Rom und den Ausflügen in die Umgebung, beispielsweise zur Hadriansvilla oder nach Frascati, die Raffinessen der antiken Architektur nahe. Erdmannsdorff lernte in Rom – wie seine englischen Vorbilder, die Brüder James und Robert Adam und der Architekt William Chambers – bei dem Maler und Zeichner Charles-Louis Clérisseau Architekturzeichnen.[7] Man verkehrte in den in Rom seinerzeit ansässigen Künstlerkreisen, zu denen der Kunsthändler und Antikenkopist Bartolomeo Cavaceppi – bei ihm wurde die Großzahl der Antikenkopien für das Wörlitzer Schloß erworben – ebenso gehörte wie der Zeichner Giovanni Battista Piranesi, die Maler Anton Mengs, Angelika Kauffmann und Concordia Theresia. Auch Laurence Sterne, als Autor der »Sentimental journey through France and Italy« (1768) eine Berühmtheit, gehörte zu den Bekanntschaften der fürstlichen Reisegruppe während ihres römischen Aufenthalts. In der Nähe von Neapel schließlich war man Gast auf der Villa Emma des englischen Gesandten, Vulkanforschers und Kunstsammlers William Hamilton.

Fast alle Reiseerlebnisse des Fürsten fanden im Wörlitzer Park in der einen oder anderen Weise einen konkreten künstlerischen Niederschlag: Der Neapelaufenthalt durch jene die süditalienische Landschaft widergebende *Insel Stein*, die Bekanntschaft mit Rousseau (1775 in Paris) durch die Nachbildung von dessen Inselgrab im Park von Ermenonville; die Begegnung mit dem Weltreisenden Georg Forster in London durch die Einrichtung eines Museums mit ethnographischen Südseefunden. Der neugotische Landsitz Horace Walpoles *Strawberry Hill* bei London war Vorbild für das *Gotische Haus* in Wörlitz, und schließlich kann Sternes »Sentimental Journey« als Anregung für die Leitidee des ikonographischen Programms des Parks gelten. Thema des Parks ist die Reise (wofür auch des Fürsten Hochschätzung für den Reisekaiser Hadrian spricht): die Bildungsreise durch Länder und Epochen, Kulturen und Philosophien, an deren Ende die aufgeklärte, tolerante Fürstenherrschaft steht. Wörlitz ist damit zugleich lehrhafte Anregung zur Nachahmung wie auch reales, anschauliches Ergebnis einer solchen exemplarischen Reise. Die Vorliebe des Fürsten für das wirtschaftlich fortschrittliche und in den Künsten als vorbildlich geltende England – die zeitweise soweit ging, daß er auf der Insel mit einer Herzensdame das Leben eines Privatmanns verbringen wollte – hat dabei vieles bis ins Detail bestimmt. England war im übrigen nicht nur in Sachen Architektur und Landschaftspark Vorbild. Es prägte nicht zuletzt auch den Lebensstil des Fürsten, der zwischen dem eines verbürgerlichten englischen Lords und eines deutschen Fürsten changierte: »Der Herzog lebte überhaupt in Wörlitz ganz sich und seinen Privatvergnügen, wie ein Familienvater unter seinen Kindern. Er hielt da nicht Hof und hatte nur eine geringe Dienerschaft, einen Kammerdiener, zwei Lakaien, Koch und Reitknecht und zwei Vorreiter um sich. Er betrachtete sich am liebsten wie einen englischen Lord, der, sich auf einige Zeit von Staatsgeschäften zurückziehend, im Kreise seiner Familie das Landleben genießt. Täglich speiste er im Gotischen Haus, wo er in engen, aber kostbar in mittelalterlicher Art ausgestatteten Räumen wohnte, im Sommer in der Turmkammer, wo nur sechs Personen Platz hatten. (…) Kamen vornehme Fremde oder fürstliche Personen zum Besuch nach Wörlitz, wie die

*Wörlitz, Rousseauinsel mit Rousseaudenkmal.
Die Sandsteinurne steht auf einem Postament.*

Oben: Schloß Wörlitz, Speisesaal

Unten: Schloß Wörlitz, Schlafzimmer des Fürsten. Über dem study bed Landschaften von J. Ph. Hackert und F. Rehberg

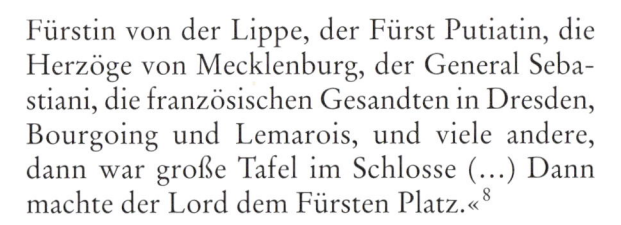

Fürstin von der Lippe, der Fürst Putiatin, die Herzöge von Mecklenburg, der General Sebastiani, die französischen Gesandten in Dresden, Bourgoing und Lemarois, und viele andere, dann war große Tafel im Schlosse (...) Dann machte der Lord dem Fürsten Platz.«[8]

Wörlitz

Der Park von Wörlitz besteht aus einem Ensemble einzelner Gartenräume, die, um den buchtenreichen Wörlitzer See, einem Altwasser der Elbe, als Mittelpunkt gruppiert, zwischen den Jahren 1770 bis 1790 sukzessive angelegt wurden. Der Park folgt also nicht einem einmal entworfenen Gesamtplan, was in der Regel erst für die späteren Anlagen des klassischen Stils üblich wurde. Nachdem bereits 1764 erste Pläne Eyserbecks eine Überwindung der ursprünglichen barocken Gartenstrukturen um ein Jagdschloß am Rande der Ortschaft anzeigten, begann die eigentliche Neugestaltung nach der großen Elbüberschwemmung im Jahre 1770/71. Kernstück der neuen Anlage wurde das Areal zwischen dem See und dem Dorf Wörlitz. Diesen Teil beherrscht das von 1769 bis 1773 an der Stelle eines barocken Vorgängerbaus errichtete Wörlitzer Schloß, das den Ruf Erdmannsdorffs als Wegbereiter des Klassizismus in Deutschland begründete. Es ist das nach dem Vorbild des englischen *Claremont* in Surrey errichtete Musterbeispiel einer palladianischen Landvilla.[9] Der Bau, der die Mitte hält zwischen fürstlicher Repräsentation und zurückhaltender, fast bürgerlicher Privatheit und entsprechend seinen Vorbildern alsbald als englische Fabrikantenvilla tituliert wurde, strahlt würdevolle Eleganz aus. Der dreigeschossige Bau liegt leicht erhöht auf einer teilweise bewaldeten Wiese, die sich hinter dem Schloß und auf dessen Schmalseite sanft zum See neigt. Die Vorderfront – sie wird noch durch die Wiese betont, die die ganze Breite der Front einnimmt – zeigt eine einfache, klare Gliederung, und, als Hauptschmuck, einen hellen, mit einem Giebel versehenen korin-

Schloß Wörlitz, Bibliothek. An den Wänden befinden sich Fresken mit den Porträts berühmter Philosophen, Wissenschaftler und Dichter, dazwischen wurden Marmorbüsten (im Bild von der Göttin Diana) und Antikenkopien römischer Kaiser aufgestellt.

thischen Säulenportikus, der den Blick auf die beiden Wandnischen mit den dort plazierten Statuen der Ceres und Fortuna freigibt.

Die erlesene klassizistische Ausstattung des Schloßinneren ist weitgehend erhalten geblieben. Sie orientiert sich am Stil des führenden Vertreters der Zeit, Robert Adam, dessen Werke Erdmannsdorff in England studiert hatte. Der Abguß des Apoll vom Belvedere im Vorraum ist eine Hommage an Winckelmann. Die Räume gruppieren sich um einen atriumähnlichen Innenhof und weisen eine reiche Wand- und Deckendekoration auf, die zum Teil in pompejanisch-herculaneischer Manier, zum Teil im Stile der raffaelitischen Loggien des Vatikan gehalten ist. Ihr Charakter ist in seiner Leichtigkeit und Anmut noch fast eher dem Rokoko zuzuordnen. Die Renaissance und die Antike sind in den meisten Räumen ferner durch Kopien von Gemälden und Skulpturen jener Epochen präsent. Ganz den Repräsentanten der Aufklärung gewidmet ist hingegen die Bibliothek, die eine Sammlung von Porträtmedaillons fast aller bedeutenden Vertreter enthält. Das angrenzende Zimmer des Fürsten, mit wenig mehr als einem Zeichentisch und einem sogenannten englischen *study bed* ausgestattet, wirkt mit Ausnahme der Landschaftsbilder Jacob Philipp Hackerts und Claude Joseph Vernets über dem Bett geradezu spartanisch; imposant hingegen der in elegantestem Klassizismus gehaltene Speisesaal, in dem zwei Porträts das Fürstenehepaar zeigen.

Durch einen unterirdischen Gang ist das Schloß, das im übrigen mit den neuesten technischen Vorrichtungen wie einem Wasserleitungssystem und Aufzügen für die *Commoditaten* ausgestattet war, mit dem seitlichen Ensemble von Sommersaal und Küchengebäude verbunden, einem sich leicht und heiter gebenden klassizistischen Loggienbau. An die Rückseite dieses Trakts schließt sich der von Bauten im neugotischen Stil umschlossene alte Kirchhof an, in dem ein neugotischer Brunnen und der mächtige, nach römischem Muster gestaltete Sarkophag die feierliche Atmosphäre unter-

Oben: Wörlitz, Schloßgarten, Muschelnymphe

Unten: Wörlitz, Schochs Garten, die römische Jagdgöttin Diana in ihrem Hain

streichen. Der Hof ist eines der stilreinsten Beispiele neugotischer Architektur in Deutschland und strahlt in seiner Gesamtheit tatsächlich die Ehrwürdigkeit eines altenglischen Kirchhofs aus. Die St.-Petri-Kirche ist ein ursprünglich romanischer Bau, der zwischen 1805 und 1809 sein heutiges neugotisches Aussehen erhielt und auch im Inneren den neugotischen Stil musterhaft demonstriert. Der allererste Bau im Wörlitzer Park aber ist der zwischen dem Schloß und dem Sommersaal zum See sich öffnende sogenannte *Englische Sitz*, eine zierliche Kleinarchitektur in Form eines palladianischen Tempels nach dem Vorbild eines entsprechenden Baus im englischen Stourhead. Auf der anderen Seite des Schlosses erstreckt sich auf abfallendem Hang ein Lindenhain, der sogenannte *Garten der Fürstin*. Am Seeufer kniet dort zwischen lombardischen Pappeln die Figur einer *Muschelsammlerin*, während auf der Wiese vor dem Schloß die *Dietrichsurne* (dem Vormund des Fürsten gewidmet) einen weiteren Akzent setzt. Architektur und Park gehen in diesem Kernbereich des Wörlitzer Parks, wiewohl auf verhältnismäßig kleinem Raum, eine ungewöhnlich harmonische Verbindung ein: Unterteilt in einen repräsentativeren klassizistischen und einen eher dörflich wirkenden neugotischen Teil, bevorzugt durch die zum See vorgerückte Lage und dank seiner eleganten, in ihrer Expressivität vornehm zurückhaltenden Architekturen ist dieser Schloßpark eines der anmutigsten Stücke England in Deutschland, ein Höhepunkt englischer Gartenkunst.

Die weiteren Gartenpartien, *Neumarks Garten* im Westen, *Schochs Garten* vis-à-vis des Schlosses, östlich die ausgedehnteren, in die umgebende Landschaft übergehenden Teile *Weideheger* und *Neue Anlage* sind durch eine Vielzahl optischer Verbindungslinien miteinander und der Schloßpartie selbst verbunden. Architektonisch herausgehobene Punkte fun-

*Wörlitz, Sichtachsenfächer an der Goldenen Urne mit
Blick auf Synagoge, St.-Petri-Kirche und Warnungsaltar*

gieren als Endpunkte langgestreckter Sichtachsen. An Vielbezüglichkeit dürfte der Wörlitzer Park jeden anderen Park nicht nur in Deutschland übertreffen. Einer der in dieser Hinsicht einprägsamsten Aussichtspunkte ist die Stelle am Rande des Elbkanals, an der Füst Franz in Erinnerung an seine verstorbene erste Tochter eine goldenen Urne aufstellen ließ. Ein dreifacher Sichtenfächer erlaubt von hier den Blick auf den Bau der jüdischen Synagoge im Schloßpark, auf die christliche Kirche und auf eine langgestreckte Wiesenpartie mit dem sogenannten Warnungsaltar, der zum Schutz von Natur und Kunst gemahnt. Die Religionen und die Natur stehen gleichberechtigt nebeneinander. Der Charakter der einzelnen Gartenpartien in Wörlitz ist durchaus unterschiedlich. Neumarks Garten im Westen, eine durch einen schmalen Kanal vom Land abgetrennte Insel, besteht aus kleinteiligen Gartenräumen, die von geschlängelten Wegen durchzogen werden. Die beiden von Erdmannsdorff errichteten Eingangspavillons enthielten eine Bibliothek mit Werken zur Gartenkunst, die den Besuchern des Parks zur Verfügung stand, sowie die Südseesammlung, die Georg Forster nach seiner Weltreise mit Captain Cook dem Fürsten geschenkt hatte. Neumarks Garten ist ein besonders prägnantes Beispiel für den sentimental-empfindsamen Stil. Man betritt zunächst ein Miniaturlabyrinth, das nach alter Tradition als Allegorie des Lebens zu verstehen ist. Die dort eingangs aufgestellten Büsten des Schweizer Pfarrers Johann Caspar Lavater, der durch seine physiognomischen Fragmente Berühmtheit erlangt hatte, und des empfindsamen Dichters Christian Fürchtegott Gellert, waren philosophische Orientierungspunkte des Fürsten. Ihnen gelten die Inschriften: »Heil sei Dir, denn Du hast mein Leben, die Seele mir gerettet, Du« – »Daß mein Sinn dem Deinen gleiche«. Befolgt man die in einer weiteren Inschrift formulierte Mahnung »Wähle Wandrer deinen Weg mit Vernunft«, gelangt man alsbald nicht zur verführerischen Sinnlichkeit der Venusstatue (»Kehre wieder zurück«), sondern zu

dem freien Wiesenplatz des Elysiums. Auch die vorgelagerte, von Pappeln umstandene *Rousseauinsel*, eine Nachbildung von dessen Grab in Ermenonville, vereinigt die Funktion eines Stimmungsträgers mit aufklärerisch-pädagogischen Zwecken. Die Inschrift auf dem Gedenkstein hat Fürst Franz selbst entworfen: »Dem Andenken J.J. Rousseaus, Bürgers zu Genf, der die Witzlinge zu gesundem Verstand, die Wollüstigen zum wahren Genuss, die irrende Kunst zur Einfalt der Natur, die Zweifler zum Trost der Offenbarung mit männlicher Beredsamkeit zurückwies.«

Fehlt diesem Neumarkschen Teil die notwendige Weite, um neben der empfindsam-aufklärerischen Ideenkomponente eine landschaftliche Wirkung zu erzielen, so gewinnt Schochs Garten durch die Angliederung der Hofgärtnerei und die angrenzenden Ackerflächen deutlich an Großzügigkeit. Architektonisches Zentrum dort ist das *Gotische Haus*, das wie die anderen Bauten dieses Stils auf die Vorlieben des Fürsten selbst zurückgeht, der diesen Stil ebenfalls aus England importiert hatte. Dort hatte Horace Walpole 1764 seinen berühmten neugotischen Landsitz *Strawberry Hill* eingeweiht. Dennoch besitzt auch dieser Bau neben den gotischen Elementen noch eine italienische Note. Vorbild für die rückwärtige Kanalseite ist die Fassade der gotischen Kirche Santa Maria dell'Orte in Venedig, während sich die Gartenseite im englischen Tudorstil präsentiert. Rodes Beschreibung des Hauses und seiner Nutzung – der Fürst bestückte das Gebäude mit seinen Sammlungen, unter anderem altdeutsche und niederländische Malerei, und nutzte es als Privatwohnung – klingt plausibel: »Das Schloß stand da im Schmucke Griechischer Baukunst. Zufrieden, mit einem Werke sich selbst der Mitwelt gezeigt zu haben, faßte er jetzt den Entschluß, sich aus derselben gleichsam zurückzuziehen, und in der Mitte seiner Vorfahren mit der Vorwelt sich selbst zu leben. Er erbaute das Gothische Haus und versammelte darin um sich alles, was dazu dienen konnte, seinen Geist in die Vorwelt zu versetzen.«[10] Ähnlich wie das

klassizistische Schloß, dem es als fast gleichwertiges Pendant gegenübergestellt ist, besaß der Bau stilistische Vorbildfunktion und hat die Verbreitung des neugotischen Stils in Deutschland mitausgelöst. Dennoch ist die Neugotik eine, wenn auch gewichtige, Ausnahme in Wörlitz. Der *Floratempel* unweit der ehemaligen Baumschule, der Kulissenbau des *Nymphaeums*, exakt dem Englischen Sitz als Pendant gegenübergestellt, der Rundbau des *Venustempels* am Ende einer langen Sichtachse und schließlich der Rundbau des Pantheon sind an antiken Vorbildern orientiert, die der Fürst auf seinen Bildungsreisen durch Italien besucht hatte. Das dreigeschossige *Pantheon* am Ufer des *Großen Walloch* war ursprünglich als Museum konzipiert und beherbergte in seinem zweigeschossigen Kuppelraum die Antikensammlung des Fürsten. Im düsteren unteren Grottengeschoß stehen Gipsnachbildungen altägyptischer Gottheiten, die Anlaß zu der Deutung gegeben haben, Erdmannsdorff habe in dieser Raumanordnung die Entstehungsgeschichte der Kunst von ihrem ägyptischen Ursprung nacherzählt. Ob darüber hinaus auch auf einen freimaurerischen Hintergrund angespielt wird, worauf die Darstellung ägyptischer Motive und die Gegenüberstellung einer lichten Vernunft- und einer dunklen, mystischen Ebene hinweist, läßt sich nicht sicher entscheiden. Der Fürst war der Freimaurerei gegenüber angeblich negativ eingestellt, sein Biograph Reil zitiert ihn mit den Worten, er »könne sich mit der Freimaurerei nicht befreunden«, da »menschenfreundliche Wirksamkeit keines Schleiers bedürfe«.[11] Ein Bezug zu Ägypten liegt jedenfalls auch darin, daß das in der Mitte der Pantheongrotte auf einem Sockel stehende Kanopengefäß – das ursprüngliche Weihgefäß des Nilwassers – als Reverenz an die lebensspendende Kraft des Flusses zu verstehen ist und in dieser indirekten Weise auch die Elbe meint. Die Ehrerbietung lag nahe angesichts eines Flusses, der durch Überschwemmungen auch in Wörlitz schon wiederholt seine zerstörerische Kraft bewiesen hatte.

Feierliche Stille – Blick über den Wörlitzer See zum Nymphaeum, das 1767/68 von Erdmannsdorff als überdachter Gartensitz entworfen wurde

*Wörlitz, das als Antikensammlung konzipierte Pantheon
am Ufer des Großen Walloch*

Wörlitz, Gotisches Haus, Gartenansicht

Oben: Wörlitzer See

Unten: Wörlitz, Eiserne Brücke über den Georgenkanal, 1791. Die Brücke ist ein verkleinerter Nachbau der ersten gußeisernen Brücke in Shropshire, England

Gegenüberliegende Seite: Wörlitz, Schloßgarten, Lindenallee im Garten der Fürstin

Die exotische Hauptattraktion am südöstlichen Rand des Parks ist der sogenannte *Stein*, eine künstliche Insel, auf der neben den Nachbildungen antiker Grabgewölbe und eines antiken Theaters die Kopie der Villa Hamilton bei Neapel und eine Miniaturversion des Vesuv an die Italienaufenthalte des Fürsten erinnern. Zu besonderen Anlässen wurden hier Vulkanausbrüche inszeniert; alles in allem eine etwas überladen wirkende Schauarchitektur, die Franz später selbst kritisch betrachtete: »Man sollte aber sich nicht herausnehmen, die Natur in ihren großartigsten und erhabensten Erscheinungen, in ihren Felsen, Schluchten, Tälern und Vulkanen nachahmen zu wollen. Da zieht man allemal den Kürzeren. (...) Man sollte der Natur in ihrer idyllischen Bildung nachahmen und sie sich zum Muster nehmen, wie sie die Wälder mit ihren stillen Schatten schafft (...), ihre Bäume gruppiert, ihre Flächen in Wiesen, in Blumenteppiche verwandelt und ihre Gewässer in Seen, Flüsse und Bäche verteilt (...)«[12] Die fürstliche Selbstkritik markiert einen wichtigen Moment innerhalb der Geschichte der Gartenkunst. Sie bezeichnet den Zeitpunkt, an dem sich das Experiment mit emblematischer Vielbezüglichkeit und künstlicher, auf Wirkung berechneten Dramatik erschöpft hat und der Tendenz zur vereinfachten, natürlichen Form weicht. Tatsächlich besitzt der Park von Wörlitz – dem gewissermaßen naiven Wunsch folgend, alles unterzubringen – in einigen Partien den Charakter einer noch wenig abgeklärten Frühform. Dieses »Zuviel« wurde durch die offensichtliche Leitidee Reise nahegelegt. Die jahrelangen Bildungsreisen des Fürsten boten eine fast unausschöpfliche Vielfalt an Motiven und Szenen. Beispielsweise inszenierte Franz im Park ein Brückenprogramm, das allein in Wörlitz aus nicht weniger als 21 Brücken verschiedenster Stile und Epochen besteht (hinzu kommen 16 weitere im gesamten Gartenreich). Ihre Geschichte reicht von der einfachen Furt bis zur Nachbildung der mittelenglischen *Iron Bridge*, der ersten Eisenbrücke der Welt. In

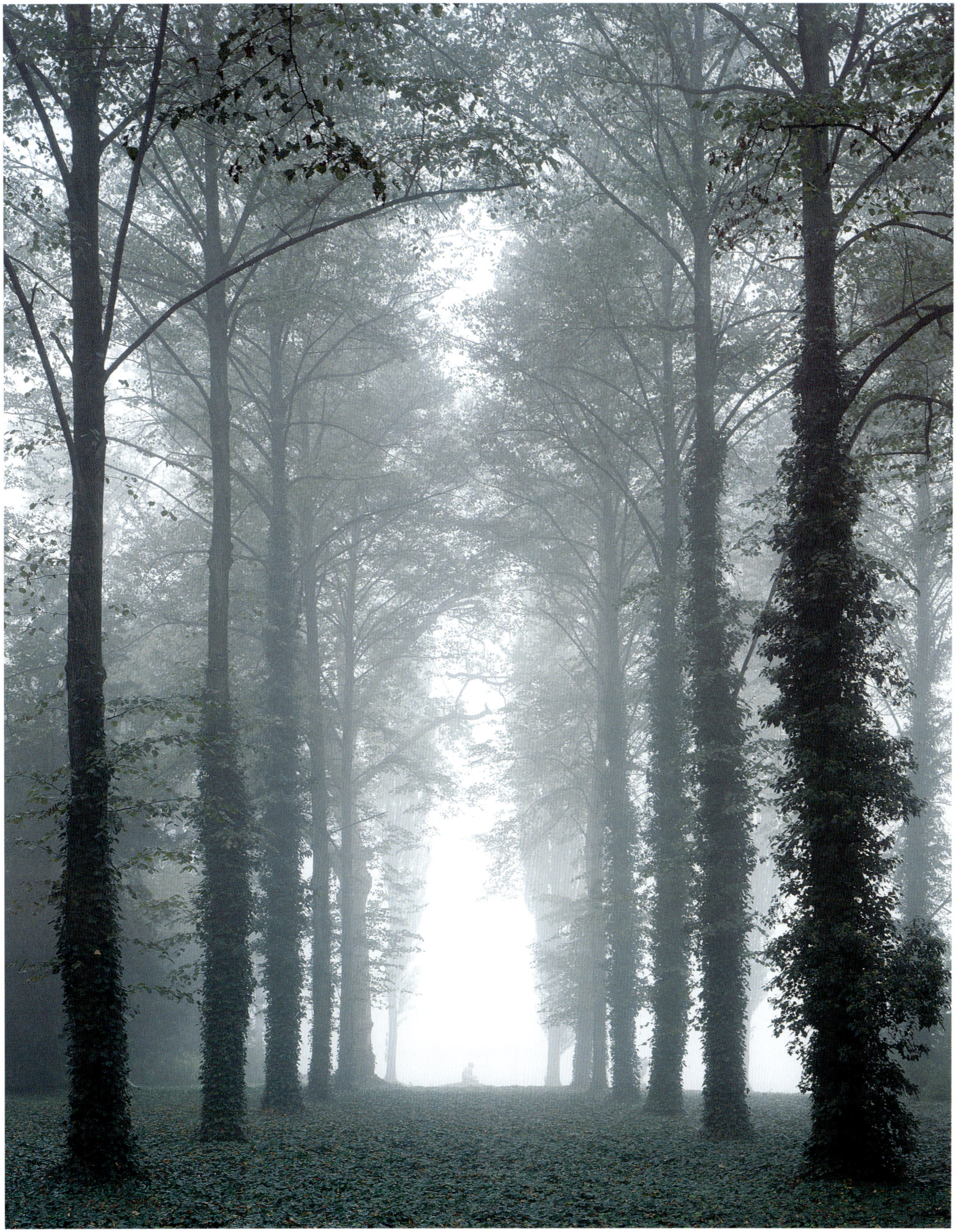

Bild unten: Georgium, Vasenhaus Georgium, Römische Ruinen

seiner Gesamtheit ist der Park von Wörlitz dem empfindsamen Stil zuzuordnen. Nicht nur die vielen »Stimmung machenden« Detailszenen machen dies deutlich – am markantesten jene »romantische« Partie in Schochs Garten, die aus einer Einsiedelei, dem Platz eines Eremiten und der Zelle eines Mystagogen besteht und vormals in ihrer befremdend-schaurigen Wirkung auf den Betrachter durch die Dekoration von Knochenresten und Aschenkrügen verstärkt wurde –, auch die Tatsache, daß mit den Büsten Lavaters und Gellerts gleich zwei zum Umkreis der empfindsamen Literatur zählende Denker gewählt wurden, unterstreicht den empfindsam-pädagogischen Charakter der Anlage.

Das Gartenreich

Das einstige Gartenreich des Fürsten Franz, das mit der Landesfläche des kleinen Fürstentums Anhalt-Dessau identisch war und rund 700 Quadratkilometer umfaßte, war eine über mehrere Jahrzehnte entstandene, überwiegend landwirtschaftlich genutzte Auenlandschaft (mit Weizen-, Hopfen- und Kleeproduktion und ansehnlicher Schaf- und Pferdezucht), die in ihrer landschaftlichen Physiognomie durch bepflanzte Deiche, Obstbaumalleen, ausgedehnte Obstplantagen, neue Straßen und, als Höhepunkt, mehrere Gartenanlagen gestalterisch aufgewertet war. Im Grunde waren die landschaftlichen Maßnahmen des Fürsten alle dem Prinzip der Verbindung von Schönheit und Nützlichkeit verpflichtet, so daß etwa landwirtschaftliche Nutzflächen in die Gärten selbst integriert wurden, andererseits zum Beispiel die bepflanzten Deiche entlang Elbe und Mulde ästhetische mit funktionalen Aspekten verbanden. Von Großkühnau im Westen von Dessau über Wörlitz als Höhepunkt früher landschaftlicher Gartenkunst, den Schönitzer See bis nach Rehsen im Osten und den südlichen Ableger Oranienbaum reichte das Gebiet. »Der ganze Weg von Dessau nach Wörlitz ist mit so weiser Benutzung seiner Umgebung angelegt«, schrieb der Wörlitzbesucher Carl August Boettiger, »daß man sich in einem zusammenhängenden Park zu sein dünkt, und in der Tat sieht man hier alles aus dem richtigsten Gesichtspunkt, wenn man die ganze Gegend in einem Umkreis von sechs deutschen Meilen für einen großen Park, für einen Tempel der Natur hält, wovon die engen, zusammengedrängteren Wörlitzer Anlagen gleichsam nur das Allerheiligste ausmachen.«[13] Natürlich entspricht das heutige Bild der Landschaft nicht mehr dem vor 250 Jahren. Städtebauliche Entwicklungen und die Relikte der Industrialisierung – die zwei höchsten Schornsteine des die Landschaft dominierenden Kraftwerks Vockerode allerdings wurden inzwischen gesprengt – überformen an vielen Orten die alte Idylle. Die Obstbaumalleen,

Georgium: Das Erdmannsdorffsche Schloß, erbaut 1783 (Seitenflügel 1893 ergänzt), beherbergt heute eine Gemäldegalerie

Oranienbaum, Chinesischer Garten

Oranienbaum, Chinesisches Teehaus, 1754–1757

die früher die Gärten miteinander verbanden, prägen heute nicht mehr das Bild der Landschaft. Doch ist ein 142 Quadratkilometer großer Kernbereich im Jahr 2000 in die Liste des Weltkulturerbes aufgenommen worden. Hier präsentiert sich die Landschaft intensiver gestaltet, mit den Schlössern und Gärten Großkühnau, Georgium und Luisium bei Dessau, Sieglitzer Berg und Wörlitz. Verwaltet wird das Gebiet von der Kulturstiftung Dessau-Wörlitz, die durch Liegenschaftsübertragungen (vor allem Forstgebiete) des Landes Sachsen-Anhalt nun sogar ein Gebiet von 72 Quadratkilometern betreut. Die Hauptaufgaben, Pflege der Parks und Sanierung der Gebäude, waren in den vergangenen Jahren vor allem von der Elbüberschwemmung 2002 und einem Orkan 2007 geprägt. Die Dämme mußten instand gesetzt und verstärkt werden, während die baulichen Sanierungsaufgaben sich auf die Schlösser Oranienbaum (seit 2003 z.T. wieder eröffnet) und das teilsanierte Schloß Mosigkau konzentrierten.

Vom einstigen Zustand zeugen noch die neugotischen Kirchen in Wörlitz selbst, in *Vockerode* und in *Riesigk* sowie die Elbwälle mit ihren Wachhäusern. Von den Gärten hat neben Wörlitz vor allem der Park Luisium sein altes Gesicht – zumindest in seinem landschaftlich angelegten Teil – bewahrt. Das von der Stadt Dessau eingeengte *Georgium* hingegen mußte der Entwicklung der Stadt Dessau deutlich Tribut zollen. Der dortige Park, ein ursprünglich weiträumiges Areal, besitzt mit seinem Schloß allerdings eines der erhalten gebliebenen, wenn auch im Verlauf des 19. Jahrhunderts durch die beiden seitlichen Anbauten stark veränderten Erdmannsdorffschen Schlösser. Von den Parkbauten haben sich die sogenannten *Römischen Ruinen*, das Blumengartenhaus und ein ionischer Tempel erhalten.

Das nur wenige Kilometer südlich von Wörlitz gelegene *Oranienbaum* ist nach Henrietta Katharina von Nassau-Oranien benannt, der Urgroßmutter des Fürsten Franz, unter deren Herrschaft das dreiflügelige Schloß und die regelmäßigen Teile der Parkanlage Ende des

Oranienbaum, Schloß mit barockem Parterre

Luisium, neugotisches Schlangenhaus

17. Jahrhunderts errichtet wurden. Der barocke Park erhielt zwischen 1793 und 1797 durch den Gärtner Neumark eine seitliche, im *chinoisen* Stil gehaltene Erweiterung. Es ist – nach dem bereits Mitte des Jahrhunderts angelegten Park des Kasseler Bellevuepalais – der erste Garten dieser Art in Deutschland. Eine Pagode, ein chinesisches Teehaus sowie eine Reihe von Brücken sind erhalten geblieben und zeugen von der Adaption eines Stils, den kurz zuvor William Chambers in England propagiert und dessen wichtigstes Beispiel er mit Kew Gardens bei London geschaffen hatte. Auch im Inneren des Schlosses, in dem heute das Landesarchiv mit Schriften zur Geschichte des Dessau-Wörlitzer Gartenreichs untergebracht ist, zeugen zwei in chinesischer Manier eingerichtete Räume von der Mode der Zeit.

Luisium, knapp zwanzig Kilometer von Wörlitz entfernt am nordöstlichen Rand der Residenzstadt Dessau gelegen, ist neben Wörlitz der interessanteste und vor allem stimmungsvollste Park. Er ist nach der Gattin des Fürsten benannt, die ihn 1774 als Geschenk erhielt. Hölderlin, der 1795 in Wörlitz zu Gast war, dichtete eine »Ode an die Fürstin von Dessau«: »So kommst Du aus *Luisiums* Hainen auch, / Aus heilger Schwelle dort, wo geräuschlos rings / die Lüfte sind und friedlich um dein / Dach die geselligen Bäume spielen, / Aus Deines Tempels Freuden, o Priesterin! (…) / Denn wo die Reinen wandeln, vernehmlicher / ist da der Geist«.[14] Luisium hat weit weniger als Wörlitz die Aufmerksamkeit der Touristen und erst in den letzten Jahren die der Denkmalpfleger gefunden. Diese relative Unberührtheit verstärkt die wohl schon ursprünglich intendierte lyrische Stimmung des Parks, der die pädagogisch-aufklärerischen Inhalte von Wörlitz gegen eine fast träumerische Romantik eingetauscht hat. Grohmann, ein zeitgenössischer Gartenschriftsteller, bezeichnet das Luisium im Gegensatz zu Wörlitz, dem Inbegriff des englischen Gartens, als einen »deutschen« Garten, der die »interessierende Natur in ihren Bedeutungen fürs Herz« erleben läßt.[15]

Oben: Luisium, Sichtachse mit Blick auf die Jonitzer Kirche. Im Mittelgrund liegt links der Pegasusbrunnen

Unten: Luisium, Schloß. Das kleinste der erhaltenen Erdmannsdorff-Schlösser wurde 1774 erbaut

Der Park, der auf drei Seiten durch niedrige Wälle vor Überschwemmungen geschützt ist, zerfiel ursprünglich in zwei, durch eine gerade Allee getrennte Teile: die eigentlich englische Partie und einen früher dem Gartenbau vorbehaltenen Ostteil, eine Abgrenzung, die heute nicht mehr zu erkennen ist. Mittelpunkt, nicht in geographischer, aber in künstlerischer Hinsicht, ist das leicht erhöht an einer Krümmung des Altwassers der Mulde errichtete Schloß, das an dieser lichten Stelle inmitten eines inzwischen stark bewaldeten Geländes seinen idealen Platz gefunden hat. Der auf quadratischem Grundriß errichtete schlichte zweigeschossige Bau, das kleinste der drei Erdmannsdorffschen Schlösser im Dessau-Wörlitzer Gartenreich, wird von einem kleinen Belvedere mit Fenstern im Palladiomotiv gekrönt und besticht durch die klare Straffheit der Gliederung. Das Innere enthält reich verzierte, mit klassizistischer Malerei versehene Räume, die nach der Renovierung 1998 wieder zugänglich sein werden.

Wie das Schlößchen so hat auch der Park durchaus märchenhafte Züge. In der Nähe des Schlosses steht hinter der Ruine des römischen Torbogens die verschleierte Skulptur einer Frau, die ganz offenbar das Verschleierte Bild zu Sais vorstellt, jenes Motiv der Literatur um 1800, das durch Schillers gleichnamiges Gedicht und die Fragmente des Novalis Bekanntheit erlangt hatte. Das träge Gewässer vor dem Schloß, ein lediglich einige hundert Meter langes Altwasser, ist an den Ufern von Schilf umstanden; auf der angrenzenden Wiese verleihen eine Grotte und der Pegasusbrunnen als die einzigen baulichen Einsprengsel dem natürlichen Idyll eine bedeutungsvolle Note. Trotz der zwanglos wirkenden Naturstimmung ist dem Park eine Komposition deutlich abzulesen. Quer zur nordsüdlichen Allee verläuft eine Sichtachse, die an ihrem östlichen Ende eine markante, turmartige Architektur besitzt: das neugotische Schlangenhaus, das heute als Wohngebäude genutzt und sogar vermietet wird. Der optische Fluchtpunkt am gegenüberliegenden Ende der Achse liegt bereits außer-

Luisium, Ruinentor mit dem Verschleierten Bild zu Sais

halb des eigentlichen Parks. Es ist der Gebäudekomplex des ehemaligen Gestüts, dessen Weideflächen den Park um eine ländliche Nuance bereichern. Nördlich lassen sich drei vom Schloß sternförmig verlaufende Jagdwege erkennen, die den Blick in die umgebende Weide- und Auenlandschaft lenken; der Park wird in die Landschaft optisch übergeleitet. Nach Süden fällt der Blick auf die Spitze eines Obelisken, der die Dorfkirche des benachbarten Ortes Jonitz krönt. Hier ließ der Fürst für die 1811 verstorbene Luise ein Mausoleum errichten.

Vielleicht spiegelt der intime Charakter des Parks von Luisium nur seine eher private Nutzung durch das Fürstenehepaar wider. Schon vor der Entstehung der späteren Parkanlage hatte Fürst Franz hier in einem Sommerhaus seine Kindheits- und Jugendjahre verbracht; später wurde Luisium hauptsächlich von der Fürstin bewohnt, die den Zutritt zu dem ursprünglich öffentlichen Park mehr und mehr einschränkte. Nach ihrem Tod ließ sich der Fürst nach einem Reitunfall für die letzten Tage seines Lebens hierher bringen, um vom Krankenbett aus den Blick auf das Mausoleum richten zu können.

Der Idealstaat des Fürsten Franz hat nicht lange Bestand gehabt; das Reformwerk blieb eine Episode. Der klassizistische Stil in der Baukunst, den Erdmannsdorff in Wörlitz inaugurierte, hat sich nach dem Tod Friedrichs des Großen jedoch auch in Preußen durchgesetzt und dort in Friedrich Schinkel seinen bedeutendsten Repräsentanten gefunden. Auch in der Gartenkunst führen direkte Linien von Wörlitz nach Berlin und Potsdam. Den Wörlitzer Gärtner Eyserbeck berief noch König Friedrich Wilhelm II., damit er die Gärten von Sanssouci um weitere Anlagen, nun in neuen Stil, ergänzte. Und unter Friedrich Wilhelm IV. schuf später Peter Joseph Lenné in bewußter Nachahmung des Dessau-Wörlitzer Vorbilds jenes großflächige englisch-italienisierende Gartenreich entlang der Havel, dessen Zauber noch heute jeden in seinen Bann zieht.

Wilhelm von Hessen-Kassel
Kuranlage und fürstlicher Bergpark

Links: Wilhelm von Hessen-Kassel

Unten: Wilhelmshöhe, Blick vom Schloß über das bowling green zum Herkulesschloß

Wilhelmsbad, Parkansicht mit Karussell

Wilhelmsbad, Hanau

»Wilhelmsbad, eine halbe Stunde von Hanau, behauptet von der Seite der Anmut unter Deutschlands Bädern wohl den ersten Rang. Man mag auf die Schönheit der Gebäude, auf die Reinlichkeit und den guten Geschmack der Ausmöblierung der Wohnzimmer, auf die Sauberkeit der Bäder, auf die Tafel, wo Feinheit und Anstand herrschen, und Personen beiderlei Geschlechts von der ersten Klasse erscheinen, auf die Anlagen und Spaziergänge, auf die Nachbarschaft von einem der artigsten Höfe, auf die Ordnung der Einrichtung des Ganzen, und sodann auf die überaus wohlfeilen Preise sehen, wozu alles angesetzt ist; so wird man hier sowohl die größte Aufmerksamkeit auf die Bedürfnisse der Fremden, als auch Aufmunterung zum Genuß der angenehmsten Sommertage finden.«[1]

Hirschfelds Lob galt einem in den siebziger und achtziger Jahren des 18. Jahrhunderts weithin bekannten Kur- und Badeort, einem beliebten Ausflugs- und Reiseziel, das den Besuchern als Ort der Zerstreuung, der Erholung und der Selbstdarstellung diente. Kurbetriebe wie in Hanau standen noch ganz in der Tradition des Barock. Sie waren, wie beispielsweise das böhmische Kuks, Schauplätze des Zeitvertreibs, gesellschaftliche Treffpunkte ersten Ranges. Wilhelmsbad, wo sich nicht nur eine höfische, sondern auch eine bürgerliche Gesellschaft einfand, war etwa ein Jahrzehnt lang en vogue. Der Bauherr, Erbprinz Wilhelm von Hessen-Kassel, hatte gezielt um Gäste geworben, die durch ihren Aufenthalt zur Finanzierung seiner Hofhaltung beitragen sollten. Von seinem Hofmaler Tischbein ließ er Kupferstiche von der Anlage anfertigen, die er zu Werbezwecken versandte. In der Folge kam, wer es sich leisten konnte; neben Gartenfachleuten wie Hirschfeld reiste auch Goethe zusammen mit dem Herzog von Weimar 1780 nach Hanau, vor allem aber kamen Bürger aus dem benachbarten Frankfurt. Verschiedene Einrichtungen dienten der Unterhaltung und dem Zeitvertreib: Theaterensembles gaben in dem 1781 eröffneten *Comoedienhaus* Vorführungen, eine besondere Attraktion war ein mechanisches Karussell, dessen tempelartiger Bau noch heute zu sehen ist. Als eines der ersten seiner Art konnte es zwischen seinen beiden Säulenumläufen die Holzpferde und Wagen bewegen, während in der Mitte die Zuschauer saßen. Auf dem Teich ließ man sich in prunkvollen Gondeln hin- und herbewegen, ein Spielkasino war eingerichtet, Schaukel- und Kegelspiele, Karten- und Billardtische dienten der Unterhaltung. Alles änderte sich jedoch mit Wilhelms Übernahme der Regentschaft als hessischer Landgraf. Nach seinem Weggang nach Kassel 1785 stoppte der weitere Ausbau des Parks, der in späteren Jahren als Kurbad kaum mehr eine Rolle spielte, zumal sich auch das Wasser als nicht besonders heilkräftig erwies. Nur noch einmal, im September 1818, stand Wilhelmsbad im Mittelpunkt, als sich die drei Monarchen der Heiligen Allianz, Kaiser Franz von Österreich, der russische Zar Alexander und König Friedrich Wilhelm von Preußen, zu einer Zusammenkunft in Wilhelmsbad trafen. Der späteren Bedeutungslosigkeit jedenfalls ist es zu verdanken, daß sich der Charakter der Anlage ebenso wie die Gebäude erhalten haben und Wilhelmsbad daher als eine der besterhaltensten Kuranlagen des 18. Jahrhunderts gelten kann. Relativ wenig Veränderungen erfuhr auch der im landschaftlichen Stil gestaltete Park, der fast zeitgleich mit den Schloßbauten entstand

Wilhelmsbad, Burgruine nach dem Grundriß eines Gothischen Pavillons (nach einem Stich von B. Langley) 1780 in Insellage als Wohnung für Wilhelm erbaut

und damit neben Wörlitz und Schönbusch zu den frühesten englischen Anlagen in Deutschland zählt.

Der Hanauer Park schließt sich mit dichten Baumgruppen zwanglos an das spätbarocke Ensemble der Bäderbauten an, von dem er durch eine beibehaltene alte Allee allerdings getrennt ist. 1777 war Baubeginn. Der im nahen Hanauer Schloß residierende Erbprinz gab seinem Architekten Franz Ludwig Cancrin den Auftrag, an der Stelle eines vorhandenen »Guten Brunnens« ein erstes Badhaus zu errichten. Der gesamte Gebäudekomplex besteht aus sieben in einer Doppelreihe angeordneten Einzelbauten. Den zentralen Kur- oder Arkadenbau flankieren auf gleicher Höhe zwei flachere, längliche Gebäude, Stallbau und Langer Bau, vor ihnen bilden vier kleinere kubische Pavillons – Judenbau, Fürstenbau, Badhaus und Kavaliershaus (ehemaliges Traiteurhaus) – eine zweite Reihe. Den östlichen Abschluß bildet das Comoedienhaus (1780–1781).

Während man in unmittelbarer Nachbarschaft der Gebäude die Baumbepflanzung mit der Lindenallee regelmäßig beließ, entstand ab 1778 beiderseits dieses lockeren Ensembles von Einzelbauten die Anlage des Parks, wiederum unter der Leitung des Baumeisters Cancrin. Das Waldgelände eines ehemaligen Steinbruchs, das von einem Bach durchflossen wurde, bot sich aufgrund der bereits vorhandenen, durch kleinere Hügel abwechslungsreichen und aufgelockerten Physiognomie für einen Park im englischen Stil an, so daß auf größere Bodenarbeiten verzichtet werden konnte. Hirschfeld gibt eine recht anschauliche Schilderung des ursprünglichen Zustands: »Sowohl von der Vorderseite des Arcadenhauses an, als auch hinter ihm verbreiten sich die Anlagen der Spaziergänge fast im Geschmack eines englischen Gartens (...) Vor dem Arcadenhaus erstreckt sich ein ziemlich ansehnlicher Wald von Eichen, der jedoch viele große Zwischenräume hat, worin Pflanzungen von mancherley einheimischen und ausländischen Bäumen und Gesträuchen abgelegt und mit Blumenstauden vermischt sind. Zur Abwechslung des Spazierganges und der Aussichten sind Vertiefungen und Anhöhen gemacht (...) Ueberall findet man weiße Bänke, Sitze, Tische auf den Höhen und in den Thälern; unter den hohen Eichen und den Buchen, die zwischen ihnen erscheinen, laden beschattete Ruheplätze ein.«[2]

Mit einer Anlage »fast im Geschmack eines englischen Gartens« war Erbprinz Wilhelm also den englischen Impulsen gefolgt. Die neue Richtung war familiär bereits vorgegeben. Der Vater Wilhelms, der in Kassel residierende Landgraf Friedrich II. (172–1785), war mit einer Tochter des englischen Königs Georg II. vermählt, und erste Einflüsse des neuen Gartenstils waren aufgrund dieser Verbindung bereits in die hessischen Lande, zuerst in Kassel selbst, eingeflossen. Im Hanauer Wilhelmsbad, das mit seinem Badebetrieb noch der verspielten Atmosphäre des Rokoko und seinen Gepflogenheiten zu folgen schien, ist der landschaftliche Stil damit eine für diese Frühzeit charakteristische Verbindung eingegangen.

Der Park, der eine weitere Erneuerung durch den später auch in Kassel tätigen Hofgärtner Daniel August Schwartzkopf erfuhr, zeigt sich heute in lockerer Weise bewaldet. Trotz seiner überschaubaren Größe ist er durchaus abwechslungsreich angelegt, was insbesondere für den östlichen Teil gilt. Hier wurde der Bach zu einem See gestaut, der mit seinen beiden Inseln den Mittelpunkt einer für den noch verhaltenen

Wilhelmsbad, Blick vom Schneckenberg auf die Kurhäuser

Beginn des neuen Stils charakteristischen kleinteiligen Kunstlandschaft bildet. Jenseits des Sees führen Serpentinenwege auf den zu einem Aussichtsstandort aufgeschütteten Schneckenberg.

Wilhelmsbad kann ebenfalls eine Anzahl markanter, gut erhaltener Parkbauten aufweisen. Noch der Zeit des Rokoko entstammt das leicht erhöht gelegene Karussell, ein in Form eines Tempels errichteter ausladender Rundbau. Ebenfalls erhalten blieb der 1779 errichtete barocke Brunnentempel mit einer das Dach krönenden Äskulapstatue. Die ehemalige Fasanerie sowie ein Heckentheater existieren nicht mehr.

Die beiden auffallendsten Parkarchitekturen von Wilhelmsbad verraten bereits die ausgeprägt romantische Ader des Bauherrn, die sich später in Kassel noch deutlicher artikulieren sollte. Wie in anderen Gärten der Zeit fallen hierbei zunächst ägyptische Anklänge auf. Eine kleine Pyramide auf einer der Inseln des Sees war als Grabmal für den im Kindesalter verstorbenen Sohn Wilhelms vorgesehen; Vorbild war die Cestiuspyramide in Rom. Sie wird beiderseits von zwei Trauerweiden gerahmt und gibt in dieser Weise das Musterbeispiel einer empfindsamen Gartenszene ab, wie es Hirschfeld bei der Formulierung seiner Gartentheorie vorgeschwebt haben mag.

Ebenfalls von Wasser umgeben steht auf einer künstlichen Insel in der Nähe des südlichen Zugangs zum Park die sogenannte Burg (1779–1781). Es handelt sich um einen einfachen zweistöckigen Rundturm, »ein halb verfallener gotischer Turm, in einem wahrhaft täuschenden Stil, nach der Zeichnung des Prinzen« erbaut. »Hier wohnt während des Sommers der Prinz in einer geräuschlosen philosophischen Einsamkeit«,[3] so Hirschfeld, der auf die offenkundige Neigung Wilhelms anspielt, sich dem höfischen Leben fernzuhalten. Auch diese Form der Ruinenromantik war – natürlich – ein englischer Import; Vorbild war in diesem Fall die 1772 errichtete neugotische Burg Shrubbs Hill. Ganz im Kontrast zum düsteren Eindruck des Äußeren war das Innere in Wilhelmsbad in aufwendig und kostbar ausgestattete Wohnräume – darunter als Höhepunkt ein prachtvoller runder Festsaal mit klassizistischen Stuckornamenten – verwandelt worden, die die Vergangenheit unter anderem durch eine Ahnengalerie vergegenwärtigten. Ob darüber hinaus in dem dreistöckigen Bau auch eine freimaurerische Symbolik architektonisch umgesetzt ist, sei dahingestellt. Im Sommer des Jahres 1782 fand in Hanau tatsächlich ein für seine Geschichte bedeutender internationaler Freimaurerkongreß statt, allerdings wohl weniger aus Sympathie des Bauherrn mit Geheimbünden – als konservativer Fürst lehnte Wilhelm Freimaurer ihrer demokratischen Gesinnung wegen ab[4] – als aus Gründen der damit verbundenen Mieteinnahmen. Die Burg selbst scheint kein Versammlungsort der Freimaurer, sondern tatsächlich ein ausschließlich dem privaten Vergnügen des Erbprinzen dienender Rückzugsort gewesen zu sein. In romantischer Abgeschiedenheit konnte er hier seinen Mittelalterphantasien freien Lauf lassen: »Ich verbrachte dort am 21. Juli die erste Nacht. Es war damals, daß ich zum ersten Mal die Annehmlichkeiten des Lebens genoß, jenes Glück, das so selten ist für die Fürsten, und das man an den Höfen nicht findet, wo man von Günstlingen und Höflingen beobachtet und belauscht wird. (...) Ich befand mich inmitten eines Waldes, ganz allein, ohne den Minister, ohne Günstlinge (...) Die Einsamkeit und die Art, abgesondert zu leben, mißfiel all denen, die nur wollten, daß ich durch ihre Augen sähe.«[5] Nur wenig später hat Wilhelm in der Kasseler Löwenburg diese für die empfindsame Zeit so charakteristische Neigung zu selbstgenügsamer Einsamkeit in gesteigerter Form fortgeführt.

*Wilhelmsbad, Kurpromenade, links der Brunnentempel
mit der Äskulapstatue, 1779*

Wilhelmshöhe, Höllenteich

Wilhelmshöhe, Kassel

Mit Wilhelms Übernahme der Regentschaft als hessischer Landgraf und der Übersiedlung nach Kassel im Jahr 1785 setzte auf dem dortigen Karlsberg bereits die dritte Gestaltungsphase der vorhandenen Schloß- und Parkanlage ein. Vorausgegangen waren zwei Epochen, die die wesentlichen Grundzüge vorgegeben hatten. Die Anfänge dieses bedeutendsten Landsitzes der hessischen Landgrafen im Typus einer Sommerresidenz hatte zu Beginn des 18. Jahrhunderts Landgraf Karl noch ganz im Sinne barocker Repräsentationskunst gemacht, als er auf dem Habichtswald westlich vor den Toren Kassels von dem italienischen Architekten Francesco Guerniero das oktogonale Herkulesschloß errichten und zu dessen Füßen eine prachtvolle Kaskadentreppe anlegen ließ. Vorbild für dieses in seinen Dimensionen in Europa einzigartige Projekt – Wilhelmshöhe ist der größte Bergpark Europas – war die barocke Villa Aldobrandini in Frascati bei Rom, die Karl auf einer Italienreise 1700 besichtigt hatte. Bis heute blieb trotz der verschiedenen landschaftlichen Umwandlungen, zunächst unter Landgraf Friedrich II. in den siebziger Jahren, dann unter Wilhelm, die barocke Grundstruktur der gewaltigen Konzeption mit der alles beherrschenden Achse erhalten. Sie hat durch die konsequente Umwandlung des breiten, sanft abfallenden Berggeländes in einen landschaftlichen Park sogar noch eine Steigerung ihrer imposanten Wirkung erfahren. Von der über 500 Meter hohen Bergkuppe des Habichtswaldes, auf dem das monumentale, unbewohnte Schloß mit der Herkulesfigur auf der Spitze einer Pyramide in den Himmel ragt, führt über den gesamten Berghang in einer Länge von über einem Kilometer eine breite, beiderseits von Wald eingeschlossene Achse herab. Zunächst besteht sie im oberen Drittel aus einer steinernen Kaskade, die in das Oval des Neptunbrunnens mündet, dann verläuft sie als Waldschneise, die über mehrere Zwischenstufen zu dem auf einem breiten Plateau gelegenen klassizistischen Schloßensemble hinunterführt, um sich von hier aus talwärts in der schnurgeraden, durch die Stadt Kassel führenden Wilhelmshöher Allee fortzusetzen: eine optisch das gesamte Talbecken einbeziehende Anlage, deren gewaltige Dimensionen die politische Bedeutung der Bauherren in phantastisch-utopischer Manier übersteigt. Der geradezu einschüchternde Charakter – zumindest was das Herkulesschloß auf dem Gipfel selbst betrifft – ist schon Hirschfeld aufgefallen: »Die Aussicht, die über so viele kleinere, meist rauhe oder steinige Berge und waldige Anhöhen hinstreicht, weit in die Ferne der Landschaften sich verliert, oder in die Tiefe hinabstürzt, ist ganz in erhabenem Charakter und angemessen der großen Wirkung dieser Anlage selbst. (...) So sehr auch dies Werk durch seine außerordentliche Kühnheit und Größe in Erstaunen setzt, so sind seine Wirkungen doch von den Rührungen entblößt, die alte Bergschlösser oder ihre Ruinen auf Felsen erregen. Der Carlsberg stellt ein Wunder dar, das von der Hand einer übernatürlichen Macht entsprungen zu seyn scheint; seine ungewöhnliche Größe drückt den Anschauer bald zum Gefühl der Kleinheit und Schwäche andrer menschlicher Werke nieder.« Der Kommentar Hirschfelds, der sich Hoffnungen auf eine Anstellung am Kasseler Hof machte, ist nicht zuletzt als Anregung zum Bau einer neuen, in seinen Augen zeitgemäßeren Gartenarchitektur zu verstehen, der Wilhelm mit der romantischen Löwenburg dann später tatsächlich nachkam. Zugleich aber kommt in Hirschfelds spürbarer kritischer Distanz gegenüber der barocken Architektur mit ihrer Machtallegorik wiederum der empfindsame Geist der Zeit zum Ausdruck, den die Unnahbarkeit und herrschaftsbetonte Gefühlsferne des barocken Bauwerks abstößt.

Wilhelmshöhe, Fontänenteich mit Jussowtempel, 1817/18

Ganz anders, nämlich eindeutig positiv, nimmt sich denn auch Hirschfelds Antizipation der später in der Löwenburg realisierten empfindsamen Ruinenbauweise aus: »Die Trümmer eines alten Schlosses, woraus sich ein kleiner Wasserfall herabwälzt, auf einem Felsen, an den die untergehende Sonne einen vergänglichen Schimmer hinstreut, stellen in dieser Zufälligkeit eine Scene voll stiller Feyerlichkeit dar, die einen Eindruck macht, den für einen andren nicht leicht das zu sanftern Gefühlen gestimmte Herz vertauscht.«[6]

Die barocke Gesamtanlage mit ihren aufwendigen Wasserspielen erfuhr nicht ganz die ihren ersten Plänen entsprechende Vollendung. Ursprünglich war die Verlängerung der Kaskade bis auf die Ebene des heutigen Schloßbaus vorgesehen. Der Grund für die kleinere Lösung lag in der notorischen Geldknappheit der Landgrafen. Fast ein halbes Jahrhundert blieb der Karlsberg in einem halbfertigen Zustand, bis Landgraf Friedrich II. (1720–1785) seit Ende der sechziger Jahre erste landschaftliche Änderungen im frühen, sentimentalen Stil anordnete. Durchgeführt wurden sie vom Hofgärtner Schwartzkopf, der zuvor nach England geschickt worden war, um die dortigen Parkanlagen zu studieren. Der Park wurde beträchtlich aufgeforstet, zahlreiche neue Bäume und Sträucher importiert und ein ausgedehntes, verschlungenes Wegenetz angelegt, das sich beiderseits der Hauptachse hin- und herbewegt. Aus dieser Zeit stammen auch eine Reihe sentimentaler Parkstaffagen, von denen heute noch die ägyptische Pyramide, das Virgilsgrab, die Pluto- und Sibyllengrotte, der Merkurtempel sowie als Überbleibsel des chinesischen Dorfes Mulang ein chinesischer Rundtempel erhalten sind. Auch die Eremitage des Sokrates steht noch als einzige der seinerzeit zahlreichen philosophischen Refugien in beschaulicher Waldeinsamkeit oberhalb des Philosophentals. Es ist ein borkenverkleideter, einfacher Holzbau, in dem ursprünglich die Figur des lesenden Sokrates aufgestellt war. Hirschfeld hat diese einstige bemerkenswerte Szenerie festgehalten: »(I)ndem man hier von einer Wohnung zur andern (...) fortgeht, und bey dem Eröffnen der Thüre bald diesen, bald jenen griechischen Weisen in Lebensgröße natürlich abgebildet, und nach dem Kostüm bekleidet, sitzen sieht, in einer Beschäftigung, die ihn charakterisirt. Plato unterrichtet seine Schüler; Socrates liest im Gefängnis; (...) jeder hat sein besonderes Haus, und selbst Diogenes seine Tonne«.[7] Nichts kann den lehrhaft-sentimentalen Impetus solcher Architektur mehr verdeutlichen als Hirschfelds Vorschlag, in den von entsprechend stimmungsvoller Bepflanzung umgebenen Einsiedlerhütten auch die Schriften der Philosophen auslegen zu lassen, um derart »mehr Veranlassung zur Unterhaltung des Geistes« zu geben. Ebenfalls bereits in dieser mittleren Phase des Karlsbergs, der erst später in Wilhelmshöhe umbenannt wurde, wurde die Fläche vor dem unteren Schloß verändert und zum landschaftlichen *bowling green* umgestaltet. Sie stellt die Verbindung zum eigentlichen Bergpark her, an dessen Fuß das große Bassin mit der Attraktion der seinerzeit berühmten Fontäne aufwartet. Bereits 1790, als das rechteckige Bassin seine scheinbar natürliche Form erhielt, konnte man das Wasser durch natürlichen Wasserdruck über fünfzig Meter emporschießen lassen, ein Schauspiel, das in heutigen Tagen während der Sommermonate zweimal wöchentlich wiederholt wird.

Mit Landgraf Wilhelm, seit 1803 Kurfürst Wilhelm I., hat sich – unter dem englisch geprägten Einfluß der Mutter – in Wilhelmshöhe der natürliche, landschaftliche Stil schließlich vollends durchgesetzt und hierbei eine spezifisch romantische Steigerung erfahren. Insofern bietet der Karlsberg tatsächlich eine Abfolge verschiedener Stilformen, einen Prozeß der Ver-

Johann Erdmann Hummel, Park und Schloß Wilhelmshöhe, Idealansicht um 1800. Staatliche Kunstsammlung Kassel

änderung, der vom Barock bis zur Romantik reicht. Die Aufgeschlossenheit des Landesherrn dem neuen Stil gegenüber war dabei allerdings keineswegs – wie etwa beim Dessauer Fürsten – Ausdruck eines in Maßen liberalen und aufgeklärten Humanismus. Wilhelm, der als sichtbares Zeichen seiner absolutistischen Grundhaltung an der alten Mode des Zopfs festhielt und seine Soldaten nach Amerika verkaufte, um seine Bauvorhaben finanzieren zu können, war offenbar ein in jeder Faser seines Wesens konsequenter Vertreter des fürstlichen Absolutismus und als »kleindeutscher Sultan« verschrien. Angeblich »deutschgesinnt bis aufs Mark«, ließ er nach seinem Amtsantritt in Kassel französische Theateraufführungen verbieten; im übrigen träumte er vom Mittelalter, das er, nun wieder ganz in der sentimentalen Manier der Zeit, nicht nur durch stimmungshafte Bauten vergegenwärtigen wollte. Bei seinem Amtsantritt mußten angeblich die Magistratsmitglieder der Stadt Kassel ihm selbst gleich in voller Ritterrüstung erscheinen.

Wilhelm konzentrierte seine Änderungswünsche auf die Parkbauten. Zwischen 1786 und 1792 ließ er an der Stelle der alten Schloßanlage auf dem Hauptplateau am Ende des bowling greens ein neues Schloß zunächst nur in Form zweier Seitenflügel (Weißensteinflügel im Süden, Kirchflügel im Norden) errichten, die in schrägem Winkel zur Hauptachse stehen. Architekt dieser Bauten war Friedrich Simon Louis du Ry. Zuvor war die unter der Ägide des Vaters entstandene dreiflügelige barocke Schloßanlage, die seinerseits aus einem alten Jagdschloß entstanden war, kurzerhand abgerissen worden. Seitlich unterhalb des Schlosses ließ Wilhelm einen ausgedehnten See anlegen. Der zwischen den beiden Flügeln errichtete Mitteltrakt (ab 1792), den ursprünglich eine Kuppel krönte, stammt von Heinrich Christoph Jussow, dem Hofarchitekten Wilhelms. Der etwas pompös ausgefallene klassizistische Repräsentationsbau wirkt heute, nach seinem Nachkriegswiederaufbau, vergleichsweise kühl und abweisend. Verbunden waren diese drei Baukörper nach ihrer Entstehung zunächst nur durch flache Terrassenbauten, so daß der Blick von oben ehedem nicht durch den heutigen, das gesamte Plateau einnehmenden blockartigen Bau eine Art Abschluß findet, sondern die Achsensicht bis zur Stadt gewissermaßen nur unterbrochen wurde. Die dadurch erreichte lockere Anordnung der drei Baukörper war eine Annäherung an das landschaftliche Prinzip, gewissermaßen die Andeutung der pittoresken Auflösung absolutistischer Schloßbauprinzipien.[8] Interessanterweise war selbst diese Lösung nur ein Kompromiß, gingen doch Wilhelms Pläne – beziehungsweise die seiner Architekten – ursprünglich noch wesentlich weiter und sahen in geradezu radikaler Weise für den Mittelbau nur noch eine von Pflanzen überwucherte klassizistische Ruine, alternativ eine einzelne Säule oder einen Triumphbogen vor. Dieses Konzept, das das landschaftliche Primat gleichsam auf die Spitze getrieben und das barocke Schloß seiner zentralen Stellung nahezu vollkommen beraubt hätte, wurde jedoch nicht realisiert. Statt dessen errichtete Jussow den Mitteltrakt im Stile eines erhabenen, etwas pathetischen Neoklassizismus mit Freitreppe und repräsentativer Kuppel.

1805 stoppte der weitere Ausbau der Anlage, Wilhelm mußte infolge der napoleonischen Kriege ins Exil. Es folgten bis 1815 Jahre französischer Herrschaft. In Wilhelmshöhe zog der Bruder Napoleons, Jérome, als König von Westfalen ein, der seines glänzenden Hofwesens wegen »König Lustig« genannt wurde. An seine Regentschaft erinnern heute noch Teile der Inneneinrichtung des Schlosses (Museum im Weißensteinflügel).

Wilhelmshöhe, Schloßanlage am Ende des bowling green: Der Weißenstein- und Kirchflügel wurde 1786 bzw. 1788 begonnen, der Mittelbau stammt von Heinrich Christoph Jussow (1792–1798).

Wilhelmshöhe, Löwenburg, 1793–1798

Neben dem mächtigen Aquädukt, einem künstlichen Ruinenbau, der wie in Schwetzingen eine altrömische Wasserleitung imitiert, und der wildromantischen Teufelsbrücke (beide von Jussow) ist die 1793–1798 errichtete Löwenburg die dritte ganz im Sinne der Romantik konzipierte und gestaltete Parkarchitektur aus der Zeit Wilhelms. Die zeittypische Begeisterung für das Mittelalter hat hier in einer geradezu perfekten Stimmungsarchitektur Ausdruck gefunden, die schlechterdings sämtliche populäre Vorstellungen von romantischen Ritterburgen erfüllt. Schon die Lage auf halber Höhe des Berges oberhalb der steil abfallenden, dicht bewaldeten Wolfs- oder Teufelsschlucht entspricht gewünschter Burgromantik in idealer Weise. Sie macht zugleich deutlich, daß der Bau in erster Linie den naturgegebenen Charakter verstärken sollte.

Die Löwenburg, die ihren Namen von dem hessischen Wappentier erhielt, war ein als romantische Ruine verkleidetes Wohnschloß, das neben dieser Funktion – eine zweite Funktion war die einer Grabstätte für den Fürsten – als Stimmungsbau einzuschätzen ist. Die Löwenburg ist in erster Linie ein auf Fernwirkung berechneter optischer Bestandteil des Parks. Trotzdem ist sie keineswegs nur Staffage. Bis ins Detail ließ Wilhelm hier eine mittelalterliche Welt entstehen: Schloßgraben, Zugbrücke, Torbau mit Verlies, ein rechteckiger Burghof, um den sich die einzelnen, unterschiedlich behandelten und verschachtelten Baukörper anordnen: Kapelle, Damen- und Herrentrakt sowie der bewußt als Ruine errichtete Bergfried. Auch das Material, der schnell verwitternde, dunkelgraue Tuffstein, war absichtlich gewählt worden, um dem Eindruck ehrwürdigen Alters und des spätmittelalterlichen Ursprungs der Burg Glaubwürdigkeit zu verleihen. In die Steinplatten des Hofs hat Wilhelm das fiktive Entstehungsjahr 1495 einsetzen lassen. Die Innenräume ließ er mit Details früherer Zeiten ausstaffieren, wobei sich allerdings einige Zeit- und Stilepochen vermischen. Die Kapelle, eine dreischiffige gotische Hallenkirche in Miniaturform und ein wichtiges frühes Zeugnis der Neugotik, war entsprechend der historischen Wahrheit trotz der protestantischen Religionszugehörigkeit Wilhelms mit Weihwasserbecken und ewigem Licht als katholische Kapelle eingerichtet worden. In ihr liegt der von feudalen Zeiten träumende Herrscher begraben – ein Ritter in voller Montur auf dem Grabmal zeigt Wilhelm in mittelalterlicher Verklärung.

Die Löwenburg, deren Innenräume man sich im übrigen keineswegs primitiv vorstellen darf, war nur äußerlich eine Ritterburg, im Inneren bot beziehungsweise bietet sich das Bild eines komfortablen, mit ausgefallenen Sammelstücken ausstaffierten Lustschlößchens, in dem Ahnengalerien, Ritterrüstungen und ein sehr heterogenes Mobiliar aus verschiedenen Jahrhunderten die teils reale, teils fiktive Herrschaftsgeschichte der Landgrafenfamilie erzählen. Leider wurde ein Teil der Burg im letzten Krieg zerstört, so daß die Besichtigung auf wenige Räume beschränkt bleibt. Die Mittelalterfaszination Wilhelms war einerseits eine Sentimentalität, die – man denke an den vergleichbaren Spleen Horace Walpoles – einer herrschenden Mode folgte. Andererseits entsprang sie auch der Sehnsucht nach einer Zeit der Feudalherrschaft, in der Herrschaft selbstverständlich war und ungehindert ausgeübt werden konnte. Die vorgegebene fiktive, auch altdeutsche, 500 Jahre alte Tradition – eine Tradition, die Wilhelm zum Beispiel auch dadurch pflegte, daß er auf Wilhelmshöhe ausschließlich Landeskinder beschäftigte – diente als quasi Rechtfertigung der eigenen Herrschaft. Insofern war die Löwenburg auch eine Art Fluchtburg, der Rückzug in die Einsamkeit der Bergruine auch eine Art Abschied von einer fürstlichen Herrschaftsform zugunsten einer privaten Existenz, da der Niedergang der fürstlichen Regentschaft angesichts der Französischen Revolution absehbar geworden war. Eine solche Funktion war offenbar von vornherein geplant, war doch die Löwenburg für den Landesherrn nicht nur als Wohnung zu Lebzeiten eingerichtet worden, sondern als einziges großes Grab.

Wilhelmshöhe, Teufelsbrücke

Friedrich Ludwig von Sckell
Der klassische Landschaftsgarten

Der Park erstreckt sich stundenlang bis gegen Schleißheim, und es kann leicht geschehen, daß man dort den Abend erwartet. Dann hebt sich der kleine Säulentempel, Monopteros genannt, als Silhouette scharf von den matten Tönen der nebligen Luft ab, und weit über den Wiesen ist die Stadt, dunkel und dämmernd, und ihr Wahrzeichen, die Türme der Frauenkirche, ragen hoch empor vor dem Goldgrund des Abends.

Rainer Maria Rilke, 1897

Englischer Garten, Blick vom Monopteros auf die Türme Münchens

Oben: *Friedrich Ludwig von Sckell, um 1820*

Unten: *Kurfürst Karl-Theodor widmet sich in privater Umgebung den Künsten*

Friedrich Ludwig von Sckell (1750–1823) ist der erste wirklich professionelle Gartenkünstler des neuen Stils in Deutschland. Im Verlauf seiner Karriere zum führenden Vertreter seines Metiers ist es ihm gelungen, hinsichtlich der Gestaltung der ihm anvertrauten Parkanlagen eine bis dahin noch nicht gekannte Unabhängigkeit von seinen Auftraggebern zu erreichen. Die Bauherren, darunter mit Karl Theodor und Max Joseph immerhin auch Fürsten und Könige, trafen zwar weiterhin die grundsätzlichen Entscheidungen, man verließ sich aber doch zunehmend auf das gärtnerische Talent Sckells, mit dessen Werken der neue natürliche Stil in Deutschland nicht nur endgültig die ungeteilte Vorherrschaft, sondern auch eine eigenständige und unverwechselbare Gestalt gewann. Zwischen 1775 und 1820, dem Zeitraum, in dem Sckell tätig war, verliert der Landschaftsgarten den Charakter eines exotisch-phantasievollen Experiments dilettierender Auftraggeber und vollzieht eine Entwicklung von den vergleichsweise kleinteiligen Anlagen des aufklärerisch-sentimentalen Stils zur reifen, sogenannten »klassischen« Periode, als deren bedeutendster Repräsentant Sckell angesehen wurde. Klassische Ruhe und eine gewisse Ernsthaftigkeit im Charakter lösen die vorherige empfindsame Verspieltheit ab. Mit Sckells Anlagen steigert sich der englische Garten zum Ideal reiner Landschaft; das Ergebnis ist in den meisten Fällen eine großflächige und erhaben wirkende Kunstlandschaft, deren Grundprinzip gegenüber dem früheren Formenreichtum die Vereinfachung ist. Seine malerischen Reize – Abwechslung, Hervorhebungen, wechselnde Stimmungen, Vielfalt –, mithin seine ästhetische Idealität gewinnt der Park nun überwiegend aus der Komposition nur natürlicher Elemente. Er verzichtet weitgehend auf Staffagebauten und gibt, was das Architektonische betrifft, den zuvor praktizierten Stilpluralismus zugunsten eines einheitlichen klassizistischen Stils auf. Wollte man ihn mit den Entwicklungen im Mutterland vergleichen, so entspräche der Sckellsche »klassische« Stil am ehesten den Landschaftsgärten Lancelot Browns, dessen Einfluß auf Sckell allgemein anerkannt wird.[1]

Sckell hat insgesamt mehr als fünfzig Gärten, fast ausnahmslos in Süddeutschland, geplant oder selbst gestaltet.[2] Die meisten von ihnen sind entweder nicht mehr oder nur stark verändert erhalten, darunter besonders die Gärten der Landhäuser des Süddeutschen Adels vor allem im Pfälzischen und im Odenwaldraum. Bekannter als diese kleineren Aufgaben und zum Glück auch weitgehend erhalten geblieben sind Sckells Großprojekte, darunter Schwetzingen, das Spätwerk Biebrich bei Wiesbaden, Schönbusch bei Aschaffenburg und, als Höhepunkte seines Schaffens, der Nymphenburger Schloßpark und der Englische Garten in München. Vor allem die letzteren beiden zeigen Sckell als Schöpfer einer in jeder Hinsicht großen und repräsentativen Kunst. Wenn irgendein Gestaltungsmerkmal bei Sckell hervorsticht, dann ist es das der Weiträumigkeit und Großzügigkeit, ein Charakteristikum, das ganz im Sinne seiner Auftraggeber war, galt es doch, die Bedeutung des Hauses Wittelsbach auch durch die Gartenkunst zu versinnbildlichen.

Friedrich Ludwig von Sckell, am 13. September 1750 in Weilburg an der Lahn geboren, stammte aus einer alten Gärtnerfamilie, deren Ursprung, wie der Name (Skjöld) andeutet, in Schweden lag. Schon der Großvater, Johann Georg, war kurfürstlicher Hofgärtner in Lehnin in der Mark. Der Vater, zunächst als Gärtner der Fürsten von Nassau-Weilburg angestellt, wurde 1757 als zweiter Hofgärtner neben Theodor Wynder nach Schwetzingen an die Sommerresidenz des pfälzischen Kurfürsten berufen. Unter der Anleitung seines Vaters begann hier Sckells Ausbildung, der die Gestaltung des Parks im Spätstil des Rokoko noch unmittelbar miterleben konnte. Dies mag seine gelegentlich artikulierte Wertschätzung des französischen Stils begründen. Weitere Stationen seiner Ausbildung waren zunächst die regionalen Residenzen Bruchsal und Zweibrücken, bevor er 1773 nach Frankreich ging, um dort die majestätische Pracht der großen Anlagen Le

Heidelberg, Rohrbach, Park von 1796. Das Schlößchen ließ Herzog Karl II. August von Pfalz-Zweibrücken 1770 errichten.

Nôtres von Versailles und St. Cloud kennenzulernen. In Frankreich studierte er die seinerzeit üblichen Spezialgebiete Kräuterlehre, Pflanzenkultur, Pomologie und den Bau von Treibhäusern. Nach Schwetzingen zu Karl Theodor sandte er Zeichnungen und Pläne, Fleißaufgaben, die ihm die Huld des Kurfürsten eintrugen, der ihn gleich nach seiner Rückkehr nach England schickte. Sckell lernte dort die beiden führenden Gartenkünstler der Zeit, Lancelot Brown und William Chambers, kennen; er besuchte die Anlagen von *Blenheim, Stowe, Stourhead* und *Kew* und ließ sich insbesondere von Brown durch dessen behutsamen Umgang mit den vorfindlichen natürlichen Gegebenheiten beeindrucken. Nach Hause brachte er eine Vielzahl tropischer Bäume und Pflanzen mit, die er per Schiff über Holland rheinaufwärts nach Schwetzingen transportieren ließ.

Sckell war also sowohl mit den tradierten Formen der Gartenkunst des Spätbarock und Rokoko als auch mit den neuen Formen des Landschaftsgartens vertraut, als er 1776 nach seiner Rückkehr nach Schwetzingen den Auftrag erhielt, dort eine seitliche, an den barocken Garten angrenzende Partie im neuen Stil, quasi als Probe dessen, was er gelernt hatte, umzugestalten. Das Lehrstück, ein liebliches Wiesental mit geschlängelten Wegen und Bächen ganz im Stil des englischen Vorbilds, gefiel. In der Folge legte Sckell einen Gürtel im neuen Stil um die bestehende Anlage an. Dennoch stoppte der weitere Ausbau, als Karl Theodor 1778 seine Residenz nach München verlegte, um die Nachfolge der Wittelsbacher als Bayerischer Kurfürst anzutreten. Sckell blieb im Badischen zurück und wurde erst zehn Jahre später, 1789, zur Begutachtung der Pläne für den dortigen Englischen Garten nach München berufen.

Sckell war in der Zwischenzeit zum anerkannten Fachmann des neuen Stils avanciert, dessen Dienste man gerne und häufig in Anspruch nahm. Bereits 1780 arbeitete er für den Kurfürsten von Mainz, Carl Josef von Erthal an dessen Residenzen *Schönbusch* und *Schöntal* bei und in Aschaffenburg. 1782 begann er für Herzog Wilhelm von Birkenfeld-Gelnhausen mit der Gestaltung einer Parkanlage auf dem Bergrücken der Burg *Trausnitz* in Landshut, die später von Sckells jüngerem Bruder Matthias fortgeführt wurde. 1785 folgte die Umgestaltung der *Favorite* bei Mainz ebenfalls für den Kurfürsten. 1796 gestaltete er für Max Joseph, den späteren bayerischen König, den Garten eines Landhauses in *Rohrbach* bei Heidelberg, der heute als stark in Mitleidenschaft gezogener Garten eines Klinikums erhalten ist. Anders verhält es sich mit dem Garten im nahegelegenen *Neckarhausen* einige Kilometer neckarabwärts, der immerhin noch die wesentlichen Züge Sckellscher Parkgestaltung bewahrt hat.[3] Dazu gehört eine langgestreckte und durch seitliche Bepflanzungen von der Umgebung abgeschlossene Wiese, die ein sogenannter *belt-walk* umschließt. Der Park gehörte einst zum Schloß des kurpfälzischen Ministers von Oberndorff, in dem nach mehreren Umbauten heute das Rathaus des Ortes Neckarhausen seinen Platz gefunden hat. Angesichts solcher kleinen und größeren Aufträge blieb die Karriere zum führenden Gartenkünstler seiner Zeit nicht aus. Weitere Stationen waren 1792 nach dem Tod des Vaters die Position eines Hoflustgärtners in Schwetzingen; 1797 erhielt er nach dem Tod Pigages die Position als kurpfälzischer Oberbau- und Gartendirektor, und 1799, dem Jahr, in dem Max Joseph nach dem Tod des in München unbeliebten Karl Theodor dessen Nachfolge antrat, wurde er zum Gartenbaudirektor für die Rheinpfalz und ganz Bayern ernannt. 1804 siedelte Sckell schließlich endgültig nach München über, wo er das eigens für ihn geschaffene Amt eines Bayerischen Hofgartenintendanten antrat.

München und seine Umgebung blieben fortan sein fast ausschließliches Tätigkeitsgebiet. 1805 begannen die Arbeiten am *Nymphenburger Schloßpark*, parallel mit den Erneuerungen des *Englischen Gartens*. Im Juni 1809 wurde nach einem Entwurf Sckells mit dem Bau der Anlage des *Botanischen Gartens* in der Münchner Innenstadt begonnen. Ein Jahr später erhielt er das Referat über sämtliche Verschönerungs- und Erweiterungsvorschläge der Stadt München und entwarf Pläne für die Gelände zwischen Karlstor und Sendlinger Tor sowie vor dem Schwabinger Tor.

Kleinere Arbeiten waren der Park des Schlößchens *Biederstein* und der des Grafen *Montgelas* im Stadtteil Bogenhausen. 1816 gingen diese das zukünftige Gesicht Münchens prägenden Arbeiten in die Hände Leo von Klenzes (1784–1864) über, der die Nachfolge Sckells als Stadtplaner antrat.

Zum Ende seiner Laufbahn verfaßte Sckell seine »Beiträge zur bildenden Gartenkunst« (1825). Sie sind neben der Theorie Hirschfelds und den Schriften des Fürsten Pückler das dritte wichtige theoretische zeitgenössische Werk zur Gartenkunst. Mehr noch als die Theorie Hirschfelds verstanden sich die Beiträge als praktische Unterrichtung »für angehende Gartenkünstler und Gartenliebhaber«. Hier ging es um Kriterien wie die Auswahl des Ortes, der vor allem nicht zu klein ausfallen durfte, um den richtigen Umgang mit den natürlichen »Materialien« Vegetation, Wasser, Geländemodellierung und Wegführung. In diesem Zusammenhang führt Sckell seinen berühmten Stock ein, einen ungefähr eineinhalb Meter langen runden Stab, der mit einer eisernen Spitze versehen war, um eine Linie in die Erde zu ritzen, der der spätere Weg folgen sollte. Die Schrift enthält Ausführungen zur Theorie der Volksgärten, in denen Sckell auf seinen Vorläufer Hirschfeld Bezug nimmt, und erläutert ausgefeilte Techniken, mit denen sich eine malerische Bildwirkung erzielen ließ. Eine besondere Rolle spielt dabei die *undulating line*, jene von William Hogarth im 18. Jahrhundert eingeführte gewellte Schönheitslinie. Sie gibt sowohl der Wegführung als auch der von Bäumen gebildeten Horizontlinie das Muster vor. Aber Sckell beläßt es nicht dabei. Er ergänzt sie um eine sogenannte *oblique* Linie, die den Vordergrund einer Gartenszene von ihrem Hintergrund abgrenzt.[4]

Sckell starb 1823 im Alter von 73 Jahren als hoch geehrter Mann. Er war Träger des Zivil-Verdienstordens der Bayerischen Krone, Mitglied der Königlichen Baukommission und außerordentliches Mitglied der Akademie der Wissenschaften. Bereits 1808 war ihm der persönliche Adel verliehen worden. Die britische *Horticultural Society* in London ernannte Sckell 1822 zum korrespondierenden Mitglied. Sein Denkmal, eine neun Meter hohe Säule von Leo von Klenze, steht am Südostufer des Kleinhesseloher Sees an einem der schönsten Punkte des Englischen Gartens.

Schwetzingen

Der Park von Schwetzingen präsentiert sich dem Besucher beim Eintritt auf den ersten Blick als weitflächige, geometrische Barockanlage. Barocker Vorliebe entspricht zunächst auch die Lage auf vollkommen flachem Gelände. Schwetzingen, seit dem 15. Jahrhundert Jagdschloß der in Mannheim residierenden Pfälzischen Kurfürsten, liegt in der Rheinebene in der Mitte zwischen Mannheim und Heidelberg; der rechtsrheinische Königstuhl und die linksrheinischen Pfälzer Berge sind am Horizont jeweils gut erkennbar. Pfalzgraf Ludwig ließ Anfang des 16. Jahrhunderts den barocken Schloßbau errichten, der nach dem Dreißigjährigen Krieg umgestaltet wurde. Der Ursprung der heutigen Parkanlage fällt mit dem Regierungsantritt Karl Theodors im Jahr 1742 zusammen, der Schwetzingen zur Sommerresidenz ausbaute und 1749 den französischen Hofgärtner Nicolas de Pigage mit der Konzeption eines repräsentativen Parks beauftragte. Unter dessen Leitung – für die eigentliche Gartengestaltung war der Hofgärtner Johann Ludwig Petri verantwortlich – erhielt die Anlage ihre im wesentlichen noch heute vorhandenen Züge: das monumentale Rondell, jener berühmte, für Gartenanlagen einzigartige Zirkelkreis, die flachen Boskette, die breite, nach Westen führende Allee, schließlich als eine Art Abschluß das ursprünglich rechteckige Bassin, das in den zwanziger Jahren des 19. Jahrhunderts zu einem Teich mit natürlichen Ufer-

Neckarhausen, Schloßgarten

Schwetzingen. Der Gesamtplan des Schloßgartens von Friedrich Ludwig Sckell, 1778. An den barocken Park schließt rechts das schmale Band des ersten, von Sckell angelegten »natürlichen« Gartenteils an

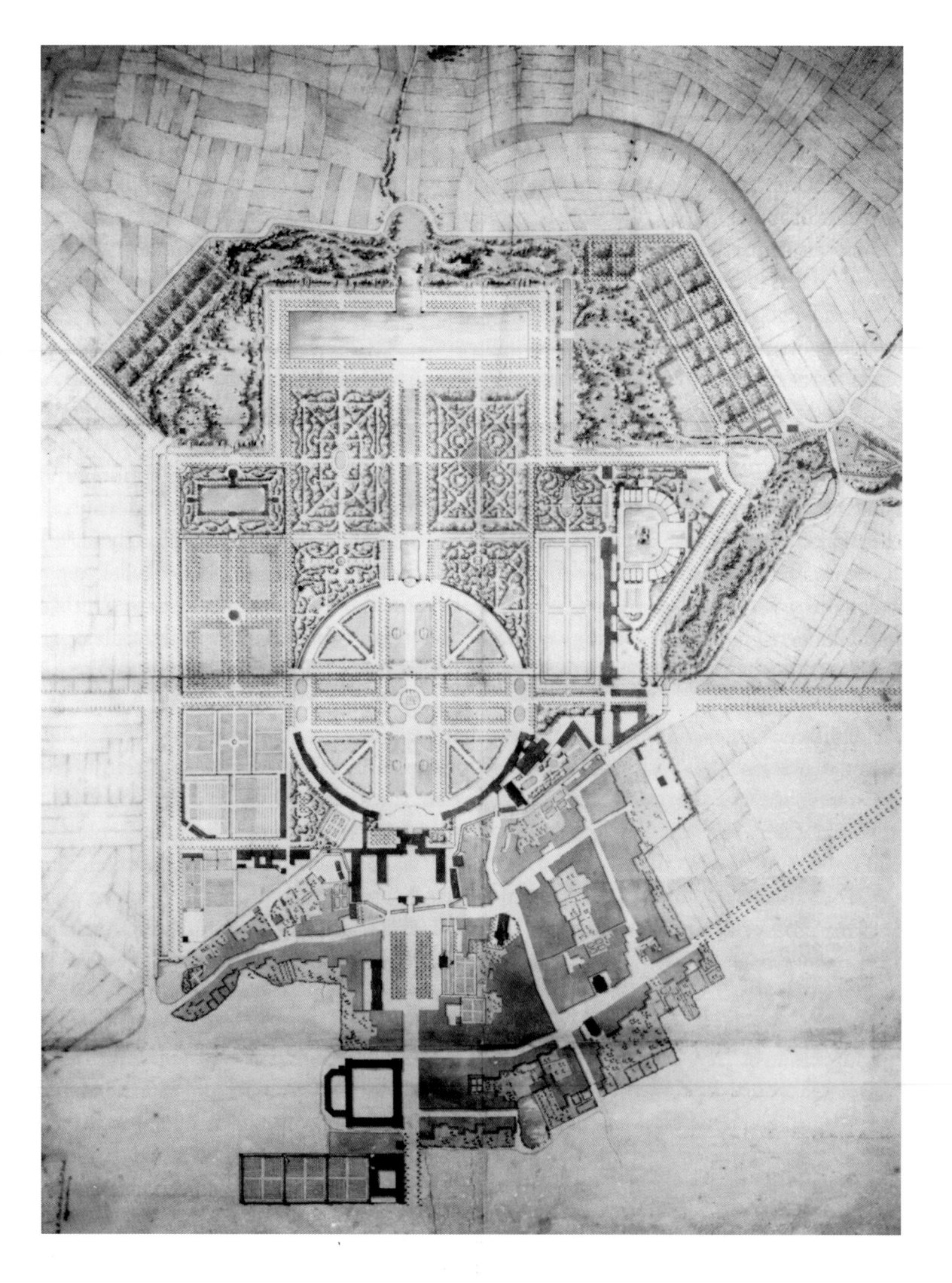

formen umgestaltet wurde und den Blick nach Westen in die umgebende Landschaft freigibt.

Pigage wird die Idee der zentralen Kreisform zugeschrieben, die jedoch durch die vorhandenen Zirkelbauten bereits vorgegeben war. Die flachen, eingeschossigen Bauten in der Art von Orangerien wurden von den Italienern Alessandro Bibiena und Franz Wilhelm Rabaliatti zwischen 1748 und 1753 errichtet; sie sollten ursprünglich ein Jagdschloß kreisförmig umschließen. Nachdem diese Idee zugunsten der einer Sommerresidenz fallengelassen worden war, blieb die Kreisform ohne das geplante bauliche Zentrum allein für den Park erhalten. Hinter dem alten, kompakten und massiv wirkenden Schloßbau aus dem frühen 16. Jahrhundert breitet er sich nun in der Ebene aus. Westlich wird der Zirkel von Laubengängen, den *berceaux de treillage*, eingefaßt. Daß er gleichwohl keineswegs geschlossen wirkt, verdankt sich der seitlich von hohen Bäumen begrenzten breiten Doppelallee, die den Zirkel nach Westen öffnet. Die ungewöhnliche Kombination der in sich ruhenden Kreisform und der diesen Kreis aufnehmenden Längsachse verleiht dem Schwetzinger Park in seinem barocken Part seine besondere Note. An die Allee schließen sich seitlich rechteckige Grünräume an, sogenannte *cabinets*, die von einem schmalen Kanal umzogen werden. Südlich des Zirkelkreises ließ Pigage den Obst- und Gemüsegarten, nördlich die Orangerie mit dazugehörigem Parterre und Bosketts anlegen. Allenthalben waltet Symmetrie.

Die landschaftliche Gestaltung des Schwetzinger Parks durch Sckell beschränkte sich in der Hauptsache auf die ringförmige Erweiterung der bestehenden Partien. Der Landschaftspark bildet in Schwetzingen somit lediglich ein Band, das sich auf drei Seiten um den barocken Hauptteil schließt, der weitgehend belassen, nun aber vom Landschaftsgarten umrahmt und dadurch in die umgebende Landschaft einbezogen ist. Auch in den formalen Partien, in den Zwickelbosketts und in der Umgebung des Apollotempels finden sich bereits geschlängelte

Schwetzingen, Blick über den Großen See zum Schloß

Schwetzingen, Rokokostatue

Wege, die das Bedürfnis des Rokoko nach Dekoration und Abwechslung befriedigen sollten. Sie bilden gewissermaßen den gestalterischen Übergang zwischen Rokoko und dem freien Landschaftsstil. Auch die Staffagebauten dieser älteren Entwicklungsphase Schwetzingens stehen gewissermaßen zwischen den Zeiten: Sckell hat sich bei der Gestaltung der landschaftlichen Teile auch an ihnen orientiert und sie als Sichtpunkte innerhalb seines Gesamtplans berücksichtigt. Die eigentliche landschaftliche Gestaltung begann nach Sckells Rückkehr aus England mit einem schmalen Streifen in der nordöstlichen Ecke des Parks hinter der Menagerie, der als Exerzierfeld für den neuen Stil gewählt wurde. Hier durfte Sckell sein Talent unter Beweis stellen und die neue Manier erproben. Geplant war, der Vorliebe des Kurfürsten folgend, die Entstehung eines sogenannten *Arboretums* (Arborium Theodoricum), in dem die aus England importierten exotischen Baumsorten angepflanzt werden sollten. Als Begrenzung legte Sckell einen Kanal an, der die Partie umschloß; die so entstandene Insel modellierte er zu einem leicht gewellten Wiesental, ein Gestaltungsmerkmal, das Sckell in der Folge immer wieder verwendet hat. Ein Randweg, der sogenannte *belt-walk*, umgibt das Gelände, das auf seiner nordöstlichen Schmalseite auf einen Staffagebau als optischen Fluchtpunkt zuläuft: den 1778 bis 1780 erbauten *Tempel der Botanik*. Es ist ein nach antikem Vorbild gestalteter Rundtempel; eine kleine Freitreppe, die zum Portal des Tempels führt, wird von zwei ägyptischen Sphingen flankiert. Der Bau symbolisiert gewissermaßen das Thema dieser Gartenpartie: Seine Außenwand ist eine stuckierte Imitation von Eichenrinde, die in dieser Weise noch einmal den Eindruck des Natürlichen zu erwecken sucht. In der Annäherung der Architektur an die Natur wiederholt sich sinnbildlich der botanisch-wissenschaftliche Zweck der Gartenpartie. In unmittelbarer Nachbarschaft errichtete man – Ausdruck der Vorliebe für altrömische Landschaftsbilder – die Ruine eines römischen Wasserkastells mit einem Aquädukt, dessen Arkaden sich im Teich spiegeln. Die Szene ist eines der bei Sckell seltenen Beispiele reiner Stimmungsarchitektur, deren malerischer Effekt durch den geringen zur Verfügung stehenden Platz leicht beeinträchtigt ist.

Der Schwetzinger Park ist reich an Staffagebauten, jenen architektonischen Einsprengseln, die gegenüber dem zentralen Schloßbau zunehmend die Aufmerksamkeit der Architekten und Bauherren auf sich zogen. Zwar waren die meisten Staffagebauten in Schwetzingen noch unter Pigage errichtet worden, doch hatte Sckell, jedenfalls nach eigenen Angaben, maßgeblichen Anteil an ihrer Plazierung und Gestaltung. In einem Brief an den Kurfürsten anläßlich der anstehenden Neubesetzung der Position des 1796 verstorbenen Pigage betont er: »Ich habe nicht allein alle die neuen Gartenpartien gezeichnet, und ausgeführt, sondern bin jedesmal wenn ein Tempel, eine Ruine, eine Brücke, ein Wasserfall Felsenmassen p. eine Garten-Szene noch weiter verschönern sollten, mit Di(rektor) v. Pigage gemeinschaftlich zu Rathe gegangen, über Zweck, Lage, Form, und Karakter der Gebäuden oder sonstigen Decorationen einsgeworden und (habe) dann auch an der Ausführung mitgewürket. Herr von Pigage hat seit meinem Hiersein niemals im Bauwesen etwas ohne mich unternommen. Er wußte wohl, wie genau dergl. Decorations-Gebäuden zu ihren Gartenpartien, die sie zieren sollten, harmonieren und passen

Schwetzingen, nördliche Zirkelhäuser, 1748–1753

Schwetzingen, Naturtheater und Apollotempel

Arboretum mit Blick auf den Tempel der Botanik

*Schwetzingen, Badhaus, zentraler ovaler Innenraum der
»Theodorischen Thermen« in antiker Manier, ab 1769
von Pigage errichtet*

mußten, und daß ich, als Gartenkünstler, auch mit der Baukunst notwendigerweise bekannt sein müßte. Beide Künste sind zu genau miteinander verbunden, und Gartenanlagen können ohne die Baukunst zu Hilfe zu nehmen, nicht wohl betrieben werden.«[5]

Sowohl der elegante Minervatempel im südwestlichen Zwickel und das luxuriös ausgestattete Badhaus, das Karl Theodor – einem privaten Leben der Künste fern des höfischen Zeremoniells huldigend – gelegentlich selbst bewohnte, als auch der Figurenschmuck und die beiden Gedenksteine an Karl Theodor sind in ihrem ikonographischen Gehalt noch Bestandteile barocker Allegorienkunst. Gedanklicher Mittelpunkt dieses alten Parks ist der Tempel des Apoll, der an der Grenze zwischen barockem und englischem Teil errichtet wurde. Symbolisiert wird hier der Sieg der Kunst und der Vernunft über die Natur, wodurch indirekt der Bauherr und Schöpfer der Anlage, Karl Theodor, gepriesen wird. Einen künstlichen Hügel krönt ein bereits in den sechziger Jahren des 18. Jahrhunderts errichteter Monopteros. Während die der landschaftlichen Partie zugewandte westliche Seite einen terrassenförmigen Aufbau besitzt, zeigt sich der Komplex nach Osten als felsiger Hügel und somit ganz als wilde Natur, über der sich mit dem Apollotempel das Symbol der Kunst, der Sitz der Musen über dem Parnaß, erhebt. Gleichzeitig wird noch auf ein weiteres Gegensatzpaar angespielt: Während am Fuß des Hügels eine finstere Grotte eingelassen ist, erstrahlt der Monopteros des Apoll mit seiner vergoldeten Kuppel in hellstem Glanz. So wird der Apollotempel zum Sonnentempel, Vernunft und Weisheit besiegen finstere Ignoranz und Aberglauben. Das östlich vorgelagerte heitere Naturtheater, ein halbkreisförmiges, leicht vertieftes und wiederum von Sphingen bewachtes Heckentheater, entspricht den Vorlieben und stilistischen Gepflogenheiten des Rokoko.

Den Übergang zu landschaftlicher Gartengestaltung zeigt im südlichen Teil, auf der Höhe des Apollotempels, die Partie um die Moschee.

Schwetzingen, großer Kuppelraum der Moschee – ein Tempel der Weisheit

Schwetzingen, Solonbüste

Schon 1766 war hier ein Gartenkompartiment als sogenannter *jardin turque* vorgesehen, dessen Mittelpunkt, die große Moschee, nach Plänen von Pigage 1778 errichtet wurde. Sie ist das früheste Beispiel des türkisch-maurischen Stils in Deutschland. Vorbild war vermutlich die Alhambra im englischen Kew. Der Bau des in seinen Ausmaßen palastartigen Komplexes, der als eine Art Kreuzgang einen von Kolonnaden umstandenen Hof besitzt, verschlang Unsummen. Die orientalisch-türkische Atmosphäre verdankt sich in erster Linie den Minaretts, während der ziegelrote Hauptbau mit seiner zwiebelgekrönten Kuppel mindestens ebensoviel barockes und klassisches Formengut zitiert.

Die sakrale Bauform ist im übrigen nur Fassade, für sakrale Zwecke selbst wurde der Bau nie genutzt. Er ist ebenfalls reinste Stimmungsarchitektur, optischer Blickfang und darüber hinaus Ausdruck der Reverenz gegenüber dem Orient als Ursprungsland der Religionen. Besonders geglückt ist die Westfront, die auf den angrenzenden See blickt und sich in ihm spiegelt. Sckell hat hier ganz bewußt und sorgfältig die Überleitung in den landschaftlichen Teil des Parks gestaltet.

Jenseits des Sees erhebt sich auf einer Anhöhe die künstliche Ruine des Merkurtempels. Seine Lage entspricht den Regeln, die Sckell programmatisch für diesen Typus von Staffagebauten formuliert hatte: »Die Lagen der Ruinen sollen gewöhnlich in fernen Gegenden der Parks, vorzüglich auf Anhöhen und da gewählt werden, wo sich die Natur in ihrem ernstlichen, feierlichen Charakter zeigt, wo Einsamkeit und schauerliche Stille wohnet.« Sckell hat sich mit diesem Staffagetypus eingehend befaßt und genaueste Anweisungen hinsichtlich Steinmaterial und der Stärke der Mauern formuliert. Alles war daraufhin berechnet, den Zustand der Verfallenheit so natürlich wie möglich erscheinen zu lassen. Die Bedeutung dieses Ruinenbaus läßt sich aus dem ursprünglichen Plan ableiten, der vorsah, an dieser Stelle ein ägyptisches Königsgrab zu errichten. Vermutlich auf die Kritik hin, die Hirschfeld in seiner »Theorie der Gartenkunst« an diesem Vorhaben vorbrachte, änderte man den Plan und schuf jene künstliche, nun dem Merkur (beziehungsweise dem griechischen Hermes) gewidmete Ruine, die die Symbolik des ursprünglichen Plans dennoch beibehält. Der ägyptische Hintergrund ist lediglich durch den römischen ersetzt worden: »Aus der Moschee sieht man gerade nach einer ägyptischen Parthie, woran noch gearbeitet wird, und die, sowie die türkische, vom Himmel herabgefallen zu seyn scheint.« »Die ägyptische Partie«, von der Hirschfeld spricht, sollte mit dem *See Möris* und dem Grabmal des Königs Sesostris an das Totenreich erinnern, zu dem Charon nach griechischer Sage die Schatten der Toten, die ihm von Hermes zugeführt werden, übersetzt. »In den Gewölben des Berges«, schreibt Hirschfeld weiter, »kommen Begräbnisse und Mumien zu stehen, und die Todten soll Charon dahin bringen. Um den Berg wird der See Möris gegraben.«[6] Entsprechend ist auf den Reliefs über den drei Eingängen in die Ruine Hermes dargestellt; möglicherweise eine Anspielung auf den ägyptischen Gott Hermes Trismegistos (der dreimal Größte), der als Verkünder geheimer Weisheiten gilt.

Nach Abschluß der natürlichen Gartenpartien entstand die Frage, was mit den formal gestalteten Flächen in der Nähe des Schlosses geschehen sollte, die inzwischen als überholt und ästhetisch zweifelhaft galten. Sckell, der auch hier die Extreme vermied, ließ die barocke Struktur bestehen und vereinfachte sie lediglich im Sinne einer behutsamen Annäherung des landschaftlichen Parks an den Schloßbau. Wie auch andernorts, so setzte er hier die Überzeugung um, »daß ich bei wichtigen Garten-Anlagen, die mit Prunkgebäuden, großen Monarchen in Verbindung treten müssen, nicht gleich die Natur, sondern vordersamst die alte symmetrische Gartenkunst, aber nie mit ihren vernünftigsten, edelsten und prachtvollsten Formen und Verzierungen, weil sich diese besser als die Natur mit den regelmäßigen Gestalten der höheren Baukunst vereinigen, würde eingreifen lassen.« »Der Axt ist es ein leichtes, in einem Tage ein Werk zu vernichten, wozu die Natur ein ganzes Jahrhundert brauchte. (...) Der dem Schwetzinger Schlosse vorliegende Circus würde mir größtentheils zum Muster einer solchen regelmäßigen Prunk-Anlage zwischen einem Palast und seinem Natur- oder Volksgarten dienen«.[7] Entsprechend beschränkte sich Sckell darauf, die Parterrefelder durch einfache Rasenflächen zu ersetzen und die Gitterwerke und

Schwetzingen, Apollotempel von Westen

Schwetzingen, Großer See   *Schwetzingen, Merkurtempel*

Laubengänge in den Diagonalwegen zu entfernen. Überdies findet man in Schwetzingen keine beschnittenen Bäume mehr, statt dessen ist einer der markantesten Eindrücke des Parks der freiwachsende hohe Baumbestand.

Schwetzingen ist ein Beispiel für die Frühform eines Landschaftsgartens; in seiner Gesamtheit zeigt der Park allenthalben Tendenzen des Übergangs und dokumentiert die Geschichte der Gartenkunst in einigen entscheidenden Phasen. Dem ästhetischen Gespür der maßgeblich beteiligten Künstler Pigage und Sckell aber ist es zu verdanken, daß landschaftliche und barocke Elemente eine harmonische Verbindung eingehen.

Schönbusch, Aschaffenburg

Nach 1780 verlor Karl Theodor, der sich inzwischen in München seinen dortigen Projekten widmete, zunehmend das Interesse an Schwetzingen. Sckell, inzwischen anerkannt als führender Vertreter seines Fachs, bekam Aufträge von anderer Seite. Einer der wichtigsten war der Park von Schönbusch bei Aschaffenburg, mit dessen Plänen Sckell spätestens seit 1785 befaßt war.[8] Entstanden war der Park jedoch schon einige Jahre zuvor, als das ausgedehnte Waldgebiet inmitten einer Mainschleife als Jagdrevier der Kurfürstbischöfe von Mainz diente, die im Aschaffenburger Schloß ihre Nebenresidenz besaßen. Kurfürst Carl Josef von Erthal ließ 1774 erste gärtnerische Arbeiten vornehmen und vor allem jene als Jagdstraßen genutzten langgestreckten Schneisen durch den Wald schlagen, die noch heute als Sichtachsen zu den markanten Gestaltungsmerkmalen des Parks zählen. 1776 begann man mit der Anlage eines Landschaftsparks im eigentlichen Sinne, zu der der Staatsminister Wilhelm Graf von Sickingen die entscheidenden Anregungen gab: Ein See wurde ausgehoben und aus dem gewonnenen Erdreich in seiner Nachbarschaft ein Hügel aufgeschüttet. Architekt der Parkarchitekturen war der spätere königlich-bayerische Oberbaukommissar, der Portugiese Emanuel Joseph d'Herigoyen (1746–1817).[9]

In dem weiträumigen Park von Schönbusch dominieren – der ursprünglichen Nutzung entsprechend – ausgedehnte Waldpartien. Sie sind durch einzelne Wiesenflächen und die für Sckell charakteristischen langgezogenen Wiesentäler gegliedert, die Schönbusch bereits den Charakter eines »klassischen« Landschaftsgartens verleihen. Eine der längsten Schneisen bildet ein schmaler Kanal, der den Park in zwei Teile teilt. Im östlichen Eingangsteil stößt der Besucher am Ende der kurzen Schönbuschallee zunächst auf mehrere Wirtschaftsgebäude, einen Tanzsaal sowie den am Rand einer Wiese gelegenen sogenannten Speisesaal (1787–1789). Dieser als Fest- und Tanzsaal (*Salle de Compagnie et de Festin*) genutzte rot gestrichene Bau besitzt noch rokokohafte Züge und fällt vor allem durch seinen originellen Grundriß, ein Quadrat mit vier apsisförmigen, halbrunden Vorräumen, auf. Zu dieser Partie des Parks von eher höfischem Charakter gehört auch das frühklassizistische Gartenschlößchen, das zwischen dem Unteren See und dem Kanal einsam und etwas erhöht, fast wie auf einer Insel, liegt. Dieses

Schönbusch, Freundschaftstempel, 1788

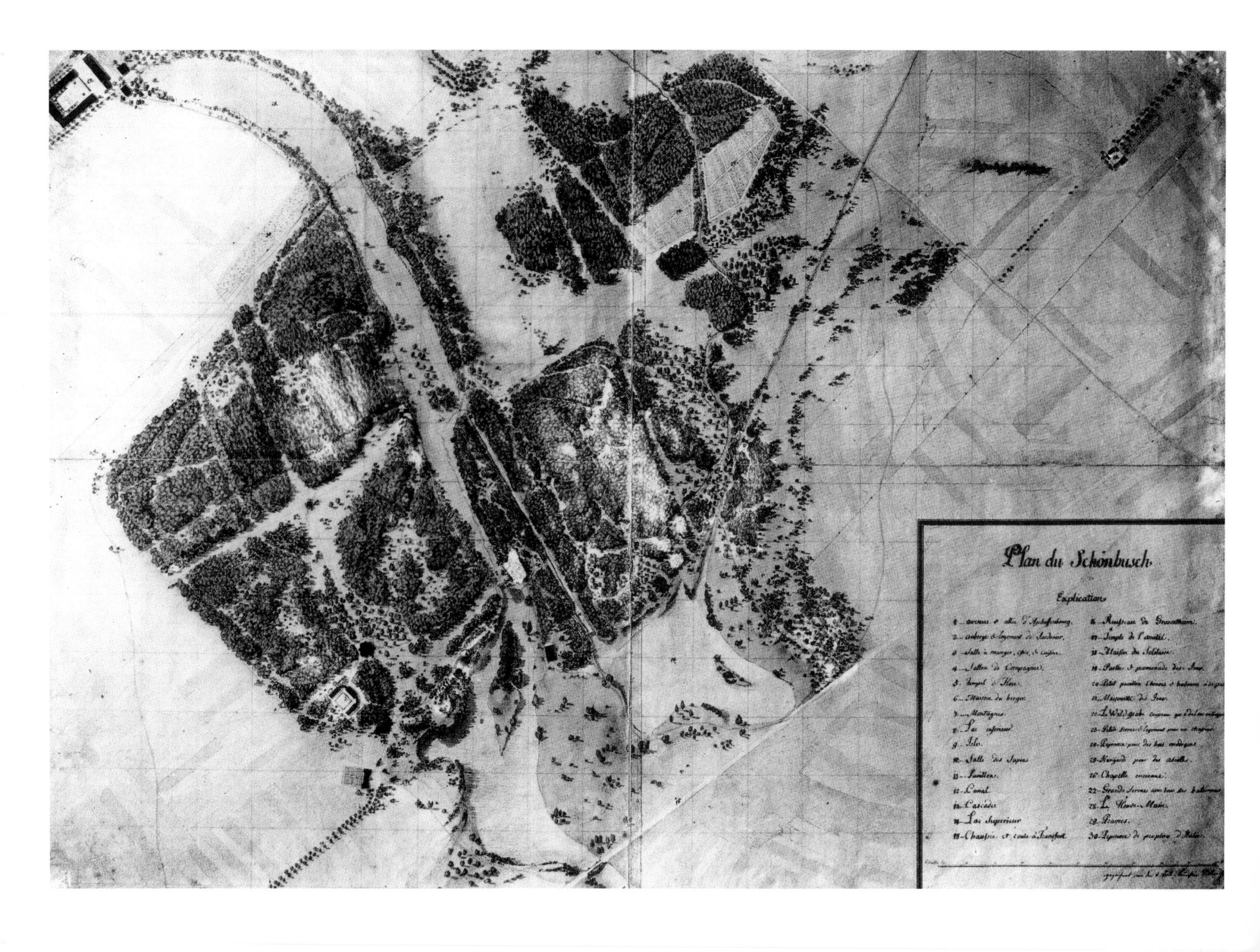

Schönbusch, Gesamtplan, 1785/88

Oben: Ferdinand Kobell, der obere See im schönen Busch bei Aschaffenburg, 1786. Neue Pinakothek, München

Unten: Schönbusch, Rückansicht des von Emanuel Joseph d'Herigoyen erbauten frühklassizistischen Gartenschlößchens, 1778–1787

bauliche Zentrum des Parks wurde zwischen 1778 und 1787 errichtet und vereint stilistisch italienische und französische Anklänge. Die Fassade blickt über den See nach Osten durch die längste und auffallendste Sichtachse des Parks, die den Blick auf das drei Kilometer entfernte Aschaffenburger Schloß Johannisburg freigibt. Auf der anderen Seite des Sees wurde auf einem verhältnismäßig steilen Berg ein heute von hohen Bäumen umstellter Aussichtsturm errichtet; die Drehbrücke am Fuß des Hügels stammt aus dem 19. Jahrhundert. Der Gesamteindruck dieser Parkpartie von Schönbusch strahlt heitere Verspieltheit aus, Naturverbundenheit verbindet sich hier mit dezenter Eleganz.

Ganz anders sind Charakter und Stimmung im Parkbereich jenseits des Kanals. Hier findet sich nichts Kleinteiliges mehr: Die langgezogenen Wiesentäler geben dem Park einen ländlichen Einschlag, dem man am Südende besonderen Ausdruck verliehen hat. Dort wurde in romantischer Vorliebe für die Einfachheit des Landlebens im Sinne Rousseaus das sogenannte *Dörfchen* errichtet. Es handelt sich dabei um ein beliebtes Motiv englischer Gärten, das hier in Schönbusch nahezu täuschend echt die Atmosphäre der heilen Welt bäuerlichen Lebens imitiert. Eine Ansammlung kleiner Bauernhäuser, von Obstbäumen umgeben, gruppiert sich um einen Ziehbrunnen, während gleich daneben das Vieh weidet. Hiervon nicht weit entfernt steht das 1792 errichtete *Salettchen*, ein einfacher kleiner Salon, den der Kurfürst als einsam gelegenen Speiseraum nutzte. Zwei weitere markante Bauten liegen eher versteckt mitten im Wald: der 1788 fertiggestellte *Freundschaftstempel*, eine Miniaturversion des römischen Pantheons, sowie das etwa zur gleichen Zeit errichtete sogenannte *Philosophenhaus*. Beide Gartenarchitekturen verraten die empfindsame, auf die Erzeugung von Stimmungen hin berechnete Gestaltungsabsicht, worauf auch schon ihre Lage inmitten einer dunklen Partie des Waldes hinweist. Hinsichtlich der inhaltlichen Programmatik läßt sich freimaurerisches Ge-

Oben: Schönbusch, das Dörfchen

Unten: Schönbusch, der einst wie heute als Veranstaltungssaal genutzte sogenannte Tanzsaal, 1790

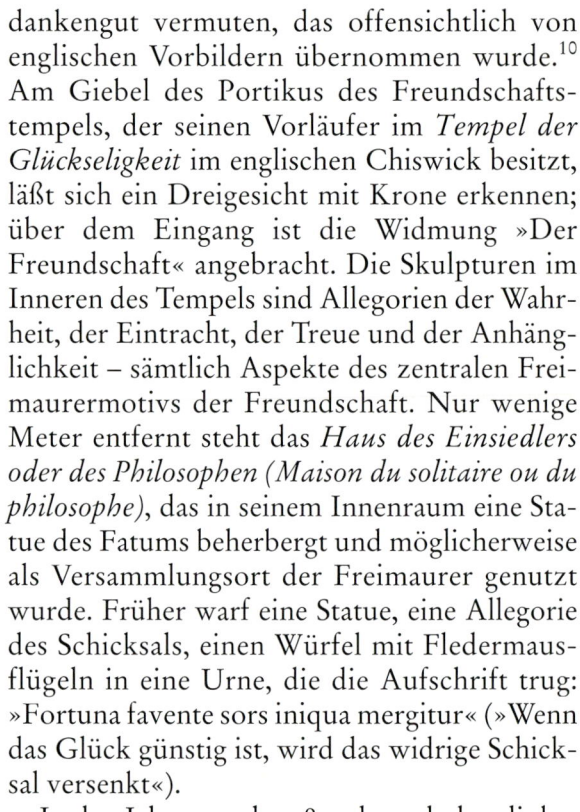

dankengut vermuten, das offensichtlich von englischen Vorbildern übernommen wurde.[10] Am Giebel des Portikus des Freundschaftstempels, der seinen Vorläufer im *Tempel der Glückseligkeit* im englischen Chiswick besitzt, läßt sich ein Dreigesicht mit Krone erkennen; über dem Eingang ist die Widmung »Der Freundschaft« angebracht. Die Skulpturen im Inneren des Tempels sind Allegorien der Wahrheit, der Eintracht, der Treue und der Anhänglichkeit – sämtlich Aspekte des zentralen Freimaurermotivs der Freundschaft. Nur wenige Meter entfernt steht das *Haus des Einsiedlers oder des Philosophen (Maison du solitaire ou du philosophe)*, das in seinem Innenraum eine Statue des Fatums beherbergt und möglicherweise als Versammlungsort der Freimaurer genutzt wurde. Früher warf eine Statue, eine Allegorie des Schicksals, einen Würfel mit Fledermausflügeln in eine Urne, die die Aufschrift trug: »Fortuna favente sors iniqua mergitur« (»Wenn das Glück günstig ist, wird das widrige Schicksal versenkt«).

In den Jahren nach 1789, als nach dem linksrheinischen Mainz kurzzeitig auch Aschaffenburg von den Franzosen besetzt war, wurde der Park nicht mehr weiter ausgebaut und blieb in seinem frühen, insgesamt halbfertigen Zustand. Erst 1814, als Schönbusch als Teil des Aschaffenburger Fürstentums dem Königreich Bayern angegliedert wurde, wandte sich Sckell, nun Bayerischer Hofgartenintendant, Schönbusch wieder zu, ohne jedoch neue gestalterische Arbeiten vorzunehmen. So besitzt der Park von Schönbusch noch heute zwei Seiten. Aufgrund seiner langen und anmutigen Wiesentäler hat er eine großzügige, bereits an die späten Landschaftsgärten Sckells erinnernde klassische Note; die früheren baulichen Staffagen aber, an denen Sckell selbst nicht beteiligt war, lassen erkennen, daß Schönbusch seiner Entstehung nach der empfindsamen Phase des Landschaftsgartens angehört.

*Schönbusch, Parkansicht. Im Hintergrund ist der
Speisesaal (Salle de compagnie et de festin) zu sehen,
1787–1789*

Schönbusch, Blick über den Unteren See auf Speisesaal und Aussichtsturm

Schönbusch, Parkansicht mit Blick auf das Salettchen aus dem Jahr 1792, einen kleinen Salon in abgelegener Lage, der ebenfalls als Speisesaal genutzt wurde.

Franz Augustin Palme, Sckell, Rumford und Karl Theodor bei der Anlage des Englischen Gartens, 1867

Englischer Garten, München

Der Englische Garten, eines der Wahrzeichen der bayerischen Landeshauptstadt, entspricht noch heute, mehr als 200 Jahre nach seiner Entstehung, mehr denn je seinem ursprünglichen Zweck. Er ist ein Volksgarten für alle Stände, ein Refugium der Freiheit und Freizügigkeit, in dem Einheimische wie Gäste ihren Vorlieben im wahrsten Sinne des Wortes in vollen Zügen frönen können: die Anhänger der Biergartenkultur am altehrwürdigen »Chinaturm«, im schicken »Seehaus«, in der »Hirschau« oder im ländlich-volkstümlichen »Aumeister« (in dem Thomas Mann seinen »Tod in Venedig« beginnen läßt). Die Sonnenanbeter und Freunde der Freikörperkultur kommen am Eisbach zu ihrem Recht, im Winter die Eisstockschießer auf dem Kleinhesseloher See. Das ganze Jahr über eilen Jogger durch den Park; Verliebte wie Einsame können sich ungestört ihren Stimmungen hingeben, und manchmal sieht man sogar einen Hirten, der in der Hirschau seine Schafherde weidet. Näher zur Stadtmitte dagegen lagern häufig Studenten, die im Sommersemester gerne ihre Seminare von der benachbarten Ludwigs-Maximilians-Universität ins Grüne verlagern. Aus dem Leben der Stadt ist der Englische Garten, der mit seinen 373 Hektar den Central Park in New York ebenso wie den Londoner Hyde Park an Größe übertrifft, nicht mehr wegzudenken.

»München kann fürderhin keine Festung mehr sein«, hatte der 1778 von Mannheim nach München übergesiedelte Kurfürst Karl Theodor verkündet.[11] Er hat damit – auch als Reaktion auf den Bevölkerungszuwachs der Stadt – die Öffnung der Wälle und Erweiterungen der Stadt begründet, die unter seiner Ägide begann. Zu den ersten Großprojekten, die die späteren großen Stadterweiterungen des 19. Jahrhunderts einleiteten, gehörten im Westen des alten Kerns die Gestaltung des Gebiets um den Karlsplatz beziehungsweise Stachus, im Norden die Planung der sogenannten Schönfeldanlage und, in diesem Zusammenhang, auch die Anlage des Englischen Gartens. Als erster Volkspark in Deutschland entsprang der Plan allerdings wohl nicht zuerst der Einsicht in städtebauliche Notwendigkeiten, sondern mindestens ebensosehr noch dem Repräsentationswillen eines zwar aufgeklärten, aber immer noch absolutistischen Fürsten. Karl Theodor gedachte in der Stadt, in der er laut Erbvertrag nun zwangsweise residierte, ein sichtbares Zeichen seiner Herrschaft zu setzen. Wie die Fürsten vor ihm wollte er ihr seinen architektonischen Stempel aufdrücken, der nun allerdings nicht mehr wie ehedem ein pompöses Schloß sein konnte. Bekanntlich blieb Karl Theodor, der Bayern gerne gegen Belgien an die Österreicher ausgetauscht hätte, bis zu seinem Tod in München unbeliebt, einer Stadt, die sich ihm in ihrer Bodenständigkeit im Vergleich zur rheinischen Eleganz provinziell und rückständig ausnahm. »Der Kurfürst wird«, so prophezeite es Mozart, »gar gern wieder seine Residenz in Mannheim machen, indem er die Grobheiten von den Herrn Bayern unmöglich lange wird aushalten können.«[12] Gleichwohl, seine Regentschaft hat München viel Positives beschert: Er förderte die Künste, führte eine Reihe von sozialen Reformen ein und brachte neben der Düsseldorfer Gemäldegalerie, dem Kernbestand der Alten Pinakothek, auch eine Reihe bedeutender Künstler nach München, darunter den Maler Kobell, den Theaterausstatter Quaglio und schließlich auch Sckell, der mit dem Englischen Garten sein bedeutendstes Werk schuf, das heute noch ebenso populär ist wie zu seiner Entstehungszeit.

Die Anlage des zunächst »Carl-Theodor-Park« genannten Englischen Gartens war für Sckell insofern eine neuartige Herausforderung, als er hier zum ersten Mal in großem Maßstab den neuen landschaftlichen Stil umsetzen konnte, ohne durch vorgegebene barocke Strukturen in seinen Möglichkeiten begrenzt zu sein. Als Sckell 1804 die Leitung übernahm, waren allerdings schon wesentliche Vorarbeiten geleistet. Ursprünglich hatte ein Amerikaner in bayerischen Diensten, der 1792 zum Reichsgrafen

*Englischer Garten,
Winterimpressionen am Kleinhesseloher See*

Der ENGLISCHE GARTEN bey München

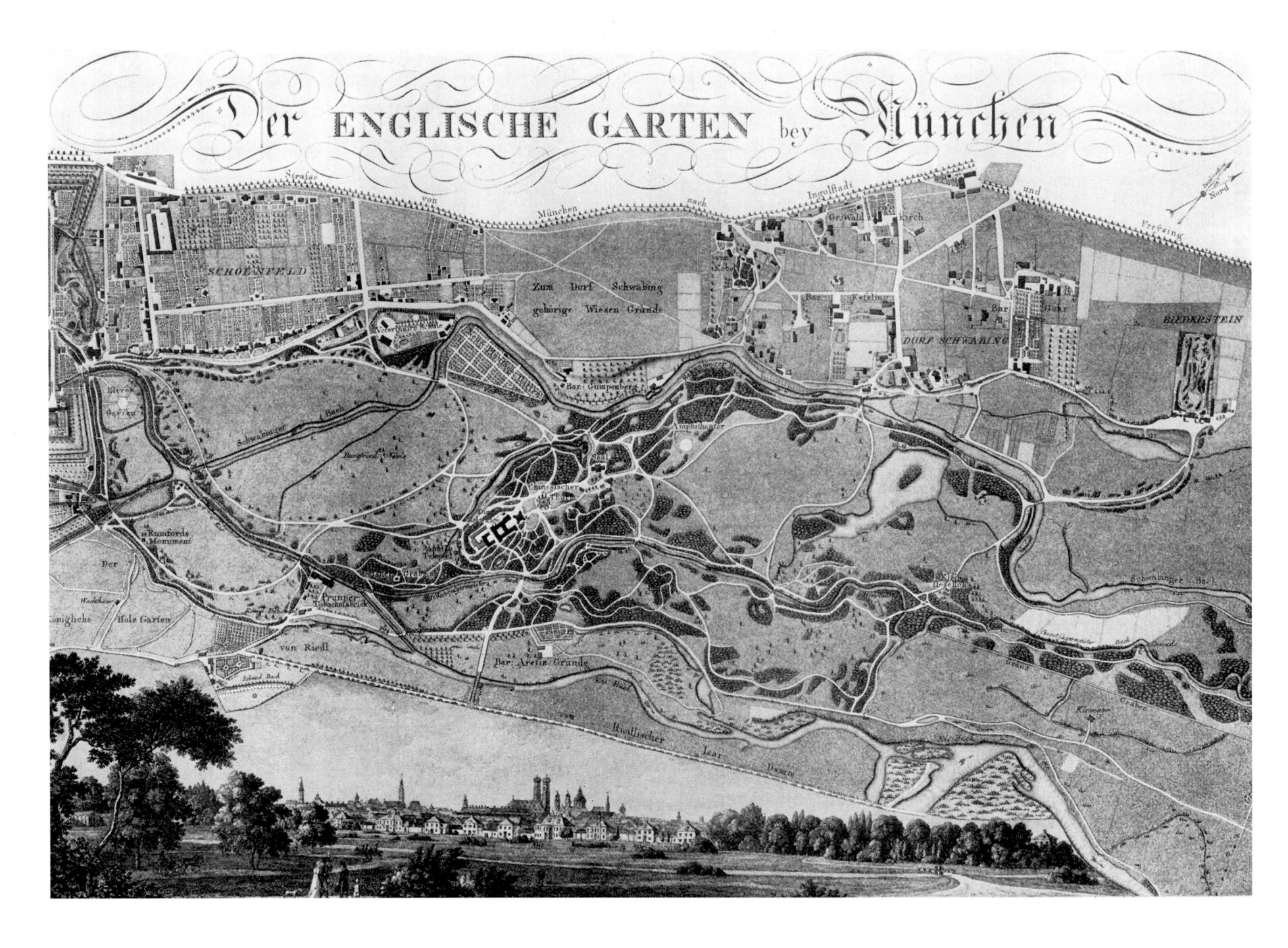

Rumford ernannte kurfürstliche Kämmerer und Leibadjudant Sir Benjamin Thompson, im Rahmen seiner sozialreformerischen Pläne im Norden Münchens Militärgärten als Mittel zur Verbürgerlichung der in Friedenszeiten beschäftigungslosen Soldaten anlegen lassen wollen. Unter dem Einfluß der Französischen Revolution griff Karl Theodor zugleich mit der Militärgärtenidee den ungleich repräsentativeren Gedanken eines öffentlichen Parks auf, der in der Nachbarschaft der Militärgärten entstehen sollte. Um sein Ansehen in der Bevölkerung zu verbessern, vermachte er den Münchnern den Park gleichsam als landesherrschaftliches Geschenk. Der Englische Garten war somit von Beginn an und sozusagen stiftungsgemäß als Volksgarten geplant, der mit dem Ziel des »geselligen Umgange(s)« und der »Annäherung aller Stände« sein demokratisches Konzept offen benennt.[13] Am 13. August 1789 erließ Karl Theodor das Dekret, »den hiesigen Hirschanger zur allgemeinen Ergötzung für Dero Residenzstadt München herstellen zu lassen, und diese schönste Anlage der Natur dem Publikum in ihren Erhohlungs-Stunden nicht länger vorzuenthalten Gnädigst gesonnen sei«.[14] Der Park war gedacht als Versöhnungswerk angesichts unruhiger Zeiten, mit dem sich zugleich noch die Tradition einer aufgeklärten Fürstenherrschaft pflegen ließ; denn die Wohltaten, die mit einem öffentlichen Park verbunden waren, so erklärtermaßen die »Erholung« der Bürger, strahlten gewissermaßen zurück auf den Initiator und Förderer des Projekts.

Als Planungsgebiet vorgesehen war das nördlich an den Hofgarten grenzende Gebiet der Isarauen, der sogenannte Hirschanger, der östlich von der Isar und westlich durch das Schönfelder Hochufer begrenzt wurde. Sckell, der dem offiziell zuständigen Rumford von Anfang an als eine Art unabhängiger Berater mit Visitationsrecht – Sckell blieb ja zunächst in Schwetzingen – zur Seite gestellt war, verfaßte als erstes ein positives Gutachten zu Klima und Bodenbeschaffenheit als den in München zu-

Links: Englischer Garten, Plan von Rickauer aus dem Jahr 1806

Englischer Garten, Chinesischer Turm

nächst zweifelhaften natürlichen Voraussetzungen. Unter Rumford und dessen Nachfolger, Graf Werneck, der 1797 sein Amt antrat, entwickelte sich die Anlage in groben Zügen und bestand, als Sckell 1804 endgültig nach München übersiedelte und unter der Regentschaft Maximilian Josephs als Hofgartenintendant die Leitung übernahm, aus einem dreiteiligen Kernbereich: dem stadtnahen, an den Hofgarten grenzenden Bereich der sogenannten Schönfeldwiese, dem mittleren Bereich des eigentlichen Hirschangerwaldes – dem Gelände des heutigen Chinesischen Turms, seit alters her das Ausflugsziel der Hofgesellschaft – und schließlich dem nördlich angrenzenden Schwabingergebiet um den Kleinhesseloher See, mit dessen Aushub noch unter Werneck begonnen wurde. Nördlich angeschlossen wurde 1799 das langgestreckte, bis zum Aumeister führende Hirschaugebiet. Insgesamt entstand so ein fünf Kilometer langer Streifen Natur, der vom Stadtzentrum bis in die freie Landschaft reichte.

Was Sckell seinerzeit vorfand, war allerdings nicht die kunstvoll arrangierte Natur, die seinem klassischen Kunstverständnis entsprochen hätte. Neben einer zusätzlichen Erweiterung um das Biedersteingelände richteten sich seine wichtigsten gestalterischen Veränderungen darauf, durch den kunstvollen Wechsel von größeren Freiflächen und bepflanzten Partien zuerst jene Raumbildung herzustellen, die für einen rhythmischen und harmonischen Gesamteindruck Voraussetzung ist. Um die gewünschten malerischen Effekte zu erzielen, mußte die bis dahin eher dürftige Bepflanzung intensiviert werden, waren doch bis dahin »nicht jene pittoresken Ansichten hervorgegangen, worauf es doch, bei Anlagen der Art, vorzüglich ankömt«. Im sogenannten Plan B, der die Verbesserungsvorschläge enthält, schreibt Sckell, es gelte, »den Wald Hirschanger durch eine neue Pflanzung mit dem Hofgarten zu verbinden und im Innern dieser Wälder Wege und schöne natürliche Bilder zu erzeugen. Ein breiter Weg sollte aus dem Hofgarten in einem sanften Bogen zum besagten Wald Hirschanger hinführen, und dieser

Englischer Garten. Die halbrunde pompejanische Marmorexedra wurde 1838 nach einem Entwurf von Leo von Klenze errichtet.

Weg bald mit ganz hohen, bald mit ganz niedrigen Gesträuchen besetzt werden, damit man die Stadt München im Vorgrund und den ehrwürdigen Wald Hirschanger im Hintergrund und mit der übrigen schönen Natur recht oft gesehen hätte«.[15] Den angesprochenen Weg, der in einem sanften Bogen vom Hofgarten dem Eisbach folgend sich zu der 1792 (von Rumford) gegründeten Veterinärschule wendet, hat Sckell – diese Technik hat ihn berühmt gemacht – selbst mit seinem langen Stock in den Boden gezeichnet. Die Form des Parks bildet ein der wellenförmigen Hogarthschen Schönheitslinie folgendes »S«, das in der Mitte den Durchblick durch das Hirschangerwäldchen vorsah, um die Raumtiefe noch zu vergrößern. Gleichzeitig wird die Absicht deutlich, den Park vom Hofgarten nach Norden eine Entwicklung nehmen zu lassen: Am Hofgarten beginnt der der Kunst zugehörige höfische Teil, nördlich auf der Schwabinger Höhe folgt die ländliche Partie, ganz im Norden mit der Hirschau schließlich die einfach belassene Natur. Der Park vollzieht von Süden nach Norden ein »Decrescendo vom Kunstvollen zum Natürlichen« (Hallbaum). Nicht ganz realisieren ließ sich die von Sckell ursprünglich vorgesehene direkte Anbindung an den Hofgarten, die diesen Gedanken noch verstärkt hätte. Durch die Errichtung des palladianischen Palais Salabert 1803 (das spätere Prinz-Carl-Palais) in unmittelbarer Nähe des Hofgartens war eine Absperrung geschaffen, die erst neuerdings – im Zuge der Anlagen um die neu konzipierte Bayerische Staatskanzlei – wieder in den Blick rückt. Weitere Veränderungen Sckells betrafen die vorhandenen Wasseranlagen: An der Kreuzung von Eis- und Schwabingerbach legte er einen Wasserfall an und schuf hier eine der seltenen romantischen Szenerien des Parks. Der Kleinhesseloher See wurde beträchtlich erweitert, um eine Monumentalisierung des Parkbildes zu erreichen und dem Park die Weiträumigkeit und Großzügigkeit zu verleihen, die seiner Bedeutung als königlichem Volksgarten entsprachen.

Entsprechend den in seiner Gartenheorie ausgeführten Grundsätzen sah Sckell auch im Englischen Garten eine Reduzierung der vorhandenen Staffagebauten vor. Im Prinzip ließ er einzig Gebäude im klassischen Stil gelten – »wenige Gebäude im guten und reinen Styl, an Stellen errichtet, wo sie Wirkung hervorbringen«.[16] Die frühere sentimentale Exotik lehnte er ab. So sollte der bereits 1790 errichtete Chinesische Turm (der heutige Bau ist eine Nachbildung des 1944 zerstörten Originals) nach dem Willen Sckells entfernt werden, was – glücklicherweise – unterblieb. Heute ist dieses Wahrzeichen des Englischen Gartens, das sein Vorbild, die Pagode von Kew Gardens bei London, so originell variiert, eine der größten Attraktionen. Stilrein hingegen und daher gebilligt war der sogenannte Rumford-Saal in der Nähe des Chinesischen Turms, ein von Johann Baptist Lechner entworfener Kasinobau im palladianischen Stil. Der Monopteros, der als Blickfang und optisches Zentrum am Nordrand der großen Hofgarten- beziehungsweise Schönfeldwiese einen eigens aufgeschütteten Hügel krönt, wurde erst unter Ludwig I. von Leo von Klenze errichtet; er ersetzte einen an anderer Stelle gebauten hölzernen Rundtempel, an dessen Stelle 1838 eine ebenfalls von Klenze entworfene steinerne Exedra aufgestellt wurde.

Es waren aber nicht nur Fragen des Stils, die bei der Beurteilung der Parkbauten eine Rolle spielten. Wichtig war Sckell auch die symbolische Bedeutung der Bauten: »Auch Gebäude finden in solchen Gärten statt, und wenn sie

Englischer Garten, romantische Partie am Eisbach

Englischer Garten, Monopteros, 1837 von Leo von Klenze erbaut. Ludwig I. ließ im Inneren eine Karl-Theodor und Maximilian I. gewidmete Gedenkschrift anbringen.

Englischer Garten, Sckell-Denkmal am Südwestende des Kleinhesseloher Sees, nach einem Klenze-Entwurf 1823 errichtet.
Die Inschrift lautet: »Dem sinnigen Meister schoener Gartenkunst der sein volles Verdienst um der Erde reinsten Genuß durch diese Anlage kroente ließ diesen Denkstein setzen sein König Max Joseph MDCCCXXIV«.

Englischer Garten, Blick vom Monopteros nach Westen auf die Ludwigskirche

reichten Klassizität gewesen. Natur und Architektur zielten in ihrer Wirkung auf abgeklärte Erhabenheit und Würde ab. Diesem Eindruck dienten auch die weiträumigen Wiesenflächen und die Bevorzugung einzelner Baumgruppen (*clumps*) vor Einzelbäumen. Ein repräsentativer Eindruck sollte vorherrschen. Sckell ist dies im Englischen Garten auch ohne jene Monumentalbauten auf eindrucksvolle Weise gelungen. So genial wie einfach hat er durch die dichte Randbepflanzung den Park von der Stadt abgegrenzt und diese als Silhouette gleichzeitig dennoch optisch einbezogen. Indem die barocken Türme der Residenzstadt wie entfernte Zuschauer präsent sind, sich aber gleichwohl nicht aufdrängen, ist die Verbindung von Volkspark und Repräsentation ästhetisch auf einmalige Art gelungen. Sie läßt dem Englischen Garten in der Distanz zur Stadt jene Ruhe, Abgeschiedenheit und Freiheit, die der Grund für seine bis heute anhaltende Beliebtheit ist.

Nymphenburg, München

nicht kleinlich ausgeführt werden, und als Muster der höhern und reinern Baukunst erscheinen: Allein, so Sckell, auch diese »sollten (...) eher an würdige Regenten, an verdienstvolle Männer im Staate, als an mythologische Dichtungen erinnern (...)«[17] Politische Bezüge ersetzten die Bildungswelt antiker Mythologie. Eine Art bayerisch-deutscher Patriotismus wird nun, da Bayern seit 1806 Königreich war, zum Programm. Dies belegen zwei weitere, im Verhältnis zum vorhandenen Bestand monumentale Bauten, die geplant, aber schließlich doch nicht ausgeführt wurden: Auf einer Insel im Kleinhesseloher See sollten ein *Denkmal der großen vaterländischen Ereignisse* und unweit des heutigen Monopteros auf der großen Schönfeldwiese ein *Pantheon der bayerischen Regenten* errichtet werden. Hinzu kam schließlich noch das Projekt, auf dem westlich angrenzenden Biedersteingelände die später an das Ufer der Donau verlegte *Walhalla*, eine »Stätte aller Stämme teutscher Sprache«, zu errichten. Die Vorschläge Sckells, die der im Englischen Garten ohnehin ausgeprägten Tendenz zum Denkmalkult ein noch deutlicheres Übergewicht gegeben hätten – so wurden zum Beispiel für alle drei Schöpfer des Parks (Rumford, Werneck und Sckell) Denkmäler errichtet –, dokumentieren ganz offen ihren Zweck, das bayerische Herrscherhaus zu rühmen. Denkmäler wurden gerade im Landschaftsgarten zur bevorzugten Gattung. Mit ihnen ließ sich Stimmung erzeugen, da sie »ein wichtiges vaterländisches Verdienst, eine glückliche National-Begebenheit allegorisch darstellen. Solche Verzierungen gehören daher den Volksgärten vorzüglich an, weil sie den National Ruhm verbreiten helfen, und das Gefühl für ähnliche edle Taten wecken.«[18] In ihrer Betonung von Glanz und Gloria der bayerischen Regenten wären diese Bauten das architektonische Pendant zu der von Sckell im Natürlich er-

Die Umgestaltung des barocken Nymphenburger Schloßparks im landschaftlichen Stil beschäftigte Sckell ab 1804 parallel zu seinen anderen Münchner Projekten insgesamt mehr als zwanzig Jahre. Wie zu Beginn seiner Karriere in Schwetzingen bestand die architektonische Aufgabe darin, in der Verbindung von vorhandener barocker Schloßanlage und englischem Landschaftsgarten eine Synthese von natürlicher Freiheit und der Repräsentation fürstlicher Macht zu erreichen. Es kennzeichnet das künstlerische Gespür Sckells, daß er in diesem seinem reifen Alterswerk den barocken Garten in seinen Grundzügen gleichzeitig belassen und doch dessen landschaftliche Verwandlung erreicht hat; ein Ineinander von freien und formalen Strukturen, die sich in ihrer Wirkung gegenseitig nichts nehmen, sondern jeweils sogar noch verstärken. Der Nymphenburger Park erweist sich als eine im landschaftlichen Stil gestaltete Nachahmung von Versailles.

Nymphenburg, Apollotempel am Badenburger See. Anstelle hölzerner Vorgängerbauten wurde er 1865 nach einem Entwurf Leo von Klenzes errichtet.

*Gesamtansicht von Schloß Nymphenburg.
Miniatur von M. de Geer, 1730*

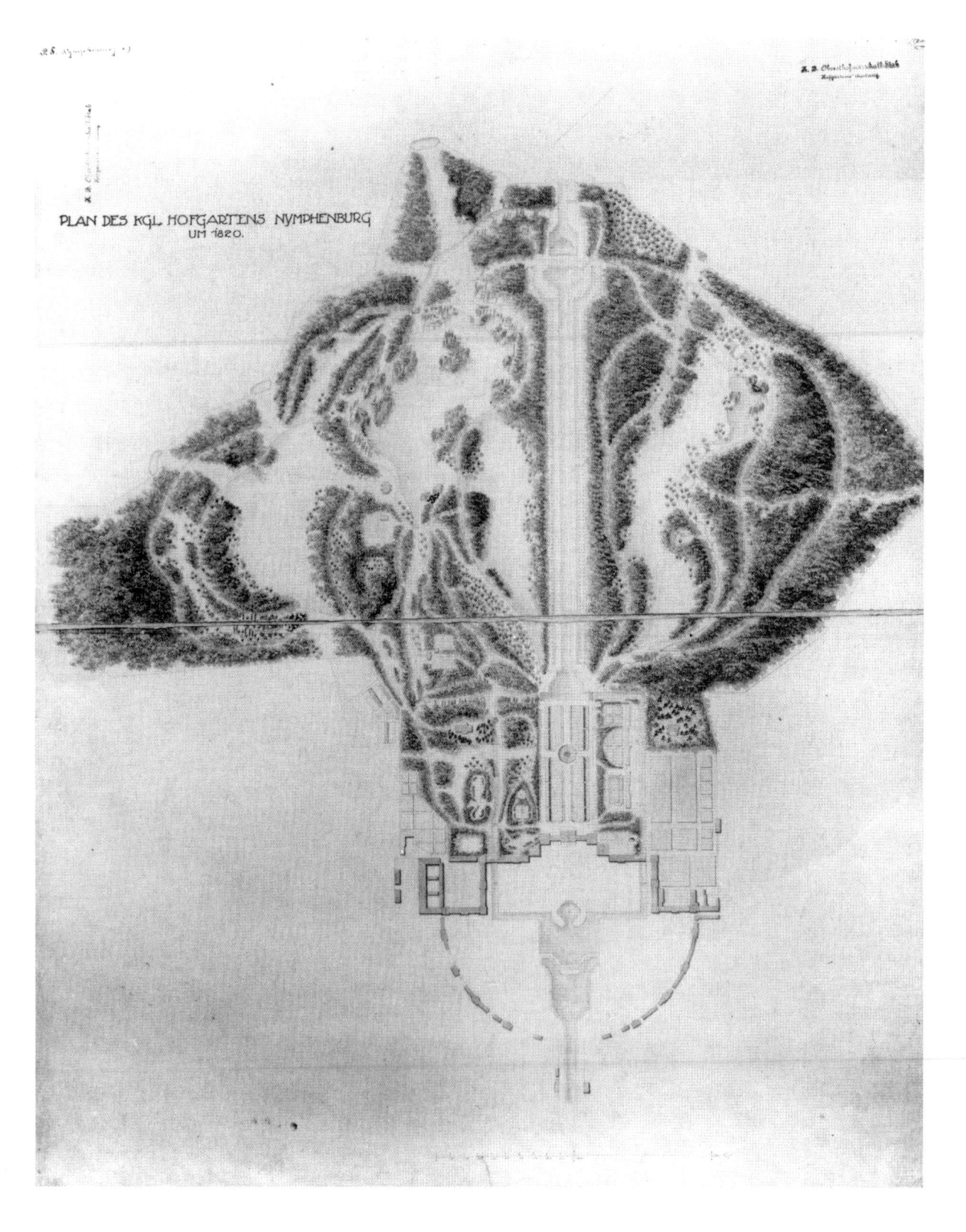

PLAN DES KGL. HOFGARTENS NYMPHENBURG UM 1820.

Einige Jahre zuvor hatte Hirschfeld noch ein scharfes Verdikt geäußert: »Nymphenburg enthält nichts als Alleen, Hecken, Kabinette, eine Menge von Springbrunnen, vergoldete Statuen, Vasen usw. Der Kenner findet hier nichts, das ihn unterhalten könnte, und eilt weiter.«[19] Diese Auffassung unterscheidet sich deutlich von der ästhetischen Beurteilung des Parks durch Sckell, der gerade hier seiner Wertschätzung für barocke Strukturen Ausdruck verliehen hat: »Nur solche ehrwürdige künstliche Auffahrten vermögen zu verkünden, daß sie zum Prachtwohnsitz eines Regenten hinführen, und auch nur diese sind imstande, Fürstengröße durch ihren majestätischen Charakter, der ihnen ganz eigen ist, hier Fürstengröße auszudrücken.«[20]

Das Nymphenburger Schloß, seit dem 17. Jahrhundert Sommerresidenz der bayerischen Kurfürsten und noch heute Wohnsitz der Wittelsbacher, war aus Anlaß der Geburt des Kurprinzen Max Emanuel von Kurfürst Ferdinand Maria seiner Frau geschenkt worden. Sein heutiges Aussehen erhielt es in den ersten Jahrzehnten des 18. Jahrhunderts durch die Architekten Zuccalli und Viscardi, die die bestimmende bauliche Konzeption mehrerer gestaffelter und lokker miteinander verbundener kubischer Pavillons durchführten. Damit wurde die seltene Durchlässigkeit zwischen dem ausgedehnten Rondell auf der Stadtseite und der westlichen Parkseite erreicht. Der Park selbst, entstanden aus einem natürlichen Waldrevier, wurde vom Le-Nôtre-Schüler Carbonet im französischen Stil mit deutlichen Anklängen an holländische Kanalgärten 1701 begonnen und von Joseph Effner, dem Baumeister der drei Parkschlösser Pagodenburg, Badenburg und Amalienburg sowie der Magdalenenklause, fortgeführt. Für die Wasseranlagen zuständig war der Franzose Dominique Girard. Um die Wende zum 19. Jahrhundert bestand die Nymphenburger Anlage damit aus drei Teilen: dem rondellhaften Ehrenhof auf der Stadtseite, dem formalen Ziergarten mit Broderiefeldern und seitlichen Bosketts westlich an das Schloß angrenzend sowie dem

Mittelkanal mit Blick auf die Effnersche Kaskade

Gesamtansicht von Schloß Nymphenburg, Miniatur von M. de Geer, um 1730

weitläufigen Waldgebiet, das durch den Mittelkanal als Hauptachse beherrscht wurde. Nördlich und südlich davon waren die beiden Filialschlösser Pagodenburg und Badenburg durch ein geometrisches System von Alleen ebenfalls in die formale Gesamtstruktur integriert.

Die entscheidenden Veränderungen Sckells betrafen die ausgedehnten Waldpartien. Die breite Allee des Mittelkanals mit dem westlichen Abschluß der Effnerschen Kaskade blieb wohl auch auf Wunsch Max Josephs als Hauptachse erhalten. Obwohl der herrschaftliche Charakter dieser Achse durch die Randbepflanzung mit ihren dichten Wänden weiterhin betont blieb, hat die Naturalisierung durch Sckell doch den Eindruck einer geradezu lässigen *grandezza* hervorgerufen. Die Natürlichkeit des frei wachsenden Baumbestands und die flachen Wiesen beiderseits des Kanals erwecken, gerade auch im Verhältnis zum Schloß selbst, den Eindruck, als ob hier nie etwas anderes vorgesehen gewesen wäre. Noch entschiedener fiel die landschaftliche Gestaltung der anderen beiden Achsen aus. Diese beiden schrägen Diagonalachsen, die in der Manier barocker Anlagen in der Mitte der Schloßterrasse konvergieren, modifizierte Sckell zu den für ihn charakteristischen langgestreckten Wiesentälern mit jener abwechslungsreichen Randbildung, die dem natürlichen Wuchs einen ästhetischen, in jeder Hinsicht harmonischen Charakter verleiht. Alle drei Sichtachsen geben wie zu Zeiten des Barock in der Entfernung als *points de vue* den Blick auf die Kirchtürme der benachbarten Dörfer Pipping, Blutenburg und Pasing frei.

Wald und damit ein insgesamt ländlicher Eindruck dominiert die seitlichen Partien des Nymphenburger Parks. Der formal belassene Ziergartenteil ist lediglich das Entree zu dem sich weit nach Westen erstreckenden Parkareal, das durch diesen Vorgarten gewissermaßen zusammengehalten wird und dem Schloßbau selbst durch die Freifläche den Raum bietet, optisch zu wirken. Die Broderien vor dem Schloß ließ Sckell durch eine einfache, viergeteilte Rasenfläche ersetzen. Der nördlich davon gelegene romantische Ruinenbau der Magdalenenklause aus dem frühen 18. Jahrhundert konnte als malerische Stimmungsarchitektur problemlos in die natürliche Umgebung integriert werden. Die Partien um die beiden Filialschlösser wurden zu malerischen Landschaftspartien, die dortigen ehemaligen formalen Wasseranlagen zu natürlichen Gewässern umgewandelt. Pagodenburg wie Badenburg wirken damit nun für sich und können ohne die ihnen stilistisch entsprechende formale Umgebung ihren alten Reiz vielleicht noch deutlicher ausspielen. Bei beiden Bauten verstärkt die Wasserspiegelung die Integration der Architektur in das Landschaftsbild. Die Szenerie des Badenburger Sees, dem wie dem Kleinhesseloher See drei kleine Inseln Abwechslung verleihen, ist durch den auf einer Landzunge errichteten Monopteros darüber hinaus durch einen architektonischen Akzent bereichert. Ein noch auf Sckells Anordnung zurückgehender, hier errichteter hölzerner Rundtempel wurde von Leo von Klenze durch den heutigen Steinbau ersetzt. Im Inneren des von korinthischen Säulen getragenen Tempels trägt eine Stele eine Inschrift des Stifters: »Ludwig I., König von Bayern, MDCCCLXV«.

Die elegante Pagodenburg wurde in den Jahren 1716–1719 als achteckiger Zentralbau errichtet. Ihre besonders reizvolle Lage am Nordufer des Sees wird durch einen umlaufenden Bach gesteigert, der dem Gelände fast Inselcharakter verleiht. Von der Badenburg nach Süden erstreckt sich das Löwental, mit dem nördlich der Pagodenburg eine weitere Waldschneise korrespondiert. Beide zusammen bilden eine Art Querachse, sind aber in ihren Stimmungswerten durchaus unterschiedlich. Man wird der Beschreibung zustimmen können, daß das südliche Badenburger Tal, dessen optischer Fluchtpunkt die Berggipfel des Zugspitzgebirges sind, »heroisch komponiert (ist), groß in seinen Formen, herb bis an die Grenze des Drohenden«, während das Pagodenburger Tal, »mit unterbrochenen Formen, locker und mit Bäumen von zarterem Umriß bepflanzt«,[21] einen lieblichen Eindruck macht.

Nymphenburg, Kanal mit Blick auf den Zentralbau des Schlosses

Nymphenburg, Badenburg, 1718–1721

Etwas an den Rand gerückt sind die Pflanzenhäuser von Nymphenburg, die von den angrenzenden Parterres des Ziergartens durch eine dichte Bepflanzung abgetrennt sind. Sie wurden ebenfalls nach Plänen von Sckell errichtet. Das früheste, das sogenannte *Eiserne Haus*, das seinerzeit vom König bewohnt wurde, stammt aus dem Jahr 1807, der Mittelpavillon wurde 1816 und das heute als Café genutzte Palmenhaus 1820 hinzugefügt. Die Gewächshäuser enthielten dem Wunsch des Pflanzenliebhabers Max Joseph folgend eine der bedeutendsten Pflanzensammlungen der Zeit.

Kennzeichnend für Sckells landschaftliche Parkgestaltung in Nymphenburg ist die gleichzeitige Aufnahme und landschaftliche Verwandlung der barocken Strukturen, deren großartige Wirkung bewußt übernommen wurde. »Versöhnung« ist das von Sckell selbst benutzte Stichwort, wobei in Nymphenburg, im Gegensatz zu Schwetzingen, doch das landschaftliche Prinzip eindeutig das Übergewicht behält und die höfische und zierliche Manier weitgehend vergessen läßt. Der alles dominierende Wald ist seitlich bis in die unmittelbare Nähe des Schlosses geführt, er umgibt das Parterre wie ein natürlicher Rahmen. »So nähern sich denn beide«, wie Sckell meinte, »Natur und Kunst, diese im auffallendsten Widerspruch stehenden Charaktere und vereinigen sich durch dieses wechselseitige nachgiebige Bestreben zu einem, wo nicht ganz harmonischen, doch sehr erträglichen Übergang.«[22]

Biebrich, Wiesbaden

Der Park von Biebrich ist ein verglichen mit den Münchner Anlagen deutlich kleineres Werk. Gerade aufgrund des begrenzten Raums, der zur Verfügung stand, wird hier jedoch besonders gut die Manier deutlich, mit der Sckell

Nymphenburg, Badenburg.
See mit Blick auf Apollotempel

Biebrich, Hauptachse nach Süden mit Blick auf das Schloß

Biebrich, Schloßanlage

Biebrich, See mit Mosburg

einem Park eine großzügige Note zu verleihen verstand. Die heute inmitten eines an den Rhein grenzenden Stadtteils von Wiesbaden gelegene Anlage wurde zwischen 1817 und 1824 für das Fürstenhaus Nassau-Weilburg anstelle eines ursprünglichen Barockgartens angelegt. Anfang des 18. Jahrhunderts war unter den nassauischen Fürsten Georg August und Karl direkt an der Rheinpromenade ein im französischen Orangeriestil angelegter Schloßbau durch den Architekten von Welsch errichtet worden. Er bestand beziehungsweise besteht noch heute aus einer zentralen Rotunde, die durch Galeriebauten mit zwei Seitenpavillons verbunden ist. Gärten im französischen Stil schlossen sich früher nördlich in Verlängerung der beiden Pavillons an. Zwischen ihnen erstreckt sich eine breite Terrasse. 1817 beauftragte der Nachfolger, Wilhelm aus der Linie Nassau-Weilburg, Sckell mit der Umgestaltung der Schloßanlage im englischen Stil, da die Gärten in den Jahren zuvor verwildert waren. Das Schloß bildet eine zur Gartenseite geöffnete Hufeisenform; der Park reicht nach Norden bis zu der anderthalb Kilometer entfernten Mosburg, die einschließlich dem dazugehörigen Gelände für den geplanten Landschaftspark erworben wurde.

Sckell hat sich der Aufgabe in Biebrich zwar bereitwillig angenommen, jedoch gewissermassen aus der Münchner Distanz heraus; die eigentliche Durchführung überließ er dem Oberstallmeister Freiherr von Dungern, worauf man einige gestalterische Schwächen der Anlage zurückführt. Das Hauptproblem war von vornherein der Wunsch des Bauherrn, eine gerade Hauptallee, die als Längsachse den schmalen Geländestreifen durchzieht, beizubehalten. Ebenfalls erhalten bleiben sollten die beiden kleineren, in der Verlängerung der Schloßflügel gelegenen seitlichen Alleen. Trotz dieser Einschränkungen hat Sckell mit dem langgezogenen, wiederum durch eine abwechslungsreiche Randbepflanzung bewegten Wiesental ein eindrucksvolles Hauptmotiv geschaffen, das den eigentlich recht begrenzten Umfang des Parks geschickt zu verbergen weiß. Die beibehaltene Allee, die parallel zum Wiesental verläuft, wird durch dessen Randbepflanzung aus dem Gesichtsfeld des Betrachters gedrängt, das Wiesental selbst gibt nördlich am Horizont den Blick auf die Höhenzüge des Taunus frei und integriert damit in angemessener optischer Weitläufigkeit ein dem Schloßbau am südlichen Ende würdiges landschaftliches Pendant. Der Blick vom nördlichen Ende des Mosburgsees zurück auf das Schloß ist zweifellos eine der beeindruckendsten Ansichten Sckellscher Gartenkunst. Weniger gelungen erscheint das teils formale Elemente bewahrende, teils im landschaftlichen Stil veränderte Schloßparterre. Hier wird im Vergleich etwa zu Nymphenburg deutlich, daß die direkte Hinführung landschaftlicher Partien an einen barocken Bau nicht immer zu einer harmonischen Einheit beider Stilformen führt, sofern der Schloßbau selbst kein Umfeld erhält, durch das seine Architektur betont wird. Die Randbezirke des Parks, in ihrer Kombination aus kleineren Wiesen- und Waldflächen von eher intimer Wirkung, sind optisch weder mit dem Schloß noch mit dem Wiesental verbunden. Sie werden von einem schmalen Bach durchzogen, der nördlich in den See mündet. Dort hat Sckell als Abschluß des Wiesentals eine romantische Szenerie geschaffen, die ihren Höhepunkt in der Ruine der neugotisch veränderten Mosburg besitzt. Richard Wagner, der in den Jahren 1862/63 in Biebrich wohnte, wollte angeblich die Burg mieten, um dort die Meistersinger von Nürnberg zu überarbeiten. Sie hat durch die Anlage des Sees Inselcharakter erhalten und erinnert in ihrer Wirkung an die frühen sentimentalen Gärten. Der Park Biebrich sieht sich heute stark von der Stadt bedrängt, die Hauptvedute aber kann als eine der typischen und sehenswerten Kompositionen Sckells gelten.

*Biebrich, Mosburg. Die alte, vorhandene Ruine wurde
1806 im neugotischen Stil wiederaufgebaut.*

Peter Joseph Lenné
Landschaftsverschönerung und Italiensehnsucht

Ew. Majestät begreifen noch immer nicht das Geistreiche meiner Idee!
Peter Joseph Lenné
zu Friedrich Wilhelm IV.

*Sanssouci, Charlottenhof. Blick von der Terrasse von
Charlottenhof zum Neuen Palais*

*Oben: Porträt Friedrich Wilhelms IV.
Aquarell von A. Clarot, 1839*

Unten: Sanssouci, Charlottenhof, Römische Bäder. Der Butt ist eine Anspielung auf den seinerzeit gebräuchlichen Spitznamen des Königs, den dieser wegen seiner Leibesfülle erhalten hatte.

Anders als der eine ganze Generation ältere Sckell, der noch in der Welt des Rokoko groß geworden war, begann der im Revolutionsjahr geborene Peter Joseph Lenné (1789–1866) seine gartenkünstlerische Tätigkeit zu einer Zeit, als sich der Landschaftsgarten allgemein durchgesetzt und seinen Höhepunkt bereits erreicht hatte. Ausgangspunkt für Lennés Karriere war das Jahr 1816, als er nach Potsdam an den Hof der preußischen Könige berufen wurde. Diese blieben zeitlebens seine wichtigsten Auftraggeber. Einfluß auf sein Werk haben aber auch die gesellschaftlichen Umbrüche genommen, die während der fünfzigjährigen Schaffensperiode Lennés vor allem Berlin betrafen. Industrialisierung und Bevölkerungswachstum der Stadt führten zu einer Auffächerung auch der gartenplanerischen Aufgaben. Vielseitigkeit ist daher wahrscheinlich das eigentlich Charakteristische in Lennés Werk. So übernahm er in Berlin nicht nur die Neugestaltung des Tiergartens und des königlichen Schlosses Charlottenburg, sondern legte dort auch für Industrieunternehmer Privatgärten an.[1] Lenné entwarf Pläne für Kuranlagen, Grünflächen, Stadtplätze, Kanalanlagen, Bäder und sogar ganze Stadtviertel. Vieles demonstriert dergestalt die Umbruchzeit, in der er tätig war. Als Gartenkünstler der preußischen Könige aber schuf er mit dem Potsdamer Gartenreich sein Hauptwerk, auf das wir uns in diesem Buch im wesentlichen beschränken: die Verwandlung eines ausgedehnten Landschaftsgürtels um die Residenzstadt in eine Kunstlandschaft, die entsprechend den Visionen Friedrich Wilhelms IV. die Züge eines an italienische Landschaften erinnernden Arkadiens aufwies; Potsdam wurde Mittelpunkt des »märkischen Paradieses«.

In stilgeschichtlicher Hinsicht verliert der Landschaftsgarten bei Lenné seine zuvor bei Sckell erreichte sogenannte »klassische« Ausprägung; architektonische und formale Elemente werden nun wieder in den landschaftlich gestalteten Park vor allem in unmittelbarer Nachbarschaft der Villen integriert, wobei es gerade die Italienbegeisterung des Bauherrn war, die eingedenk der italienischen Renaissancegärten zu einer Wiederbelebung formaler Gestaltungselemente führte. Der Park insgesamt erfuhr eine Aufgliederung in unterschiedlich gestaltete Abschnitte.[2]

»Lenné, Peter Joseph, Königl. Preuß. Garten-Direktor ist den 29ten September 1789 in Bonn geboren, woselbst sein Vater Peter Joseph Lenné als Kurfürstl. Hofgärtner und Vorstand des botanischen Gartens, der zu der vom letzten Kurfürsten von Cöln Maximilian Franz 1784 gestifteten Universität gehört, angestellt war.«[3] So beginnt die von Lenné verfaßte Biographie anläßlich seiner Aufnahme als Ehrenmitglied in die preußische Akademie der Künste. Lenné – dessen Name sich von dem französischen le Nain (Zwerg, klein) ableitet, entstammte einer alten Gärtnerfamilie, die sich bis zur Mitte des 17. Jahrhunderts zurückverfolgen läßt. Die ersten Lehrjahre absolvierte Lenné in Brühl am Rhein bei seinem Onkel Joseph Clemens Weyhe, dessen Sohn Maximilian Friedrich selbst noch bei Lennés Vater gelernt hatte und der in Düsseldorf den dortigen Hofgarten im englischen Stil anlegte. 1811 vervollständigte Lenné seine Ausbildung in Paris, wo er bei André Thouin Botanik und bei dessen seinerzeit berühmtem Bruder Gabriel Thouin sowie bei Louis Durand Architektur studierte. Es folgten nach einer Zwischenstation in München, wo er Sckell kennenlernte, drei Jahre Lehrzeit in Wien. Lenné entwirft Pläne zur Umgestaltung des dortigen Schloßgartens von Laxenburg[4] und arbeitet im Park von Schönbrunn. Nach der Rückkehr ins inzwischen preußische Bonn wird der mit so guten Reverenzen Ausgestattete wenig später nach Potsdam berufen und 1816 auf Empfehlung des königlichen Hof-Marschalls von Maltzahn als Gartengeselle eingestellt. Der Aufstieg Lennés, der seine Karriere ausgesprochen zielstrebig verfolgte, vollzog sich rasch: 1818 wird er Mitglied der königlichen Garten-Intendantur, 1824 zum Gartendirektor ernannt; vier Jahre später übt er diese leitende Funktion alleine aus. Bei der Realisierung seiner gärtne-

Porträt von Peter Joseph Lenné. Die Zeichnung stammt von Gerhard Koeber nach Carl Begas, um 1830.

rischen Pläne kam ihm, der im Laufe der Jahre unter drei Königen arbeitete, die Erfahrung im Umgang mit den königlichen Auftraggebern zugute. Gleich seine erste Aufgabe, die Umgestaltung des sogenannten *Neuen Gartens* im Norden der Residenzstadt, der ursprünglich noch unter Friedrich Wilhelm II. angelegt worden war, gefiel. Es folgte noch im gleichen Jahr für den Staatskanzler Hardenberg die Anlage eines *pleasuregrounds* an der Landvilla *Klein-Glienicke* auf der östlichen Havelseite. Weniger Erfolg war ihm mit seinem Plan für die Schloßgärten von *Sanssouci* beschieden, in dem er die gänzliche Umgestaltung der Gärten im landschaftlichen Stil und die Entfernung der barocken Hauptachse vorgesehen hatte. Ging dies Friedrich Wilhelm III., der jede Veränderung der alten friderizianischen Anlagen als Sakrileg empfand, zu weit, so verstand es Lenné in den folgenden Jahren gleichwohl, sukzessive eine Erweiterung und Umwandlung der bestehenden Gärten durchzusetzen. Diplomatisches Geschick, Selbstbewußtsein und sein in Glienicke unter Beweis gestelltes Talent bewirkten, daß man zusehends seinen Plänen vertraute, wobei die Taktik gegenüber dem meist zögerlichen König darin bestand, lediglich Detailentwürfe mit entsprechend niedrigen Kosten zu präsentieren.

1826 erwarb Wilhelm das südlich an den Park von Sanssouci grenzende Landgut *Charlottenhof*. Es wird das Weihnachtsgeschenk für den Kronprinzen, der sich alsbald als Gartenliebhaber par excellence entpuppte und das Gelände samt Schlößchen von Lenné respektive Schinkel zu einer italienisierenden Traumlandschaft umgestalten ließ, die eine ideale Erweiterung des bestehenden Areals darstellte. Für Glienicke, das nach dem Tod Hardenbergs in den Besitz Prinz Carls von Preußen überging, übernahm Lenné ab 1824 die Gesamtgestaltung; den Prinzen und späteren König und Kaiser Wilhelm I. kann er überzeugen, das gegenüber Glienicke gelegene *Babelsberg* als Landsitz zu wählen.

In der Folgezeit wurden der Kronprinz und spätere Friedrich Wilhelm IV. und Lenné – der Bauherr und der Gartenplaner – zum idealen Gespann, das die schrittweise Umwandlung der Potsdamer Umgebung zur Kunstlandschaft vollzog. Als Glücksfall stellt sich heraus, daß die Ziele der beiden sich in geradezu idealer Weise ergänzten: einerseits die konservativ-utopischen Träume des Königs, der die Vision einer italienischen Ideallandschaft vor Augen ein riesiges Gartenparadies schaffen wollte, andererseits die nicht minder weit ausholenden, landschaftsplanerisch zukunftsweisenden Ambitionen Lennés. Zur Realisierung der Pläne benötigte Lenné allerdings einen langen Atem. Es dauert bis 1840, dem Jahr, in dem Friedrich Wilhelm IV., der »Romantiker auf dem Thron«, wie ihn der Schriftsteller David Friedrich Strauß bezeichnete, König wurde, ehe die hochfliegenden Pläne dann in schneller Abfolge Realität wurden.

Lenné war ein ausgesprochen geschickter und erfolgreicher Organisator, ungemein produktiv und anpassungsfähig. Frühzeitig bemühte er sich um die Professionalisierung seines Berufsstands. Auf sein Betreiben wurde 1822 der »Verein zur Beförderung des Gartenbaues in den königlich Preußischen Staaten« gegründet, dessen Nachfolger, die »Deutsche Gartenbaugesellschaft«, in diesem Jahr ihr 175jähriges Jubiläum feiert. 1823 folgte die Gründung einer Gärtnerlehranstalt, der ersten Ausbildungsstätte für Gärtner. Lenné selbst wurde Direktor einer Landesbaumschule.

Seine Vielseitigkeit zeigt sich vor allem an den Projekten, die er in Berlin übernahm. Bereits 1819 erfolgte die landschaftliche Umgestaltung des Parks von *Schloß Charlottenburg*; 1833 bis 1840 widmete er sich dem *Tiergarten* in der Stadtmitte. Er entwickelte Planungen für die Führung des Landwehr- und des Luisenstädtischen Kanals in Berlin sowie Bebauungsvorschläge für die Randgebiete der dynamisch wachsenden Großstadt. Der 1840 entworfene Plan »Projectierte Schmuck- und Grenzzüge von Berlin mit nächster Umgebung« sah einen um die ganze damalige Stadt führenden Grüngürtel vor. Aber auch von privater Seite kamen Aufträge; so legte Lenné für den Industriellen August Borsig den Garten von dessen Moabiter Villa an.

Eine Theorie der Gartenkunst hat Lenné selbst nicht geschrieben. Er war weder Literat noch Theoretiker, sondern in erster Linie Praktiker, der sich den Wünschen seiner Auftraggeber ebenso wie den Erfordernissen und Tendenzen der Zeit anzupassen wußte. Erst sein Schüler Gustav Meyer, von dessen Hand die Mehrzahl der späteren Gartenentwürfe stammt, verfaßte 1860 ein »Lehrbuch der schönen Gartenkunst«, das Lennés Werk theoretisch zusammenfaßt. Lenné selbst hat allerdings seine Reisen nach England (»Fragmente aus dem Reise-Journal«, 1824) und Italien in Berichten festgehalten (1849).[5] Seiner in seinem Englandbericht formulierten Ablehnung regelmäßig-formaler Anlagen widersprechen einige seiner tatsächlichen Werke, die in den späteren Jahren

*Feldafing, Parkansicht, im Hintergrund der
Starnberger See*

Feldafing, Insel Wörth (Roseninsel) im Starnberger See

gerade solche Tendenzen aufweisen. Einen inhaltlichen Schwerpunkt bilden Überlegungen zur Anlage von Volksgärten: »Es ist gewiß«, heißt es in einer Schrift über den Magdeburger Volkspark, »daß geschirmte Plätze, welche zur Bewegung im Freien ermuntern, zu den erheblichen Sanitäts-Anstalten einer Stadt gehören, deren Bevölkerung in engerm Raum zusammengedrängt ist, als es einleuchtet, daß die Gelegenheit und der Anlaß zu häufigem Genusse der schönen Natur, die Summe der Lebensgenüsse nicht nur vermehrt, sondern zugleich veredelt, und auf die Verbesserung der Sitten zurückwirkt.« Verglichen mit Hirschfeld und Sckell, die zuvor bereits in die gleiche Richtung argumentiert hatten, zeigt sich Lenné hier eher konservativ. Er plädiert dafür, »daß sich die lustwandelnde Menge von Zeit zu Zeit sammle, daß sie aber keineswegs bunt gemischt, wie sie die Stadt faßt, zusammengehalten werde; sich vielmehr teile, und sich in gesonderten Kreisen und Haufen wieder zusammen finde, was nach Bildung und Neigung zu einander gehört«. Im allgemeinen sei es Aufgabe von Volksgärten, dem Bürger ein »concentriertes Bild von den Vorzügen seiner Lage« zu vermitteln.[6]

Lennés umfangreiches und vielschichtiges Werk läßt sich nicht leicht zusammenfassen. Stilgeschichtlich vollzieht sich in seinem Werk neben der Verbreitung des Volksparkgedankens wie angedeutet die Entwicklung vom großräumigen und einheitlichen klassischen Landschaftspark zur vielgestaltigen, verschiedene, auch formale Partien integrierenden Mischform. Ob diese in unterschiedlich gestaltete Abschnitte, sogenannte Separatgärten, geteilten Anlagen, die einem sogenannten Zonierungsprinzip folgen,[7] den Intentionen Lennés in jedem Fall entsprachen oder vielmehr nur das Ergebnis der Wünsche der königlichen Auftraggeber waren, ist schwer zu entscheiden. Wahrscheinlich war eher die Italienleidenschaft Friedrich Wilhelms IV. dafür verantwortlich, daß Stilformen des architektonischen Gartens wieder Einzug in den Landschaftsgarten hielten. Was diese historistische Tendenz einer Revitalisierung des italienischen Renaissancegartens betrifft, so ist diese Entwicklung auch den Vorstellungswelten der Auftraggeber zuzuschreiben. Gleichwohl ist es ein allgemeines Kennzeichen dieser Spätphase des Landschaftsgartens – so auch bei Fürst Pückler –, daß zwischen dem eigentlichen Park und dem schloßnahen, aufwendiger gestalteten *pleasureground* eine deutlichere Abgrenzung vorgenommen wird. Zu Pückler, der Lenné bei der Anlage von Babelsberg später ablöste, bestand im übrigen ein offenbar von Konkurrenz und herzlicher Abneigung geprägtes Verhältnis: »Nur Gartenkünstler wie L., die nach einem gewissen Schema nachher alles über einen Leisten schlagen, bleiben ihren einmal gezeichneten Plane stets treu und sind froh, wenn sie fertig sind und ihr Honorar einstreichen können«,[8] hat Pückler einmal abschätzig angemerkt.

Dieses Diktum ist sicherlich nicht gerecht. Das große Programm der Landschaftsverschönerung im Auftrag Friedrich Wilhelms IV., die Ästhetisierung der Landschaft rund um die Residenzstadt Potsdam, ist – selbst im Vergleich zum Wörlitzer Gartenreich – sowohl hinsichtlich der Größe als auch stilistisch ein grandioser Sonderfall in der Geschichte der Gartenkunst. Nach seiner Ernennung zum königlichen Gartendirektor (1824), als sein Ruf auch über Preußen hinaus drang, übernahm er zahlreiche Arbeiten in ganz Deutschland. Vor allem in Brandenburg haben die Gartenanlagen der dortigen Landschlösser fast ausnahmslos eine Neugestaltung unter seiner Mitwirkung erfahren. Anlagen Lennés finden sich auch in Mecklenburg, in Pommern und in Schlesien; Bebauungspläne von der Hand Lennés gibt es beispielsweise für die Stadt Breslau. In Magdeburg

*Verschönerungsplan der Umgebung Potsdams von Lenné
aus dem Jahr 1833, gezeichnet von G. Koeber*

Neuer Garten, Wohnhäuser des Holländischen Etablissements an der Eichenallee

legte er den dortigen Volkspark an; in Hessen geht die planerische Umgestaltung des Kurparks von Bad Homburg vor der Höhe auf ihn zurück, und in den preußischen Rheinlanden war Lenné an der Erweiterung des barocken Schloßparks in Brühl beteiligt. Dies sind nur einige wenige Beispiele des beeindruckend umfangreichen Werks Lennés, der 1854 den Titel eines Generaldirektors der königlichen Gärten erhielt, nachdem er im Jahr zuvor Ehrenmitglied der preußischen Akademie der Künste geworden war. Sogar in Bayern, in Hohenschwangau, München und am Starnberger See, finden sich Spuren Lennés. Auch hier war er für ein Königshaus tätig, seine guten Verbindungen trugen Früchte. In *Feldafing* legte er auf einem zum Starnberger See hin abfallenden Gelände für König Maximilian II., dem mit einer preußischen Prinzessin verheirateten Schwager Friedrich Wilhelms IV., einen Park an, dessen Reiz nicht zuletzt in der prächtigen Aussicht auf die Alpen besteht. Heute wird das Gelände als Golfplatz genutzt. Nach dem ursprünglichen Plan sollte sich der Park vor einem majestätischen Schloß erstrecken, ein Projekt, das nach dem Tod Maximilians jedoch nicht zur Ausführung kam; ihre Fortsetzung findet diese Anlage auf der vorgelagerten Roseninsel, die vor allem Ludwig II. gerne besuchte. Hier befindet sich in Nachahmung des Rosengartens der Potsdamer Pfaueninsel ein zweiter Lennéscher Rosengarten; in seiner Nachbarschaft steht ein kleines, anmutiges Kasinogebäude, das in seinem pompejanischen Stil ein römisches Tusculum imitiert: alles in allem ein bayerisches Arkadien *en miniature* in Nachahmung des preußischen Vorbilds.

Potsdamer Gartenreich

»Der Herzog von Dessau hat aus seinem Land einen großen Garten gemacht, das kann ich ihm nicht nachmachen, dazu ist mein Land zu groß. Aber aus der Umgebung von Berlin und Potsdam könnte ich nach und nach einen Garten machen; ich kann vielleicht noch zwanzig Jahre leben, in einem solchen Zeitraum kann man schon etwas vor sich bringen. Entwerfen Sie mir einen Plan«,[9] wandte sich Friedrich Wilhelm IV. an seinen königlichen Gärtner Lenné. Der hatte auf diesen Auftrag nur gewartet. Sein »Verschönerungsplan der Umgebung von Potsdam« aus dem Jahr 1833 faßte dabei nur lange zurückliegende Überlegungen zusammen. Die Idee zu einer gärtnerischen Gesamtkonzeption war Lenné schon auf seiner Englandreise 1824 gekommen. Anläßlich eines Besuchs bei Lord Grosvenor auf dessen Landsitz Eaton Hall vermerkte er in seinem Reisebericht: »Ich vermag die Äußerung des Gedankens nicht zu unterdrücken, der sich meiner bei dem Anblick dieser Anlage bemächtigte, daß nämlich die besuchtesten Verbindungswege in der Umgebung der Königlichen Residenzen Berlin und Potsdam einer ähnlichen Ausschmückung würdig sind.« Er resümiert: »Diejenigen vor allem ansprechend, welche die Mittel dazu haben, ist der in jenem Land so häufig ausgeführte Gedanke, ganze Landschaften in den Plan verschönernder Anlagen zu ziehen.«[10]

Die Umsetzung der Idee in Potsdam konnte sich dabei auf Gebietserwerbungen noch aus der Zeit des Großen Kurfürsten (1620–1688) stützen, der von Potsdam aus per Schiff die Landschaft durchquerte und in Caputh für seine Gemahlin und in Bornim für sich selbst Landhäuser errichten ließ. Unter den nachfolgenden

Oben: Neuer Garten, Schaufassade der Orangerie, 1791–1793

Unten: Neuer Garten, Portal der Orangerie mit den schwarzen ägyptischen Götterstatuen von Johann Gottfried Schadow

Regenten erweiterte sich die Zahl der Schlösser und Gärten, so daß nur noch die Lücken zu schließen waren, als Friedrich Wilhelm IV. sich an die Ausgestaltung seines Traumreichs machte. Das Zentrum war nach wie vor der Park von *Sanssouci* des »Alten Fritz«, der sukzessive erweitert wurde; es folgten Hinzuerwerbungen beiderseits der Havel, so zum Beispiel das einstige Rittergut *Sakrow*, das 1840 erworben wurde, und im Westen die Gemeinden *Bornim* und *Bornstedt*. Meist wurden bei diesen Hinzukäufen Geländepunkte gesucht, die sich durch ihre Aussicht auszeichneten, war doch alles auf Fernwirkung hin berechnet. Am Ende war um die Stadt ein Parkgürtel geschaffen, der beiderseits der Havel vom Wannsee im Norden über zwanzig Kilometer bis Werder und Caputh und im Süden bis zum Ort Petzow an der Westseite des Schwielowsees reichte.

Neuer Garten

Den landschaftsgärtnerischen Auftakt bildete der *Neue Garten* am Nordostrand der Stadt Potsdam. Diesen gegenüber dem alten Sanssouci eben neuen Garten ließ in den Jahren 1787 bis 1790 noch Friedrich Wilhelm II. anlegen; Gärtner war der aus Wörlitz berufene Johann August Eyserbeck. Der Park besteht aus einem relativ schmalen Geländestreifen, der auf zwei Seiten von Wasser – die östliche Längsseite bildet das Ufer des Heiligensees, nördlich grenzt der Park an den Jungfernsee – und auf der westlichen Seite vom Pfingstberggelände begrenzt wird. In Nachahmung von Sanssouci sollte der Park ein Ort der Zurückgezogenheit sein und der Erholung dienen.

Auf die frühe Entstehung des Neuen Gartens und seinen Charakter als sentimentalen Park deuten die in dieser Häufung für die Potsdamer Gartenlandschaft ungewöhnlich zahlreichen Staffagebauten, die zum größeren Teil erhalten geblieben sind. Sie sind in ihrer Mehrheit auf dem flachen Uferstreifen errichtet und ebenfalls auf Fernwirkung hin berechnet. Die Wegfüh-

Neuer Garten, Parkansicht mit Pyramide. Der fünf Meter tiefe Keller dieses Staffagebaus wurde seinerzeit als Kühlraum für die Speisen der königlichen Tafel genutzt. Im Hintergrund ist das Marmorpalais zu sehen.

Neuer Garten, Schloß Cecilienhof, 1913–1917

Neuer Garten, die als Ruinenbau entworfene, halb im Erdbogen versunkene Schloßküche, 1788–1790 von Carl von Gontard nach dem Vorbild des römischen Marstempels errichtet

rung, die Anordnung der Gehölze und die Sichtschneisen aber verraten die Handschrift Lennés, der 1818, also etwa dreißig Jahre später, hier seinen ersten Auftrag erhielt. Die Hauptaufgabe war, den zu diesem Zeitpunkt fast zugewachsenen Park wieder freizulegen. Lenné vergrößerte vor allem die Gartenräume und schuf Sichtbeziehungen zu anderen, entfernteren Gärten. Die von Eyserbeck angelegten Uferbepflanzungen ließ er entfernen. In einem Brief an seinen Mentor Maltzahn notiert er: »Mein unmaßgeblicher Vorschlag richtet sich demnach dahin: in dem kommenden Herbste, wo die entlaubten Bäume das Auffinden der interessantesten gegenseitigen Durchsichten und Ansichten gestatten wird, diese Punkte sowohl von dem neuen Garten, wie von dem Landsitze des Herrn Staatskanzlers (Hardenbergs Klein-Glienicke, wo Lenné in der Zwischenzeit Verschönerungen vorgenommen hatte) aus zu bestimmen, hiernach die erwähnte Pappel-Allee so zu durchbrechen, daß mehrere einzelne Pappelmassen stehenbleiben (…) Hierdurch würde die beabsichtigte Verschönerung der Gärten auf das Vollkommenste erreicht, die Landschaft einen neuen und vorzüglichen Schmuck erhalten, und der dadurch gartenähnlich verschönerte Kommunikationsweg nach dem Neuen Garten ein höheres Interesse gewinnen.«[11]

Die geradlinige Allee, die den ehemaligen Eingang des Parks – heute beginnt der Besuch in der Regel am nördlicher gelegenen Schloß Cecilienhof – mit dem Hauptgebäude des Marmorpalais verbindet, blieb bestehen. An ihr reihen sich die roten Backsteinhäuser des *Holländischen Etablissements*. Sie greifen die Tradition des holländischen Baustils in der Stadt Potsdam selbst auf, in der bereits Friedrich Wilhelm in den dreißiger Jahren des 18. Jahrhunderts von holländischen Handwerkern ein ganzes Viertel anlegen ließ. Die einstigen Pappeln, die den Weg flankierten, wurden durch die heutigen Säuleneichen ersetzt. Nicht mehr erhalten ist eine Drehbrücke über den Hasengraben, die früher den Neuen Garten mit dem Gelände um die Glienicker Brücke verband.

Das Ergebnis der bis in die Mitte der zwanziger Jahre dauernden Arbeiten Lennés ist die optische Erweiterung des für sich eher kleinen Parkgeländes. Noch immer aber verleihen die exotischen und insbesondere ägyptisierenden Baulichkeiten dem Park seine ganz spezifische Note: Nicht weit vom alten Eingang in einem Kieferngehölzwäldchen überrascht zunächst die Statue einer vielbrüstigen Isis, ein Symbol der Fruchtbarkeit. Der neugotische Bibliothekspavillon im Süden, nach einem Entwurf von Carl Gotthard Langhans errichtet, wird derzeit wieder aufgebaut. Beeindruckend ist vor allem das für einen Nutzbau befremdlich wirkende ägyptisierende Portal an der Schmalseite des langgestreckten Orangeriegebäudes; die Fassade entwarf der französische Revolutionsarchitekt Claude-Nicolas Ledoux; die zwei schwarzen ägyptischen Götter in den Nischen sind von Johann Gottfried Schadow. Einige der Parkbauten sind Musterbeispiele der Staffagebaukunst: Der dem Palais benachbarte und durch einen unterirdischen Gang mit ihm verbundene antike Tempel ist in Wirklichkeit nur eine kaschierte Küche. Der zu Teilen merkwürdig im Boden versunkene Ruinenbau hat den Marstempel auf dem Forum Romanum in Rom als Vorbild. Die stimmungsvolle, geheimnisvoll wirkende Pyramide birgt einen Eiskeller in ihrem Untergeschoß. Möglicherweise ist die Exotik dieser Bauten in diesem Fall auf die Vorliebe der seinerzeitigen Geheimbünde für eine symbolische Architektur zurückzuführen, die je älter und exotischer, desto interessanter erschien. Friedrich Wilhelm II. war ein Mitglied der Rosenkreuzer, von deren Treffen im Park

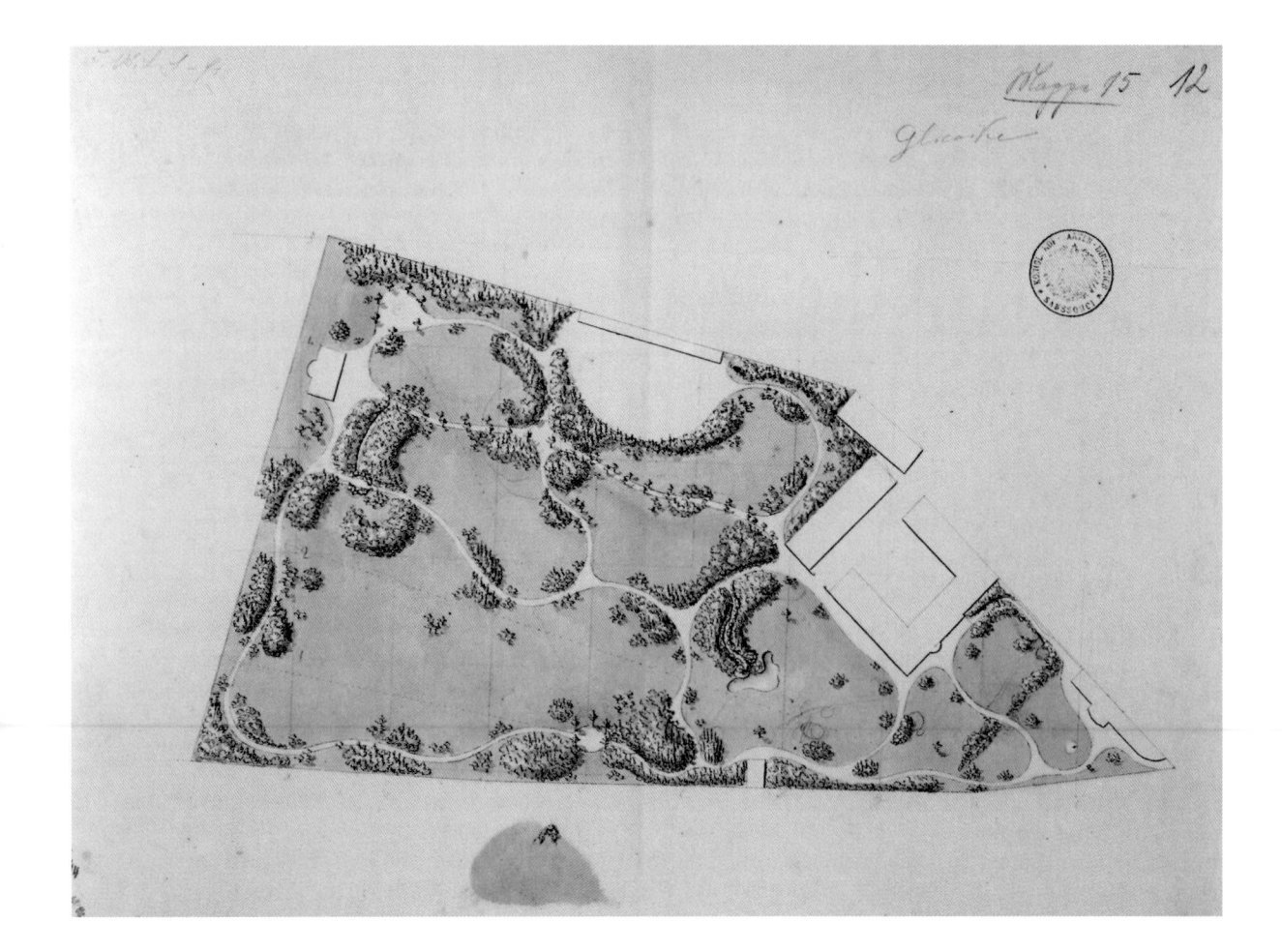

Oben: Klein-Glienicke, Stibadium, 1840 von Ludwig Persius errichtet

Unten: Klein-Glienicke, Plan des pleasuregrounds

von Charlottenburg Fontane berichtet: Im Rundsaal des Belvedere von Charlottenburg »herrschte Dämmer. Der König hatte den Wunsch ausgesprochen, die Geister Marc Aurels, des großen Kurfürsten und des Philosophen Leibniz erscheinen zu sehen. Und sie erschienen. (...) Dem König war gestattet worden, Fragen an die Abgeschiedenen zu richten, er machte den Versuch, aber umsonst. (...) So kehrte er noch in derselben Nacht nach Potsdam zurück.«[12]

Hauptgebäude des Neuen Gartens ist das direkt am Heiligensee gelegene zweigeschossige Marmorpalais, das Carl von Gontard 1787 als frühklassizistisches Gebäude mit einer auffallenden Aussichtslaterne erbaute; 1790 wurde es von Carl Gotthard Langhans erweitert, nachdem der König sich dazu entschlossen hatte, das Schloß für längere Aufenthalte zu nutzen. In den Jahrzehnten nach dem Krieg, als ein Armeemuseum hier seinen Platz fand, erlitt es starke Schäden, die erst in letzter Zeit beseitigt wurden. Seit kurzem steht das renovierte Schloß Besuchern wieder offen.

Eine der stimmungsvollsten Partien des Parks ist ein von einer Hecke und hohen Bäumen umschlossener Gartenraum, in dessen Mitte ein Marmorsockel mit einer Urne an die früh verstorbene Gräfin Lichtenau, die Geliebte Friedrich Wilhelms, erinnert. Die letzte architektonische Ergänzung erfuhr der Neue Garten in den Jahren nach 1912 mit dem für den Kronprinzen Wilhelm und seine Gemahlin Cecilie von Paul Schultze-Naumburg erbauten Cecilienschloß im englischen Landhausstil, das sich harmonisch in die Parklandschaft einfügt. Das Schloß war 1945 Ort der Konferenz der Siegermächte, die über die Zukunft Deutschlands berieten. Heute beherbergt das Haus ein nobles Hotel. Nach dem Krieg war dieser nördliche Teil des Parks, in dem sich die Meierei und eine Grotte befinden, Sperrgebiet und Erholungsgelände für sowjetische Soldaten. Mit dem Bau der Mauer 1961 wurde dieser dem Jungfernsee zugewandte Bereich vom Hauptteil des Gartens abgetrennt.

Carl Daniel Freydanck, »Aussicht aus dem Park des Prz. Carl zu Kl. Glinicke nach Potsdam 1847«

Klein-Glienicke

Anders als beim *Neuen Garten*, der als erster Potsdamer Park sein landschaftliches Gesicht noch im 18. Jahrhundert erhielt, war Lenné bei der Umwandlung des Glienicker Geländes in einen Landschaftsgarten von vorneherein beteiligt. Bevor er 1816 für den damaligen Eigentümer, den Staatskanzler Hardenberg, zwischen dem Hauptgebäude und der nach Berlin führenden Chaussee den *pleasureground* anlegte – eine Aufgabe, um die sich auch Hardenbergs Schwiegersohn Fürst Pückler zeitweilig bemüht hatte –, bestand das Gelände hauptsächlich aus landwirtschaftlich genutzter Fläche. Das Herrenhaus selbst hatte ursprünglich ein Hofrat Dr. Mirow in der Mitte des 18. Jahrhunderts als einfaches Gutshaus errichten lassen, das zu dem ein Stück weiter südlich gelegenen kurfürstlichen *Jagdschloß Glienicke* gehörte. Unter dem späteren Besitzer, einem Grafen Lindemann, erhielt es Nebengebäude, und zu Hardenbergs Zeit folgten erste Umbauten von der Hand Schinkels. Schon in diesen Jahren galten die Arbeiten am Gebäude wie am Park der Umwandlung des Anwesens in eine elegante Landvilla, die dem Stand ihres Bewohners entsprach. Lennés Aufgabe war zunächst räumlich begrenzt; seine ursprünglichen Pläne einer Umwandlung des gesamten insgesamt 100 Hektar großen, sich weit nach Norden erstreckenden Besitzes mußten noch einige Jahre warten. Von der Arbeit Lennés wird berichtet, daß er den Fürsten zunächst dazu bewog, Gelände hinzuzukaufen, »um Herr der Aussichten zu bleiben, und legte nun vom Schloß hinab einen sogenannten Pleasureground an. Dazu wurde der Boden der vier prosaisch parallel übereinander geschichteten Obstterrassen verwendet, und als drei leicht erhobene, mit Laubgruppen besetzte Hügel im Dreieck verteilt, dazwischen ein Wiesengrund in sanften Schwingungen zur Havel hinabgeführt. – Die Anlage erregte durch ihre neue Anmut Aufsehen und war für die Gartenkunst der Umgebung nicht ohne gute Folgen.«[13]

Leitend für die Gestaltung wurde in den folgenden Jahren, vor allem nachdem 1822 Kronprinz Carl, der dritte Sohn Friedrich Wilhelms III., das Anwesen erwarb, die Idee einer italienischen Landvilla, auf der man der Lebensform der *villegiatura,* dem erholsamen Landleben, huldigte. 1824, nach seiner Italienreise, gab Prinz Carl, dessen Italiensehnsucht und Gartenbegeisterung kaum weniger ausgeprägt waren als die seines Bruders, bei Schinkel und Lenné die Umsetzung seiner italienischen Erlebnisse in Auftrag. Die Zusammenarbeit der beiden in ihrem Fach seinerzeit führenden Männer hat denn auch mit Klein-Glienicke ein Gesamtkunstwerk geschaffen, das im Hinblick auf den Zusammenklang von Park und Architektur als ebenbürtiges Pendant zu Charlottenhof gelten kann und einen der Höhepunkte der gesamten Potsdamer Kunstlandschaft darstellt. Vermutlich hat Friedrich Wilhelm hier in Klein-Glienicke die Idee für einen eigenen Besitz ähnlicher Art gewonnen. In den Jahren 1824 und 1825 erhielt das Schloß von Schinkel, mit Unterstützung von Persius, neue, klassizistische Fassaden; der Innenhof wurde nach außen geöffnet und in einen intimen Blumengarten verwandelt; das dem Schloß gegenüberliegende Kavaliershaus erhielt einen seinen antikischen Vorbildern nachempfundenen charakteristischen Turm. Auffallendstes Detail ist die große Zahl der in die Wände eingelassenen Spolien, Antikenfragmente, die Prinz Carl auf seinen Reisen durch die Länder des Mittelmeers gesammelt hatte.

Direkt vor der nach Süden ausgerichteten Hauptfront des Schlosses sieht sich der Besucher zunächst der aufwendigen Anlage des *Löwenbrunnens* gegenüber, die in fast barocker Pracht erstrahlt und offenbar Anleihen bei entsprechenden italienischen Anlagen des 17. Jahrhunderts macht: Ein Rundbecken wird von zwei hohen Säulen, auf denen goldene Löwen sich einander zuwenden, flankiert. Die Fontäne in der Mitte des Beckens wurde von einer im nördlichen Teil des Parks gelegenen Dampfmaschine betrieben. Eleganter ist das seitliche, an die Mauer des Zufahrtswegs gelehnte *Stibadium*, eine überdachte Rundbank nach altrömischem Muster. Sie wurde 1840 von Persius errichtet. Ihr Standort war gut gewählt, bot sich doch von hier, wiederum einem römischen Vorbild nachempfunden, ein Panoramablick über die Havel nach Potsdam, der die Aussicht von der römischen Villa Medici auf das von der

Klein-Glienicke, Kasino, Gartenfront mit antikisierender Asklepiosfigur

Klein-Glienicke, Kasino. Der Umbau des alten »Billardhauses« durch Schinkel erfolgte 1824.

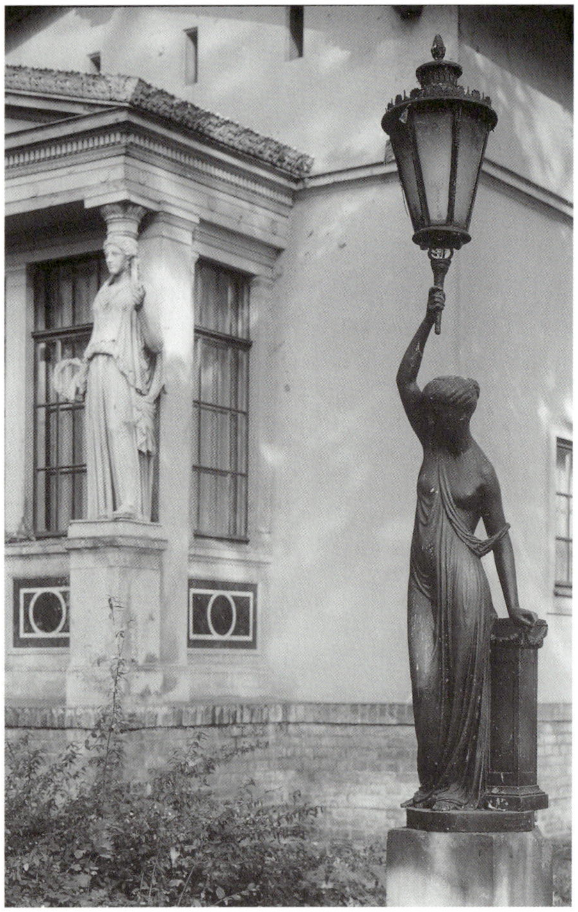

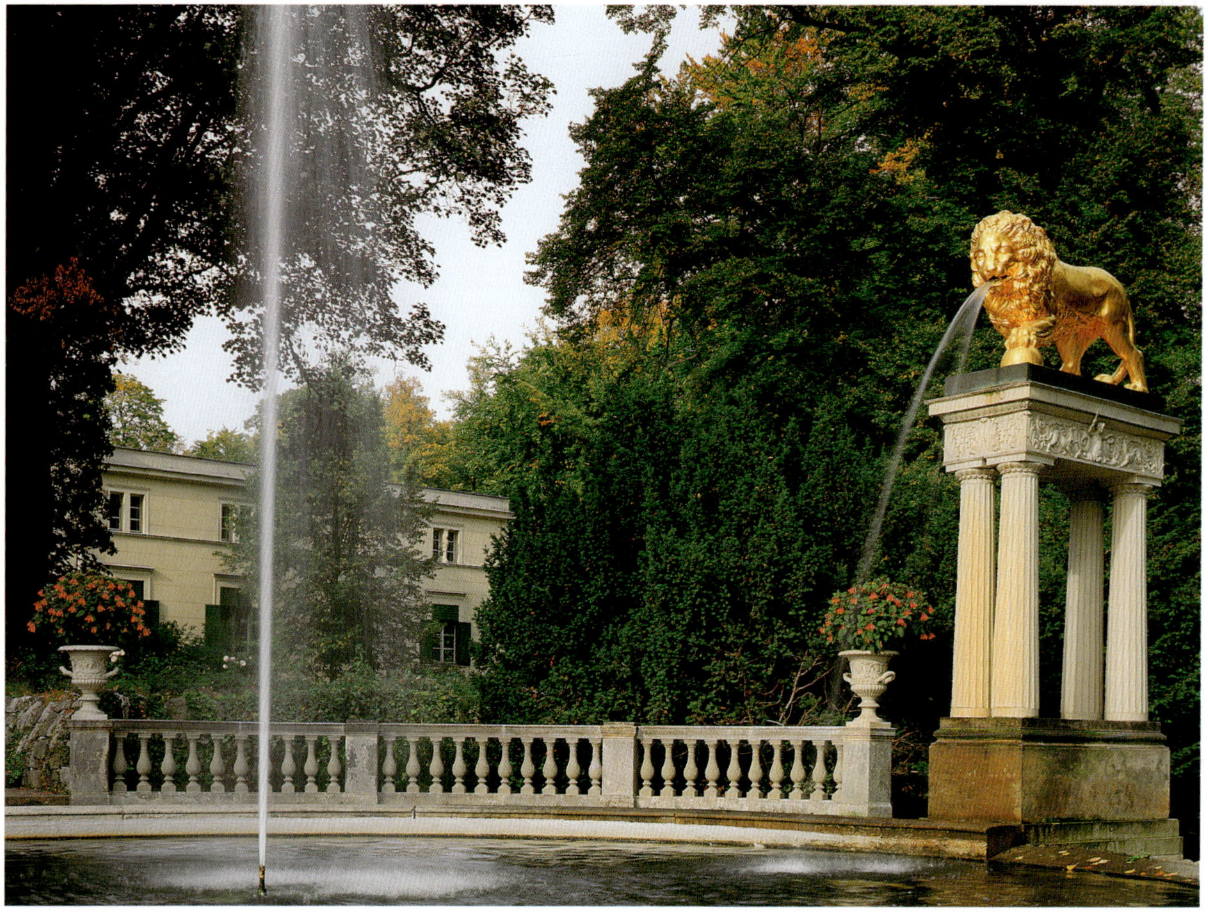

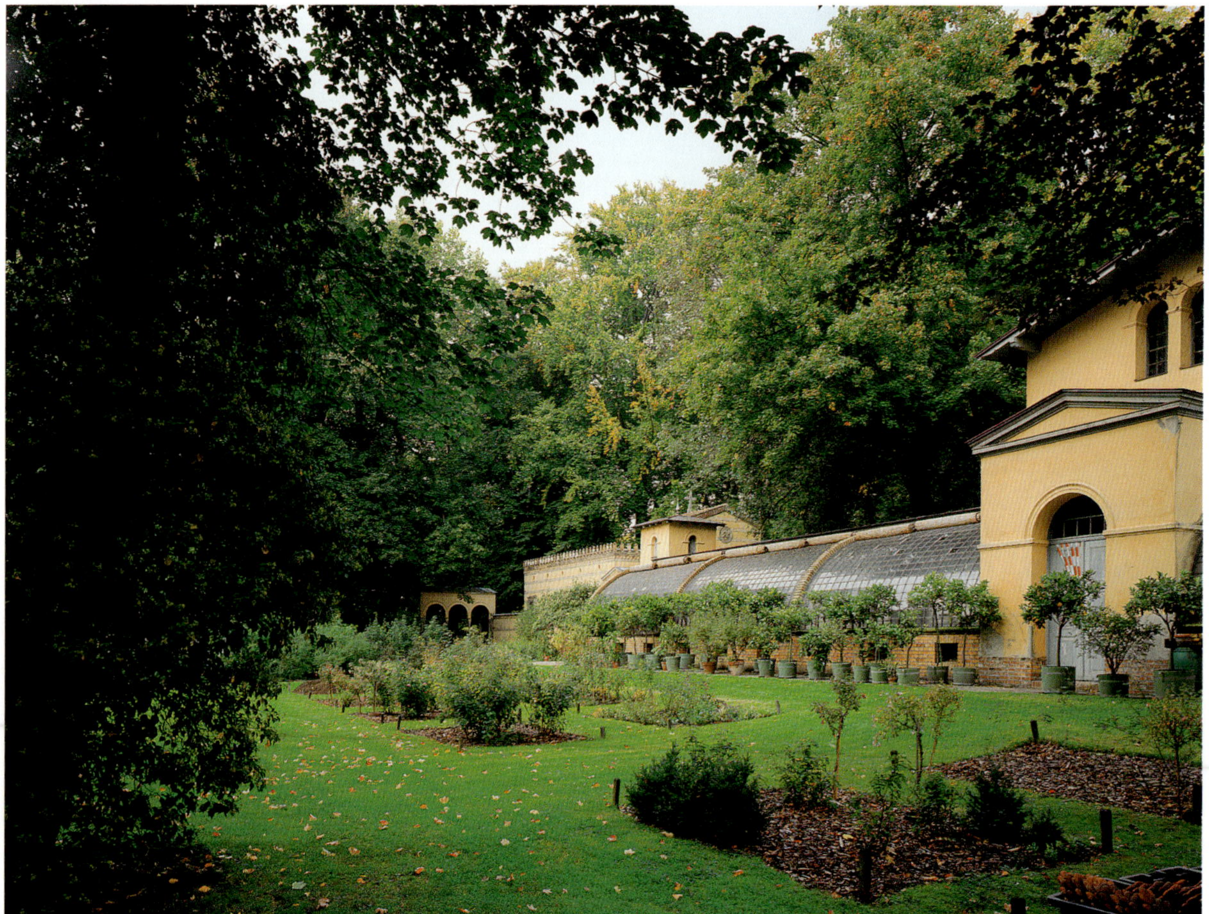

Linke Seite
Oben außen: Klein-Glienicke, Laternenträgerin am Parkeingang, 1842
Oben innen: Klein-Glienicke, Löwenfontäne nach einem Entwurf von Schinkel, 1837

Unten: Klein-Glienicke, Orangeriegebäude

Klein-Glienicke, Kasino, Seeseite

Kuppel des Petersdoms gekrönte Rom kopierte. Kaum weniger einprägsam ist der Standort der sogenannten *Großen Neugierde* an der südwestlichen Spitze des Parks, einer Aussichtslaube, die selbst den Fluchtpunkt mehrerer Sichtachsen von entfernteren Gärten darstellt. Weiter nördlich, am Ufer der Havel, ließ Schinkel ein noch unter dem Grafen Lindemann errichtetes Billardhaus in ein reizendes *Kasino* umwandeln. Das einstöckige, beiderseits von Pergolen flankierte Miniaturschloß ist die Bühne für ein perfektes Zusammenspiel von Natur und Architektur. Die Front zur Seeseite ist nach dem Vorbild der Plinius-Villa *Laurentinum* gestaltet. Details des Baus wie Gesimse, Fensterrahmungen, Attika und Säulenfragmente verstärken den antiken Charakter. Auf der rückseitigen Gartenpartie zieht der Bronzeabguß des *Betenden Knaben* die Aufmerksamkeit auf sich; die Figur ist eine Hommage an Friedrich den Großen, der die Statue erworben und ursprünglich auf der Terrasse von Sanssouci hatte aufstellen lassen. An der Gartenfront des Kasinos wird eine Marmorbank von einem Architrav überragt, der von zwei Hermenfiguren getragen wird. Die Wandmalerei ist in pompejanischem Stil gehalten. Die gesamte Kasinopartie, die durch die Lage am Wasser, die leichte Bewaldung und die Eleganz des Gebäudes die anmutige und ausgesprochen heitere Atmosphäre einer italienischen Landvilla ausstrahlt, ist eine einzige Vergegenwärtigung der Antike.

In dem direkt an die Orangerie grenzenden Klosterhof, der eine Sammlung byzantinischer Antikenfragmente enthält, wird hingegen an eine mittelalterliche Epoche erinnert. Hier war Prinz Carl selbst in Verbund mit Persius' Nachfolger Ferdinand von Arnim am Entwurf beteiligt. Den Klosterhof habe er, wie er schreibt, »im Jahre 1850 nach eigenen Angaben zur Erinnerung an seinen oft wiederholten Aufenthalt in Venedig und zur Aufstellung einer ausgesuchten Sammlung mittelalterlicher Kunstschätze im Charakter eines Byzantinischen Chiostro« errichten lassen.[14] Bis 1860 dauerten die Arbeiten am Glienicker Park, der sich nach mehreren Zukäufen entlang der Havel in nördlicher Richtung schließlich bis zur Sacrower Spitze ausdehnte, östlich bis zum Nikolskoer Weg reichte und südlich über die Königsstraße den Böttcherberg und das Areal um das ehemalige Jagdschloß Glienicke einbezog. Lenné pflanzte nicht weniger als 25000 Bäume, darunter, um dem Park den Charakter des Alters zu verleihen, zahlreiche Großbäume, und versah das Gelände mit einem Wegenetz, während Persius zwei malerisch gelegene Brücken errichtete.

Die unrühmliche Geschichte des Verfalls von Klein-Glienicke begann Ende des 19. Jahrhunderts. Schon zu Lennés Zeiten war allerdings die Schinkelsche Brücke abgerissen und durch die heutige, als Glienicker Brücke in den Zeiten des »kalten Kriegs« berühmt gewordene Eisenbrücke ersetzt worden. Bis in die jüngste Vergangenheit hinein gab es Veränderungen: In den dreißiger Jahren wurde die nach Berlin führende große Allee auf Kosten des Parks zu einer repräsentativen Prachtstraße verbreitert. Nach dem Krieg nahm man Veränderungen am *pleasureground* vor und nutzte das Schloß zeitweise als Jugendherberge. Noch auf Fotografien der sechziger Jahre sieht man ein verwahrlostes Schloß. 1979 begann man damit, den Park nach denkmalpflegerischen Gesichtspunkten wieder instandzusetzen und das Schloß, dessen Hof wieder mit Beeten geschmückt ist, gründlich zu renovieren. Heute erstrahlt Klein-Glienicke mit der filigranen Eleganz der Bauten Schinkels wieder in altem Glanz.

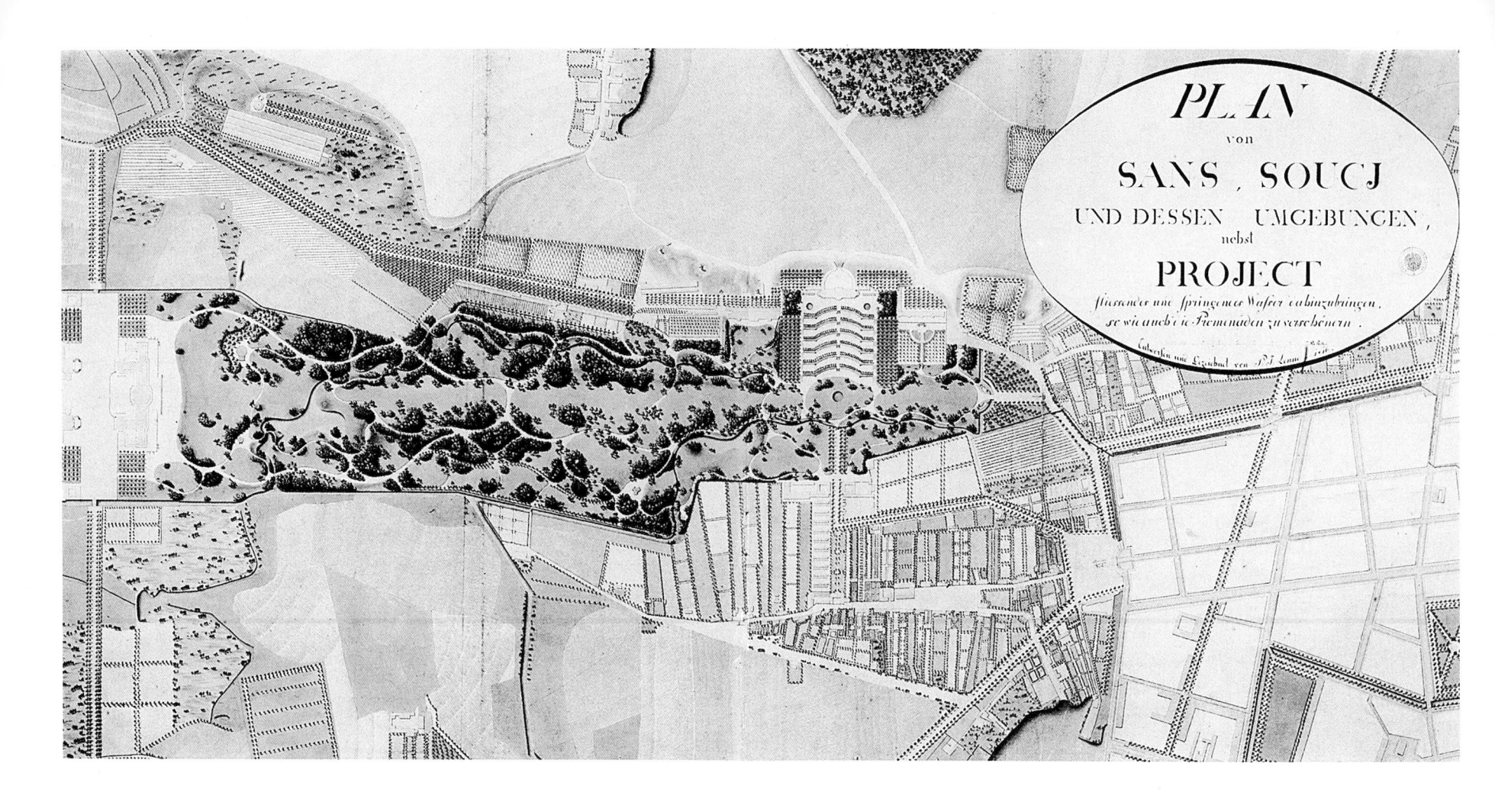

Sanssouci und Charlottenhof

Der Park von Sanssouci, der berühmte Sommersitz Friedrichs des Großen, der als Refugium diente und ein sorgenfreies Lebens *(sans souci)* fern aller Repräsentationspflichten bot, bestand vor seiner Umgestaltung im landschaftlichen Stil aus einer Kombination ganz unterschiedlich gestalteter Abschnitte. Zentrum des Parks war die regelmäßige Partie am Fuß der *Weinbergterrassen*, die an eine kleinere unregelmäßige Partie um das chinesische Teehaus im Stil des *jardin anglois-chinois* grenzte; der größte Teil des Parks war verwildertes Waldgebiet (Rehgarten), das von einer zwei Kilometer langen, schnurgeraden Allee durchzogen wurde. Südlich dieser Hauptachse erstreckt sich der größere Teil der seit 1816 im landschaftlichen Stil gestalteten Parkräume. 1825 wurde das Areal auf dieser Seite um das zum Schlößchen Charlottenhof gehörende Gelände erweitert. Hier sind Gartenkunst und Architektur eine Verbindung eingegangen, die dem alten Ensemble des 18. Jahrhunderts – dem 1745 von Knobelsdorff errichteten Schloß und den Weinbergterrassen – an Eleganz und Harmonie in nichts nachsteht. Charlottenhof und die *Römischen Bäder* sind die baulichen Höhepunkte eines Areals, aus dem Lenné, Schinkel und Kronprinz Friedrich Wilhelm IV. in den zwanziger Jahren des 19. Jahrhunderts ein wiederum italienischen Vorbildern nachempfundenes preußisches Arkadien schufen, das in dem Zusammenklang von klassischer Strenge und südlicher Heiterkeit als geradezu ideale Fortführung der noch im friderizianischen Rokoko gehaltenen älteren Gartenteile erscheint.

Die Charlottenhof-Partie war jedoch nicht die erste Veränderung, die Lenné im Sinne der neuen gartenkünstlerischen Entwicklung in Sanssouci verwirklichen konnte. Bereits 1816 führte sich der gerade als Geselle angestellte junge Mann beim König und bei den Honoratioren mit einem revolutionär erscheinenden Plan ein, der die Beseitigung der Hauptachse und die völlige landschaftliche Umwandlung der formalen Partien südlich der Weinbergterrassen vorsah. Friedrich Wilhelm III., der am liebsten überhaupt nichts am alten, vom verehrten Vorbild Friedrich geschaffenen Zustand ändern wollte, lehnte den Plan ab, was man angesichts der tatsächlich unverhältnismäßig langen, endlos wirkenden Achse nur als zweitbeste Lösung bezeichnen kann. Auch die weiteren Vorschläge Lennés wurden, meist aus Kostengründen, nicht oder jedenfalls nicht sogleich umgesetzt. Immerhin setzte sich Lenné mit seiner bewährten, in kleinen Schritten vorgehenden Taktik jedoch so weit durch, daß er in den meisten Partien südlich der Hauptachse eine weitgehende Neugestaltung erreichte. Große Rasenflächen entstanden, und einzelne Baumgruppen wurden angepflanzt, wo vorher nichts als Wälder waren. Wege wurden angelegt und das Gelände in der Umgebung des schon vorhandenen *Freundschaftstempels* in die Gestaltung einbezogen; den Palaisgraben vor dem 1767 errichteten *Neuen Palais*, einem pompösen Repräsentationsbau, den Friedrich nach Ende des Siebenjährigen Krieges errichten ließ, gestaltete man zu einem natürlichen Wasserlauf um. Nicht verwirklicht wurde die reizvolle Idee eines Sees zwischen Neuem Palais und Charlottenhof.

1825 kam es schließlich zur Erweiterung des Parks von Sanssouci um das Gelände des Schlöß-

Gegenüberliegende Seite: Sanssouci, Lennés ursprünglicher Plan von 1816 im landschaftlichen Stil

Links: Sanssouci, Chinesisches Teehaus innerhalb des ehemaligen Rehgartens südlich der Großen Allee, 1745

Unten: Sanssouci, Chinesisches Teehaus, Detail

chens Charlottenhof. Es war das ansehnliche, 30000 Taler teure Weihnachtsgeschenk Friedrich Wilhelms III. an seinen Sohn. In Maltzahns Vorbericht über das Areal – wohl von Lenné lanciert – heißt es denn auch, »daß die zu machende Vereinigung dieses Grundstücks mit dem Garten von Sanssouci bedeutend zur Verschönerung dieses Gartens beitragen würde«.[15] Der Kronprinz hatte freie Hand, das Gelände und das Gutsgebäude, ein einfaches, in der Mitte des 18. Jahrhunderts errichtetes zweigeschossiges Wohnhaus, in seinem Sinne zu gestalten. Nicht ganz sicher ist, wer letztlich für die Anlage um das Haus verantwortlich ist: Von der Hand des Kronprinzen existiert eine Reihe von Entwurfszeichnungen, die ebenso wie seine architektonischen Interessen und italienischen Vorlieben für ihn als den geistigen Urheber sprechen.[16] Dennoch scheint die zurückhaltende Eleganz des schließlich erreichten Umbaus – verglichen mit den sehr ins Monumentale gehenden späteren Neorenaissancebauten des Königs – eher für Schinkel zu sprechen, während die grundsätzliche Idee zu einer altrömischen Villa mit dazugehöriger Terrassenanlage wohl vom italienbegeisterten Kronprinzen stammt. Das Gelände in unmittelbarer Umgebung des Schlößchens ist zum größeren Teil im formalen Stil angelegt: Eine breite Lindenallee führt vom südlichen Parkrand senkrecht auf seine Längsseite zu; in der Linie der Längsachse bilden eine Reihe von Separatgärten eine im italienischen Stil gehaltene architektonische Einheit: östlich der intim wirkende Rosengarten, dann die Terrasse selbst, westlich der rechteckige Kastanien- oder Dichterhain mit den Büsten von Wieland, Herder, Goethe, Schiller, Petrarca, Ariost, Tasso und Dante sowie schließlich das 1836 angelegte Hippodrom. Vorbild für diese Konzeption ist die römische Villa Albani, während die Anlage des *Hippodroms* in Anlehnung an die Beschreibung der Villa von Tusculum, wie sie Plinius in seinen Briefen gibt, errichtet wurde. Früher reich bepflanzt, besitzt letztere heute als einzigen Schmuck ein von Schinkel erbautes *stibadium*, eine über einem Brunnenbassin errichtete Weinlaube.

Die Terrasse von Charlottenhof, die auf der Südseite durch eine Pergola abgegrenzt ist und östlich in einer Exedra ihren Abschluß findet,

Sanssouci, Schloß Charlottenhof. Ansicht von Nordosten. Der Schinkelsche Umbau des aus der Mitte des 18. Jahrhunderts stammenden einfachen Landhauses in eine römische Landvilla im klassizistischen Stil erfolgte zwischen 1826 und 1829.

Sanssouci, Charlottenhof. Ansicht von Charlottenhof von Westen. Im Vordergrund liegt der Dichterhain.

Sanssouci, Schloß Charlottenhof, Zeltzimmer

wurde dem Niveau des Wohngeschosses angeglichen; nach Norden zum offenen Park fällt sie gleichmäßig ab. Die daran anschließende Fläche nimmt auf ganzer Länge ein Wasserbecken ein, aus dem eine Säule mit der Büste der Kronprinzessin Elisabeth emporragt. Flankiert wird diese fast feierlich wirkende altrömische Komposition zum Park hin von zwei mächtigen Platanen, die wie architektonische Vorposten wirken. Dem Blick von der höhergelegenen Terrasse eröffnet sich die ganze Weite und Großzügigkeit Lennéscher Gartenkunst. Die Einheit des Geländes ist vor allem dem Hauptweg zu verdanken, der raumgreifend und in leichter Schwingung vom Neuen Palais nach Süden Charlottenhof berührt, von hier wieder an den Römischen Bädern vorbei nordwärts zur Hauptachse führt und in dieser Bewegung Charlottenhof gewissermaßen aufnimmt. Die Entfernung zum Neuen Palais, das den Abschluß einer imposanten Sichtachse markiert, ist solcherart, daß sich der Eindruck von Weite nicht ins Endlose verliert.

Die Innenräume von Charlottenhof strahlen Eleganz und die heitere Atmosphäre einer südlichen Sommerfrische aus. Das wunderbar elegante Schinkelsche Mobiliar ist zum größten Teil erhalten geblieben. Besonders reizvoll sind die Ausblicke aus den vergleichsweise kleinen Räumen auf Pergola und Terrasse oder nach Norden auf den Park. Der originellste Raum ist sicherlich das Zeltzimmer. Wände, Decke, Bettvorhänge und noch die Stühle sind hier mit weißblau gestreiften Stoffen überzogen, möglicherweise in Andenken an die bayerische Heimat der Gattin des Kronprinzen. Ursprünglich war der Raum für die Hofdamen bestimmt, diente dann aber als Gästezimmer, in dem unter anderem Schinkel und Wilhelm von Humboldt übernachteten. Im sogenannten Wohnzimmer hängen zwei sehenswerte Bilder von Caspar David Friedrich.

Die *Römischen Bäder*, ein im italienischen Landhausstil errichteter Gebäudekomplex in Sichtweite des Charlottenhofer Schlosses, wurden in den Jahren 1829 bis 1835 von Persius

Oben: Sanssouci, Marlygarten mit Blick auf die Friedenskirche

Unten: Sanssouci, Ruinenberg

unter Anleitung von Schinkel erbaut. Die eigentlichen Badräume nehmen nur einen kleinen Teil des Gebäudeensembles ein, das ansonsten aus einem Gärtnerhaus für Lennés Gärtnergehilfen Sello, einem weiteren Gehilfenhaus, einer Laube und einem Pavillon besteht. Die Architektur, vor allem der einem römischen Tempel nachempfundene Pavillon, die üppige Bepflanzung mit wildem Wein und die Springbrunnenanlage in der Mitte des Hofs verleihen der Anlage einen romantischen und südlichen Charakter. Den nördlichen Abschluß des Hofs bildet eine Arkadenhalle, die in den eigentlichen, in seiner Antikenrezeption seltenen Bäderkomplex führt: Ob hier jemals gebadet wurde, ist zweifelhaft. Der Aufwand, mit dem die drei Räume – Atrium, Impluvium und der Hauptraum, das sogenannte Caldarium – ausgestattet sind, ist jedenfalls beeindruckend. In dem ganz in pompejanischem Dunkelrot gehaltenen Eingangsraum dominiert eine massive Wanne, ein Geschenk des russischen Zaren. Von hier gelangt man ins Impluvium, in dessen Mitte ein quadratisches Becken in den Boden eingelassen ist; auf der Einfassung erheben sich vier schlanke dorische Säulen, die das Dach tragen. Licht fällt durch die quadratische Deckenöffnung. Auch in diesem Raum sind die Wände bemalt, in diesem Fall in einem zurückhaltend ornamentalen Stil auf hellem Grund mit einem umlaufenden Fries, auf dem verschiedene Meerestiere dargestellt sind. Die Kleinplastiken sind Kopien antiker Marmorstatuen. Im eigentlichen Badraum des Caldariums ziehen vier marmorne Karyatidenfiguren den Blick auf sich. Sie tragen das Gebälk des Dachs und geben zwischen sich den Eingang zu der vertieften Badenische frei. Davor, fast die ganze Breite des Raums einnehmend, zeigt ein imposantes Fußbodenmosaik die Alexanderschlacht von Issos.

Das Gebiet von Charlottenhof war für den Charakter der Sanssouci-Anlagen die sicherlich wichtigste Erweiterung des Parks, dessen unproportional lange Ost-West-Erstreckung nun eine harmonische Abrundung nach Süden erfuhr. Noch 1826 wurde im Nordwesten das so-

Sanssouci, Römische Bäder, Atrium

Sanssouci, Römische Bäder, Caldarium

Sanssouci, Terrassenanlage der Neuen Orangerie,
1851–1860

Sanssouci, Römische Bäder, Gesamtansicht

Sanssouci, Neue Orangerie, Gartenseite mit dem Standbild Friedrich Wilhelms IV.

langführen und in einem Amphitheater, einem Nymphäum und einem Kasino seine architektonischen Schwerpunkte besitzen sollte. Diese Pläne haben sich wegen Geldmangels nicht im vorgesehenen Umfang verwirklichen lassen. Die monumentale Schauarchitektur der *Neuen Orangerie* im Stil der Neorenaissance, die 1851 bis 1860 von Stüler und Hesse erbaut wurde, läßt indessen die Größe dessen erkennen, was geplant war. Friedrich Wilhelm IV., dessen Standbild auf der Bergseite steht, hat selbst die Entwürfe für den Bau gefertigt, der seine Vorbilder in den römischen Villen Farnesina und Medici besitzt. Die aufwendige Terrassenanlage ist ein Werk Lennés, dessen letzte rein gärtnerische Arbeiten in Sanssouci die beiderseits der Maulbeerallee (1857–1860) gelegenen formalen Anlagen des Nordischen und Sizilianischen Gartens waren.

Pfaueninsel

»Pfaueninsel! Wie ein Märchen steigt ein Bild aus meinen Kindertagen vor mir auf: ein Schloß, Palmen und Känguruhs; Papageien kreischen; Pfauen sitzen auf hoher Stange oder schlagen ein Rad, Volieren, Springbrunnen, überschattete Wiesen, Schlängelpfade, die überall hinführen und nirgends; ein rätselvolles Eiland, eine Oase, ein Blumenteppich inmitten der Mark.«[17] Aufgrund ihrer Lage inmitten der Havel und dank ihres gut erhaltenen Zustands ist die Pfaueninsel, ganz im Nordosten des Gartenreichs gelegen, ein Höhepunkt der Potsdamer Gartenlandschaft. Schon die Insellage verbürgt eine gewisse Romantik. Die Randlage der Insel innerhalb des Potsdamer Gartenreichs ist im übrigen aufgehoben durch die weitreichenden Sichtbeziehungen, durch die sie mit den anderen Anlagen verbunden ist. Schon Friedrich Wilhelm II. hatte die Insel 1793 auf seinen Jagdausflügen auf der Havel hinter ihrem Schilfgürtel gewissermaßen entdeckt und »der Lage halber« ihre Pacht angeordnet. Auf diese Weise verlieh er dem einige Jahre zuvor angelegten

genannte *Hopfenkruggelände* hinzuerworben. Weitere wesentliche Erweiterungen der ursprünglichen Anlage von Sanssouci folgten, als Friedrich Wilhelm IV. 1840 die Nachfolge als König antrat und Sanssouci als königliche Sommerresidenz wählte. Mit dem Erwerb des *Vogelschen Weinbergs* östlich des Schlosses wurde damit begonnen, den nördlichen Höhenzug von Sanssouci zu integrieren. 1846 legte Lenné, wiederum im Südosten und an die Stadt Potsdam grenzend, an der Stelle eines Küchengartens aus der Zeit Friedrich Wilhelms I. den sogenannten *Marlygarten* an, dessen Name den berühmten Park Ludwigs XIV. aufgreift. Dieser vom übrigen Park optisch getrennte Sondergarten besteht aus einer schmalen und langgestreckten, an den Längsseiten von dichter Be-

pflanzung begrenzten Wiese. Sie läuft auf die 1849 von Persius erbaute Friedenskirche zu, die wie die Sacrower Heilandskirche im byzantinischen Stil erbaut ist. Sie ist zugleich die Grabeskirche für das Königspaar. Ebenfalls von Persius erbaut wurde das Maschinenhaus in Form einer Moschee, dessen Dampfmaschine das Havelwasser in das Wasserreservoir auf dem Ruinenberg pumpte und von hier sämtliche Brunnenanlagen und Fontänen von Sanssouci versorgte.

Die letzten Erweiterungen von Sanssouci betrafen wiederum den Norden. Neben der Neugestaltung des Ruinenbergs nördlich des Schlosses Sanssouci galten die Planungen einer monumentalen Triumphstraße, die, vom Weinberg ausgehend, den gesamten Höhenrücken ent-

Pfaueninsel, Sichtachse mit Blick auf das Schloß

Pfaueninsel, Schloß, Otaheitisches Kabinett

Neuen Garten seine entfernte Ergänzung. Eine mehrere Kilometer lange Sichtachse verbindet den königlichen Landsitz des Marmorpalais am Heiligensee mit dem weithin leuchtenden weißen Ruinenschlößchen der Pfaueninsel.

Die 76 Hektar große Pfaueninsel hieß zuvor Caninchenwerder. Nach den Pfauen, die man hier ansiedelte, erhielt sie den Namen eines mit den Göttern vertrauten Tieres, dessen symbolische Bedeutung mit der des Paradieses in Verbindung gebracht wird. Einen gewissen geheimnisvollen Zug hat man der Insel immer schon zugesprochen, weswegen der dem Okkultismus zuneigende Friedrich Wilhelm II. ihr wohl sein besonderes Augenmerk schenkte. Das hatte nicht nur mit ihrer einsamen Lage und dem ansehnlichen Eichenwald zu tun, der die Insel bedeckte, sondern auch mit einem früheren Eigentümer der Insel, einem Chemiker namens Johann Kunckel. Dieser soll auf der Insel ein geheimes Laboratorium unterhalten haben und Experimente zur Herstellung von Goldrubingläsern angestellt haben. Kunckel, der seit 1677 in kursächsischen Diensten stand, hatte die Insel noch vom Großen Kurfürsten als Geschenk erhalten, um hier in Ruhe forschen zu können. Dafür hatte er, wie Fontane weiß, »alljährlich für fünfzig Taler Kristallgläser an die Kurfürstliche Kellerei abzuliefern und seine Glaskorallen nur an die Guineasche Compagnie zu verkaufen.«[18]

Inseln regten zu dieser Zeit ohnehin die Phantasie an und galten – vor allem nach den Reiseberichten Georg Forsters aus der Südsee und der Rousseauschen Forderung »Zurück zur Natur« – als Synonym für paradiesische Zustände schlechthin. Das sogenannte *Otaheitische Kabinett*, ein kreisrunder, als Bambushütte ausgemalter Raum im Inneren des auf der Pfaueninsel gelegenen Schlosses, zeigt an den Wänden zwischen den Fenstern eine von Palmbäumen bestandene und von Papageien und anderen exotischen Tieren bevölkerte Landschaft, eine Melange von Südsee und Havellandschaft. Der Raum ist gewissermaßen ikonographisches Zentrum der Insel, entwirft er doch im Kern die mit der Pfaueninsel verbundene Vorstellungswelt des Königs. Entsprechend dieser Ursprungs- und Paradiessehnsucht wurde der Baumbestand der Insel zunächst kaum verändert, nur an der Südwestspitze ließ man von einem Zimmermann Brendel die markante, weißleuchtende Schloßruine sowie auf der Nordseite eine gotische Meierei errichten, die in unmittelbarer Umgebung jeweils gepflegtere Gartenpartien erhielten. Das märchenhaft wirkende Schloß mit seinen beiden Türmen – der eine davon ohne Kuppel – und der Verbindungsbrücke hat als Vorbild ein ähnliches Bauwerk auf der Insel Capri, das dem König durch Abbildungen bekannt war. Die Meierei, die als künstliche Ruine erbaut ist, greift mit der *Priory* im Park *The Leasowes* ein englisches Vorbild auf. Wie vermutlich dieses Gebäude, so deutet auch der sogenannte *Jacobsbrunnen* (1795) freimaurerisches Gedankengut als geistigen Hintergrund an: Er ist mit Bauteilen verkleidet, die einen römischen Serapist- oder Sonnentempel zitieren. Die Insel war somit unter Friedrich Wilhelm II. eine romantisch-sentimentale Wildnis, die in der für die Zeit typischen Manier unterschiedliche Stilmomente vereinigte.

Erst unter Friedrich Wilhelm III., der dieses Refugium wie sein Vater schätzte, erfolgte zwischen 1821 und 1834 die durchgreifende Umgestaltung durch Lenné, der sich hierbei auf den schon bestallten Hofgärtner Fintelmann stützen konnte. Was die Hinzufügung neuer Bauten betraf, so folgten auch diese wiederum nicht nur dem klassizistischen Stil. Die Exotik wurde in mancher Hinsicht sogar noch gesteigert. Dem etwa in der Mitte der Insel gelegenen Kavaliershaus, das der Gefolgschaft des Königs bei dessen sommerlichen Aufenthalten als Wohnraum diente, verlieh Schinkel seine heutige Gestalt. Die spätgotische Fassade, die von einem Danziger Gebäude stammt, ließ man eigens per Schiff antransportieren. Der Königin Louise gewidmet ist der am Rande einer Wiese gelegene *Louisentempel*, dessen von dorischen Säulen getragener Portikus 1829 aus Charlottenburg auf die Insel versetzt wurde. Der Erinnerungsbau verbreitet in seiner Umgebung eine ernste und feierliche Stimmung. Seinerzeit eine große Attraktion war das 1831 von Schadow nach Entwürfen von Schinkel errichtete Palmenhaus, eine zehn Meter hohe Glaskonstruktion, die im Inneren indische und islamische Einflüsse aufwies und später auch von einer indischen Zwiebelkuppel gekrönt wurde. Lenné hat hier eine der bedeutendsten Pflanzensammlungen seiner Zeit aufgebaut. 1880 vernichtete ein Brand das Gebäude. 1821 wurde der ebenfalls weithin be-

Pfaueninsel, neugotische Meierei

Oben: Pfaueninsel, Schloß

Unten: Pfaueninsel, Louisentempel

kannte Rosengarten angelegt, der sein heutiges Aussehen erst in den letzten Jahren erhalten hat. Lenné hat dieses runde Geviert später noch einmal wiederholt und auf der Roseninsel in Starnberg in gleicher Weise angelegt.

Aus einigen Pfauen, die noch unter Friedrich Wilhelm II. angesiedelt wurden, um der Insel eine farbenfrohe Note zu verleihen, entwickelte sich unter dem Nachfolger ein Zoo, der den Kern des späteren Berliner Tierparks bildete. Lenné erhielt den Auftrag, Menageriegebäude für exotische Tiere nach dem Vorbild der Pariser *Jardin des Plantes* zu errichten: Alsbald konnte man – wie eingangs Theodor Fontane berichtete – auf der Pfaueninsel Bären und Affen, Wasservögel, Lamas und Dromedare bestaunen.

Davon ist wie gesagt nichts mehr erhalten. Den heutigen Besucher begrüßt bei seiner Ankunft mit der Fähre eine am Uferhang zwischen Bäumen locker verteilte Häusergruppe – Fregattenschuppen, Kastellanshaus und Schweizerhaus – eine bewußt als dörfliche Idylle angelegte Szenerie, die die Vorstellung ländlicher Ursprünglichkeit hervorrufen sollte. An der Südwestspitze der Insel, am Endpunkt der langgestreckten zentralen Sichtachse, erhebt sich dann wie auf dem Präsentierteller das romantische Miniaturschloß.

Auf dem angrenzenden *pleasureground* nördlich des Schlosses erinnert eine Statue der Schauspielerin Elisabeth Rachel an eine Aufführung an eben dieser Stelle im Juli 1852: »Kaiser Nikolaus war am preußischen Hofe zu Besuche eingetroffen. Ein oder zwei Tage später erschien Demoiselle Rachel in Berlin, um daselbst ihr schon 1850 begonnenes Gastspiel zu wiederholen. Friedrich Wilhelm IV., mit seinem kaiserlichen Gaste in Potsdam verweilend, gab den Auftrag, dieselbe für eine Pfaueninsel-Vorstellung zu engagieren. (…) Sie spielte groß, gewaltig, es war, als ob das Fehlen alles Apparats die Wirkung steigere. Dabei brachen die Schatten des Abends immer mehr herein; die Luft war lau, und aus der Ferne her klang das Plätschern der Fontainen (…)«.[19]

Pfaueninsel, Schloß, pleasureground

Peter Joseph Lenné, Babelsberg

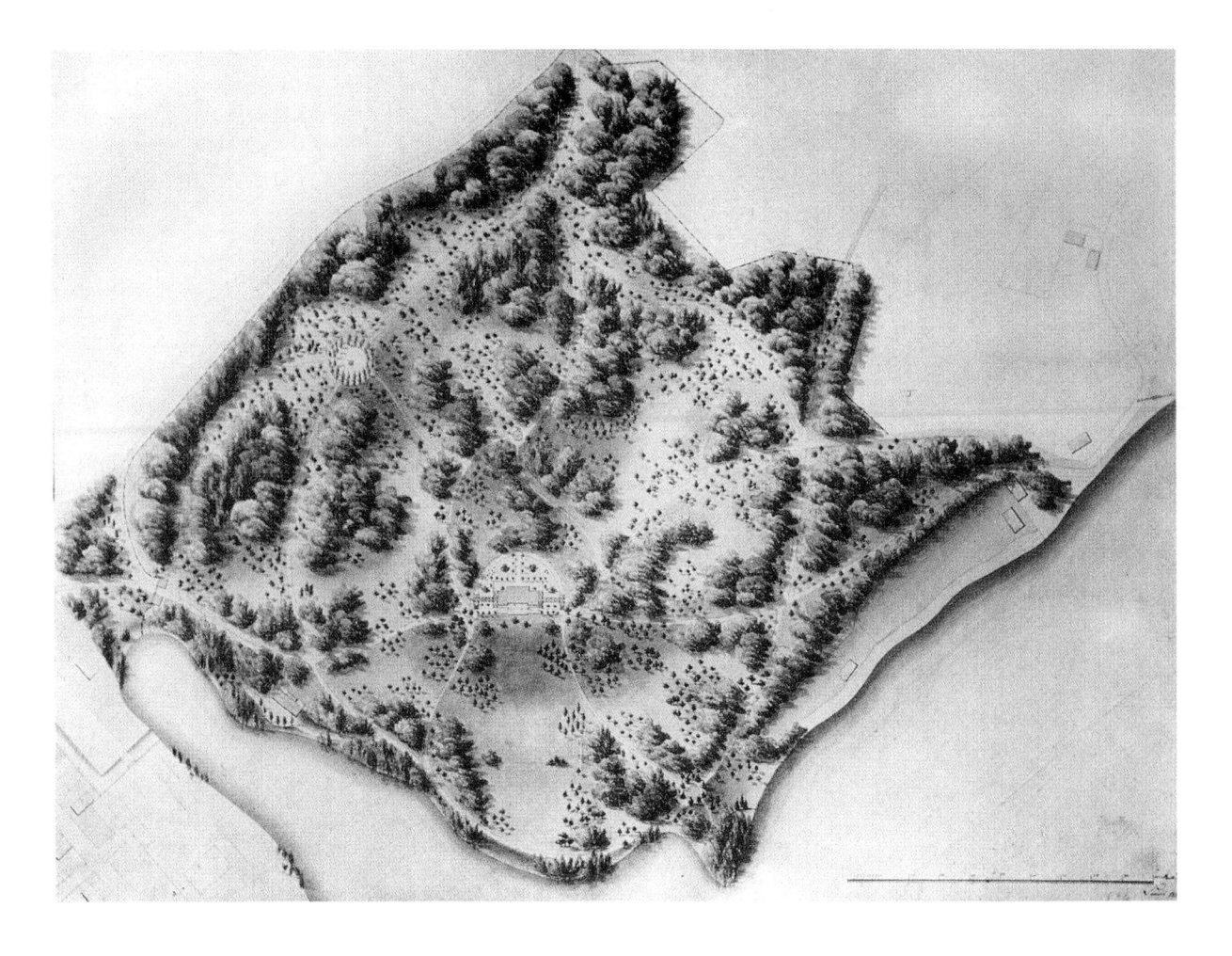

Babelsberg

Die Hauptgärten des Potsdamer Gartenreichs – Charlottenhof, Klein-Glienicke, die Pfaueninsel, der Neue Garten und schließlich auch Babelsberg – haben nicht nur aufgrund der stets unterschiedlichen natürlichen Voraussetzungen eine jeweils eigene Note, auch der Stil der Villen und Schlösser prägt die Anlagen und verleiht ihnen einen spezifischen Charakter. Im Kontrast zum anmutigen italienischen Ambiente der Landvilla von Klein-Glienicke dominiert auf dem gegenüberliegenden Babelsberg die Ehrwürdigkeit der Gotik in ihrer englischen Variante. Nicht die Antike wird hier beschworen, sondern das Mittelalter. Auf halber Höhe des bewaldeten Hügels gelegen, nimmt sich die ausgedehnte Schloßanlage von Babelsberg von ferne wie eine Märchenburg aus, wie ein zweites Windsor Castle mitten in Preußen.

Im August 1828 soll bei einer Familienfeier in Klein-Glienicke anläßlich des Geburtstages des Königs der zweite Sohn Prinz Wilhelm, der spätere Kaiser Wilhelm I., den Wunsch vorgebracht haben, wie sein älterer Bruder Friedrich Wilhelm ein eigenes Landhaus samt Park zu besitzen. Der anwesende Lenné – wohl sein Gesamtprojekt im Auge – war sofort mit einem Vorschlag zur Hand. In Frage käme nur der gegenüberliegende Hügel: »Würde jener Abhang gewählt, so würden auch an der Havel zwei Bruderschlösser so traulich nahe beisammen liegen, wie der Rhein sie aus sagenhafter Zeit an seinen Ufern hat.«[20] Bevor der Wunsch erfüllt wurde, vergingen noch einige Jahre. Lenné war allerdings bereits zu dieser Zeit mit vorbereitenden Arbeiten beschäftigt und legte erste Wege und Anpflanzungen an. Einige Jahre später bittet der Sohn erneut um Bewilligung: »Eine zweite Bitte, die ich vorzutragen wage, verdient eine sehr zarte Behandlung, da Sie mir dieselbe bereits vor sieben Jahren zwar nicht definitiv abgeschlagen, jedoch durch ihre Nicht-Entscheidung auch nicht genehmigten. Es ist das Projekt eines kleinen Besitztums auf dem Babelsberg. Sie fanden damals das Projekt zu

Schloß Babelsberg

Schloß Babelsberg, der sakral wirkende Tanz- oder Festsaal

groß und zu kostspielig. Das, was ich jetzt vorzutragen wage, wird diesen Vorwurf nicht verdienen, da es nur eine Cottage von 50 Fuß Quadrat und eine kleine Gartenanlage rundherum in sich begreift. ›Das Ganze‹ würde nur ungefähr 6000 Taler kosten.« Bei diesem Entwurf blieb es – natürlich – nicht. Nach und nach wurde der gesamte Berg in die Konzeption einbezogen, die Kosten schnellten in die Höhe – und schließlich war es wohl auch die Kostenfrage, die zur Ablösung Lennés führte. Sein Nachfolger wurde der große Konkurrent, Fürst Pückler.

Erst Ende 1833 erhielten Lenné und Schinkel den Auftrag, Park respektive Schloß anzulegen, letzteres im Stil der englischen Neugotik. Dieser Stil war für einen herrschaftlichen Sommersitz damals überall in Europa en vogue. Prinzessin Augusta fertigte nach dem Vorbild englischer Architekturmusterbücher selbst die ersten Entwürfe für das Schloß an und führte auch in den kommenden Jahren die Regie. Es muß fortwährend Diskussionen zwischen den Bauherren und Lenné sowie Schinkel gegeben haben, so daß letzterer nach zahlreichen Umarbeiten der Einweihung des Baus 1835 demonstrativ fernblieb. Das Ergebnis war ein auf halber Höhe des fünfzig Meter hohen Babelsberg jedenfalls ideal gelegenes, repräsentatives Landschloß, das als Musterburg gleichwohl ein wenig zu sehr auf seine Wirkung bedacht ist, um architektonisch wirklich interessant zu sein. Nach Schinkels Tod im Jahr 1841 wurde die Anlage durch Persius wesentlich erweitert, der Anbau geriet zum stilistisch ungenauen und leicht überladen wirkenden Repräsentationsbau. Von den Innenräumen überzeugt am meisten der achteckige helle Tanzsaal, der eher den Charakter einer Kapelle besitzt.

Auch die Entwicklung des Parks ging nicht problemlos vonstatten. Immer wieder wurden die Arbeiten durch Geldprobleme unterbrochen; auch über die Gestaltung gab es unterschiedliche Vorstellungen: »Karl, der auch zum Diner allein befohlen war, sah den Babelsberg bei mir, er ist ganz gegen den Fahrweg, wie Lenné ihn auf Deinen Wunsch gelegt hat, näm-

Park Babelsberg, Gerichtslaube

Oben: Dampfmaschinenhaus, nach Plänen von Persius 1843–1845 errichtet

Unten: Matrosenhaus, 1842–1868

lich einen Bogen über dem Bottomgreen vor dem Cottage. Ich komme immer mehr auf Deine und meine Idee zurück, das Cottage gerade um seine Tiefe vorzurücken (...)«, so der Prinz an seine Gattin (1833). 1839 wurden bereits bewilligte Gelder wieder zurückgezogen und damit Lennés Arbeit beendet. Zum Zuge kam – wohl auf Betreiben Augustas – der alte Rivale Lennés, Fürst Pückler, der bereits als Reiseschriftsteller und Parkbesitzer bestens bekannt war. Pückler verfaßte nach einem ersten Besuch ein 15 Seiten starkes Memorandum (»Untertänigstes Promemoria«), in dem er nicht mit Kritik an der bisherigen Arbeit sparte. Auf Pücklers Betreiben, der in der Folge höchstpersönlich die Gartenarbeiten leitete, wurden weitere Partien hinzuerworben, wobei er durch die Anpflanzung großer Bäume jene Großzügigkeit erreichte, die man auch in Branitz bewundern kann. »Ich stehe Ihren Hoheiten dafür, daß der Babelsberg als ein organisches Ganzes, etwas Gediegenes und in künstlerischer Hinsicht alle anderen Anlagen seiner Art in Potsdam übertreffen wird. Aber man muß mir freie Hand lassen und tun, was ich sage (...) Knikkern aber darf man gar nicht, denn umsonst ist nur der Tod.«[21] Pückler hatte Erfolg. In der Folge war plötzlich reichlich Geld vorhanden, das Parkgelände wurde deutlich nach Westen und Süden ausgedehnt, eine Baumschule angelegt und mit dem Bau des Dampfmaschinenhauses (nach Plänen von Persius aus den Jahren 1843 bis 1845) und eines Staubeckens oberhalb des Schlosses ein aufwendiges Bewässerungssystem installiert. Pückler verfeinerte insbesondere den pleasureground, indem er Blumengärten anlegte, und versah das erweiterte Schloß mit vier reich geschmückten Terrassen: Ich ging dabei, schreibt er, »von dem Grundsatz aus, daß das erste Bedürfnis bei einer Wohnung Bequemlichkeit und was die Engländer ›privacy‹ nennen sey, hier aber auch Schmuck und Eleganz unendlich dadurch gewinnen müssen, wenn dies Projekt nach der von mir angedeuteten Skizze ausgeführt wird.« Die luxuriöse Note, die der Park hierdurch erhielt, muß gefallen haben. Bei

Babelsberg, Flatowturm, 1853–1856

Lennébüste im Park von Petzow

Augusta galt Pückler fortan als »Zauberer«. »Die Prinzessin Augusta läßt sich herzlich bedanken für all die Herrlichkeiten, die Du auf Schloß Babelsberg geschaffen hast.«[22] Auch nach Pückler wurde das Gebiet von Babelsberg noch erweitert und umfaßte 1875 mit 175 Hektar das Doppelte seines ursprünglichen Umfangs.

Der Park von Babelsberg hat durch Krieg und Nachkriegszeit Einbußen erlitten. Einige Partien auf dem langgezogenen Bergrücken sind heute mehr oder weniger verwildert, die Siegessäule und Feldherrnbank teilweise demoliert. Auch die Ausblicke auf das heutige Potsdam mit seinen Hochhausbauten dürften gemischte Empfindungen hinterlassen. Am östlichen Eingang des Parks stößt man zunächst auf einen Gebäudetrakt aus den fünfziger Jahren dieses Jahrhunderts, verlassene Universitätsgebäude der Stadt Potsdam, deren Charme durchaus begrenzt ist. Gravierender noch war die Abtrennung der nördlichen, in Richtung Klein-Glienicke gelegenen Partie um das Maschinenhaus, die 1961 als Sicherheitsstreifen der Staatsgrenze allen Bewuchs verlor – die Grenzbefestigungsanlagen reichten bis an die Schloßgrenze – und gänzlich freigelegt wurde. Seit die Restaurierungsarbeiten im Gang sind, hat man zunächst den pleasureground südwestlich des Schlosses wieder hergerichtet, der reich mit Beeten und Brunnenfontänen versehen worden ist. Der Weg von dort führt nach Süden an einigen interessanten Staffagebauten vorbei. Zuerst erreicht man das 1823 von Persius erbaute sogenannte Kleine Schloß an der Havel, das die Prinzessin 1841 im Stil der englischen Tudor-Gotik umbauen ließ. Es diente als Gästehaus und wurde zeitweise von Königin Victoria bewohnt. Ein Stück weiter südlich steht das 1868 ebenfalls im gotischen Stil errichtete Matrosenhaus, das mit dem Rathaus der Stadt Stendhal in diesem Fall ein deutsches Beispiel gotischer Architektur als Vorbild nimmt. Der Flatowturm auf der Anhöhe, der den Eschenheimer Turm in Frankfurt kopiert, und die benachbarte Gerichtslaube nehmen ebenfalls bewußt Bezug aufs Mittelalter: Der quadratische zweistöckige Ziegelbau der Gerichtslaube ist aus den Relikten eines aus dem 13. Jahrhundert stammenden Baus errichtet, der bis zum Neubau des Rathauses in Berlin stand und dort an seine alte Funktion erinnerte. Im Hintergrund dieser historistischen Manier stand die Absicht, durch Sichtbarmachung von Tradition Altehrwürdigkeit zu demonstrieren. Dies mag zum Teil heute skurril oder aufgesetzt erscheinen, dem Bewußtsein jener Tage aber war der Rückbezug eine ästhetische und letztlich politische Notwendigkeit, öffentliche Wirkung das Maß für die ästhetische Gestaltung.

Das Potsdamer Gartenreich, die Insel Potsdam, umfaßt annähernd fünfzig separate Anlagen, von denen die Mehrzahl von Lenné selbst stammt: Nördlich von Glienicke das Gebiet von Nikolskoe mit dem russischen Blockhaus. Gegenüber steht, mit Sichtverbindungen nach Glienicke, Babelsberg und dem Neuen Garten, auf einer in die Havel ragenden Landspitze die von Persius errichtete Heilandskirche im byzantinischen Stil – Ausdruck der Vorliebe des Königs, der selbst die oberste Kirchenleitung übernehmen wollte, für ein auf das Christentum gegründetes Kaisertum. Westlich des Neuen Gartens ist der Belvedere auf dem Pfingstberg ein weiterer optischer Höhepunkt des Gartenreichs; nicht weit von hier liegt das Dorf Bornstedt mit seinem Friedhof, auf dem Persius, von Arnim, Lenné und die Gärtnerfamilie Sello beigesetzt sind. In unmittelbarer Nähe trifft der Besucher auf Schloß Lindstedt, den Alterssitz Friedrich Wilhelms IV., dessen Park – von Lenné und Meyer angelegt – erst in den letzten Jahren wiederhergestellt wurde. Südlich ist sowohl der Uferstreifen entlang der Straße nach Caputh als auch der dortige Schloßpark von Lenné angelegt worden. Dank seiner Lage besonders reizvoll ist der am westlichen Ufer des Schwielowsees gelegene Park von Petzow, der südlichste Park der Potsdamer Gartenlandschaft; das etwas baufällige Schloß von Petzow ist vermutlich ein Werk Schinkels, während im Park selbst eine Lenné-Büste an den Schöpfer des Gartens erinnert.

Schloß und Park Petzow

Hermann Fürst von Pückler-Muskau
Romantische Parkomanie

Jedoch noch immer weiß ich nicht ganz bestimmt den Aufenthaltsort des Verstorbenen, des lebendigsten aller Verstorbenen, der so viele Titularlebendige überlebt hat. – Wo ist er jetzt? (…) Muß ich mein Buch nach Kyritz adressieren oder nach Tombuktu, poste-restante? – Gleichviel wo er auch sei, überall verfolgen ihn die heiter-treuherzigsten und wehmütig tollsten Grüße seines ergebenen Heinrich Heine, Paris, 23.8.1854

*Muskau, Blick vom Pücklerstein über die Neiße und die
Schloßwiese zum Schloßensemble*

Hermann Fürst von Pückler-Muskau (1785–1871), dessen Name der Nachwelt gemeinhin durch die gleichnamige Eistorte bekannt ist, war als Schriftsteller wie als Gartenkünstler eine Ausnahmeerscheinung. Seine Reisebeschreibungen aus England (»Briefe eines Verstorbenen«) und Afrika (»Vorletzter Weltgang von Semilasso«, 1835; »Semilasso in Afrika«, 1836; »Aus Mehmed Ali's Reich«, 1844), die ihn berühmt gemacht haben, weisen ihn als einen der stilistisch reifsten Feuilletonisten seiner Zeit aus und haben dank eines ungeahnten Auflagenerfolgs nicht wenig zur Finanzierung seines aufwendigen Lebensstils beigetragen. Auch als Parkschöpfer war er der geniale Außenseiter, der mit den Anlagen von Muskau und Branitz in der Lausitz die vielleicht perfektesten Werke ihrer Art auf dem Kontinent hinterlassen hat. Sie sind eindrucksvolle, großzügige Gesamtkunstwerke, die trotz mancher Zerstörung noch heute den unbedingten Verwirklichungsdrang eines entschlossenen Utopisten verraten.

Pücklers gartenkünstlerisches Werk ist in einem prägnanten Sinn eng mit seinem Leben und seiner Person verschränkt. Der Hang zur Maßlosigkeit, der seine Persönlichkeit kennzeichnet und sein Leben in vieler Hinsicht prägt, kommt gerade auch in seinen Parkanlagen deutlich zum Ausdruck, ist hier jedoch gewissermaßen Programm. Seine beiden Hauptwerke – weitere Anlagen Pücklers waren Ettersburg bei Weimar sowie nach Lennés Ausscheiden der Park von Babelsberg in Potsdam[1] – waren von ihrem Zuschnitt her Großprojekte von gigantischen Ausmaßen; Muskau war seinerzeit der größte Park Europas. Sie gehörten in den Augen ihres Schöpfers notwendigerweise zu einer standesgemäßen Lebensform und waren Bestandteil eines Lebensstils, der der spektakulären Repräsentation bedurfte. Die Anlagen sind damit nicht nur von den nachgerade realistischen Einschätzungen eines professionellen Gartenarchitekten bestimmt, der nach Kriterien architektonischer Machbarkeit seinen Plan entwirft, sondern vom Geltungsdrang eines Landes- und Standesherrn, der ein bleibendes Denkmal seiner persönlichen Herrschaft errichten wollte. Insofern sind die Pücklerschen Parks Ergebnis eines romantischen Lebensgefühls, das sich des Verlustes idealer Verhältnisse bewußt ist und den Park als sichtbares Zeichen einer untergehenden Lebensform exemplarisch und vollkommen, eben als Kunstwerk, vor aller Augen stellen will. Sie sind das Werk einer Person, die die eigene »Standesherrschaft wenigstens als Kunstwerk in die neue bürgerliche Zeit hinüberretten wollte«.[2]

Hermann Ludwig Heinrich von Pückler-Muskau – erst 1822 ernannte ihn F. Wilhelm III. zum Fürsten – war ein Exzentriker und Abenteurer mit einem Zug ins Geniale, eitel, leichtsinnig und verschwenderisch; ein romantischer Snob, der in der Münchhausen-Erzählung zur literarischen Figur avancierte. Wegen der zahlreichen Duelle, die er überstand, und der noch häufigeren Amouren war er ein stets beliebter Gegenstand der Gazetten, die auch seine zahlreichen Reisen und jeweiligen Abenteuer aufmerksam verfolgten. In Berlin kutschierte er mit einem Viergespann zahmer Hirsche Unter den Linden auf und ab, um der Tochter des Staatskanzlers Hardenberg, Lucie, Reichsgräfin von Pappenheim, seiner späteren Frau, zu imponieren. Eine im Jahre 1816 von Berlin aus gestartete Ballonreise fand bereits an einer Potsdamer Fichte ihr Ende. Höhepunkt seiner Extravaganzen und seinerzeit eine Sensation war die Sklavin Machbuba, die er während seiner Afrikareise auf einem äthiopischen Markt erworben hatte und zum Entsetzen vor allem von Lucie ins heimatliche Muskau mitbrachte. Wer sich ein Bild von ihr machen will, kann dies im Branitzer Schloß tun, wo ihr Konterfei an hervorgehobener Stelle zu sehen ist. Begraben ist sie im Park von Muskau, wo sie bereits kurze Zeit nach ihrem Eintreffen verstarb.

Hermann Pückler war der Sohn des Grafen Erdmann Pückler und der Gräfin Clementine Callenberg, die mit Muskau eine der damals größten Standesherrschaften in die Ehe einbrachte. Kindheit, Jugend und Ausbildung verliefen – das spätere Leben des Fürsten gewissermaßen antizipierend – in ungeordneten Bahnen. Häufig wechselten die Hauslehrer. Aus dem Pädagogium wurde er wegen eines Spottgedichts auf die Frau eines Lehrers geworfen, kurzzeitig besuchte er das Philantropinum in Dessau. Die Ehe der Eltern zerbrach; die Mutter verließ nach angeblichen Eskapaden ihren Mann, verzichtete jedoch zugunsten des Sohnes auf ihre Anrechte, auf Land und Titel. Sein Studium brach Pückler bereits nach kurzer Zeit ab. Statt dessen reiste er ausgiebig und verriet ansonsten bereits früh und in ausgeprägter Form die Neigung, in großzügigster Manier Wechsel auszustellen. Sein Vater, der sogar einmal versuchte, ihn wegen Verschwendungssucht zu enterben, hatte den Ausgleich zu besorgen. Nach dem Verlassen der Universität trat er als Sechzehnjähriger in das sächsische Regiment Gardes du Corps ein und führte von da an, ohne sich von irgend jemandem hineinreden zu lassen, sein eigenes, in jeder Hinsicht selbstherrliches Leben.

In den napoleonischen Kriegen stand Pückler nicht wie sein sächsischer Landesherr – die Lausitz gehörte zum Königtum Sachsen – auf napoleonischer Seite, sondern vertrat die preußische Sache. 1813 trat er als Major in russische Dienste, wenig später wurde er Generaladjutant des Großherzogs Karl August von Sachsen-Weimar. Sein lebenslanger Ehrgeiz nach Staatsämtern und einer Diplomatenkarriere erfüllte sich allerdings nicht. Nicht ganz zu Unrecht verdächtigte man ihn republikanischer Gesinnung und der Sympathie mit jungdeutschen, demokratischen Kräften, mit denen er verkehrte. Mit der Zunahme des restaurativen Einflusses in Preußen geriet er, trotz hochgestellter Verbindungen, immer mehr ins Abseits. Tatsächlich war Pückler eher liberal eingestellt; er verkehrte mit Heine und den Schriftstellern des *Jungen Deutschland*. Reichlich ungeschminkte Äußerungen in seinen Tagebüchern und Berichten weisen ihn als Befürworter einer republikanischen Staatsform mit demokratischen Elementen aus, was ihn jedoch nicht hinderte, in seinem eigenen Umkreis eine Standesherrschaft traditionellsten Zuschnitts zu leben.

*Porträt von Hermann Fürst von Pückler-Muskau
von Franz Krüger*

Anregungen für seine Landschaftsgärten holte sich Pückler natürlich in England, das er auf zwei ausgedehnten Reisen besuchte. Von der zweiten, fast zwei Jahre dauernden Reise berichten seine berühmt gewordenen »Briefe eines Verstorbenen«, deren Vorbild Heines »Reisebilder« (1826) sind; der Titel spielt auf Pücklers enttäuschte Hoffnung auf eine politische Karriere als Gesandter an. Ursprüngliches Motiv für diese zweite Reise waren allerdings finanzielle Schwierigkeiten. Der Plan war, in England eine reiche Heirat einzugehen, um wieder zu Geld zu kommen, nachdem das eigene Vermögen inzwischen verbraucht war. Gemeinsam mit Lucie verständigte man sich auf eine Scheidung zum Schein, um anschließend in einer Art Ehe zu dritt den Muskauer Besitz zu retten. Der Plan scheiterte; die Reise wurde, nachdem der Grund bekannt geworden war und der englische Adel die Türen vor dem *fortune hunter* verschloß, in dieser Hinsicht jedenfalls ein kompletter Fehlschlag. Die Briefe nach Hause an seine Frau Lucie aber, die diese zu einem Buchmanuskript zusammenstellte, wurden ein ungeahnter Erfolg: Es entstand eine überaus kurzweilige und um Objektivität bemühte, bisweilen auch sehr kritische Beschreibung des England der Regency-Zeit unter George IV. Die freimütige Wiedergabe der eigenen Stimmungen verrät nicht selten eine gewisse Melancholie: »Glücklicherweise traf ich auf einen guten Bekannten, einen kleinen ungarischen Magnatensohn, der durch Anspruchslosigkeit und frohe Lebenslust dazu gemacht scheint, sich und anderen in der Welt zu gefallen. Ich verehre solche Naturen, weil sie so gerade alles besitzen, was mir fehlt.« Der Vergleich Englands mit der eigenen Heimat ist nicht weniger offenherzig: »Nichts läßt uns in den Augen der Engländer selbst geringer erscheinen als diese demütige Fremdensucht, die doch dadurch etwas besonders Schmähliches erhält, daß ihr wahrer Grund im allgemeinen doch nur in dem tiefen Respekt liegt, den Hohe und Niedere bei uns für englisches Geld haben.«[3]

Pücklers schriftstellerische Tätigkeiten haben neben seinen zahlreichen Reisebeschreibungen – Pückler war unter anderem in Algerien, Malta, Ägypten und ein Jahr als Gast des bayerischen Königs Otto in Griechenland – auch zu feuilletonistischen Kleinarbeiten wie den überaus erfolgreichen Klatschgeschichten aus Berlin und Preußen (»Tutti frutti«, 1834) geführt. Ebenfalls 1834 erschienen die »Andeutungen über Landschaftsgärtnerei«, eines der wichtigsten Bücher über ihren Gegenstand, geistreich und stilistisch besonders gelungen. In ihrem ersten Teil allgemeines theoretisches Lehrbuch, enthalten sie im zweiten Teil die Beschreibung der eigenen Anlage von Muskau. Sie zeigen Pückler als Praktiker und als Romantiker zugleich, dessen Sonderstellung als Gartenkünstler gegenüber Vorläufern und Zeitgenossen in der bewußt inszenierten Vergegenwärtigung einer vergangenen Lebensform zum Ausdruck kommt. Den programmatischen Satz, mit dem das Buch beginnt – eine »große landschaftliche Gartenanlage in meinem Sinne muß auf einer Grundidee beruhen« –, konkretisiert er im Hinblick auf Muskau. Die Grundidee ist »keine andere als die, ein sinniges Bild des Lebens unserer Familie oder vaterländischer Aristokratie, wie sie sich eben hier vorzugsweise ausgebildet, auf eine solche Weise darzustellen, daß sich diese Idee sozusagen von selbst entwickeln müsse«.[4]

In den Briefen formuliert er angesichts der Anlagen, die er in England und Irland besuchte und gelegentlich auch kritisierte, das Ideal eines Parks. Dieses Ideal besteht in einer »anmutigen Gegend, in deren Bezirken man ohne Entbehrung leben und weben kann, jagen, reiten, fahren, ohne sich je eng zu fühlen, und die (...) nirgends einen Punkt zeigt, wo man bemerkt, hier sei sie begrenzt«.[5] Seine Vollendung erreicht ein Park, wenn »kein Baum noch Busch mehr wie absichtlich hingepflanzt sich zeigt; die Aussichten nur nach und nach sich wie notwendig darbieten, jeder Weg so geführt ist, daß er gar keine andere Richtung, ohne Zwang, nehmen zu können scheint (...) und jede mög-

Muskau, Parkplan von 1847

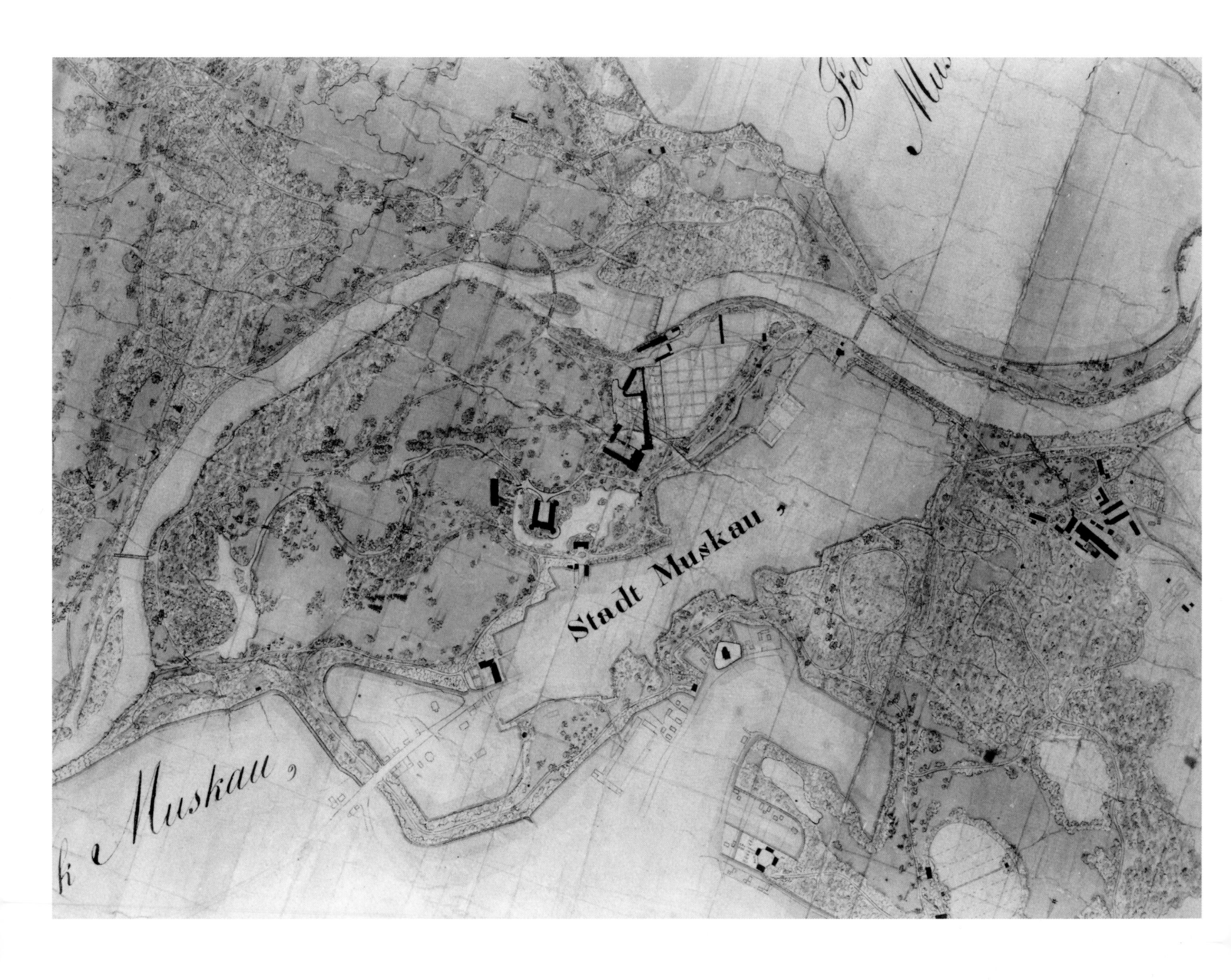

Muskau, Blick vom Dorf Berg auf die Stadt, das Schloß und den Park. Zeichnung von A. W. Schirmer, um 1833, Ausschnitt

1871 starb Pückler 85jährig auf Branitz, nachdem er sich noch im Jahr zuvor bei Ausbruch des Deutsch-französischen Krieges als Freiwilliger gemeldet hatte. »Ich empfinde dies bitter«, kommentierte er im Tagebuch seine Ablehnung. In einem sogenannten Tumulus, einem pyramidenförmigen Grabhügel, inmitten eines der Parkseen von Branitz liegen seine Überreste begraben; testamentarisch hatte er bestimmt, seinen Leichnam in einem Säurebad aufzulösen. Der Branitzer Park aber, der in den sechziger Jahren so gut wie vollendet war, ist ein zweites Meisterwerk geworden, das im Unterschied zu Muskau sein altes Aussehen weitgehend bewahren konnte. Vielleicht hat der in mancher Hinsicht geistesverwandte Heinrich Heine, dem Pückler kurz vor dessen Tod in Paris persönlich begegnet war, die treffendsten Zeilen über Pückler, diesen so unpreußischen preußischen Adeligen, formuliert. Er hoffe, schreibt Heine, daß der Leser (seines Buches Lutetia, das er Pückler widmet) in Pückler »wieder jenen frivolen Esprit bemerkt, den unsre Kerndeutschen, ich möchte sagen eicheldeutschen Landsleute auch dem Verfasser der ›Briefe eines Verstorbenen‹ vorgeworfen haben (…): Aber wo befindet sich der vielverehrte Verstorbene? Wohin addressiere ich mein Buch? Wo weilt er, oder vielmehr wo galoppiert er, er, der romantische Anacharsis, der fashionabelste aller Sonderlinge, Diogenes zu Pferde, dem ein eleganter Groom die Laterne nachträgt.«[7]

liche Varietät im Gebiet des Schönen hervorgebracht wird, ohne doch irgendwo diese Schönheit nackt vorzulegen, sondern immer verschleiert genug, um der Einbildungskraft ihren nötigen Spielraum zu lassen; – denn ein vollkommener Park, oder mit anderen Worten: eine durch die Kunst idealisierte Gegend soll gleich einem guten Buch wenigstens ebensoviel neue Gedanken und Gefühle erwecken, als es ausspricht.«[6]

1845 zwang ihn schließlich seine katastrophale finanzielle Lage, Muskau zu verkaufen. Neue Besitzer wurden zunächst die Familie Nostiz, später Prinz Friedrich Karl der Niederlande. Pückler zog nach Branitz, auf sein ursprüngliches Vatererbe, um dort, auf seinem Alterssitz, einen zweiten Landschaftspark anzulegen. Zuvor noch war er in der Nachfolge Lennés mit der weiteren Gestaltung des Parks von Babelsberg beschäftigt. Branitz jedenfalls wurde, wie sich bald herausstellte, ein nicht minder ehrgeiziges Projekt; der Park erreicht zwar nicht die Dimensionen von Muskau, aber hier mußte alles erst neu geschaffen werden, da die vollkommen flache, karge und kaum bewachsene Gegend die denkbar schlechtesten natürlichen Voraussetzungen für einen Landschaftspark besaß.

Muskau

Der Park von Bad Muskau, dessen größerer Teil heute zu Polen gehört, liegt eingebettet in einen von Hügelketten gerahmten breiten Talraum, den die Lausitzer Neiße durchzieht. 1945, als die Hauptkampflinie wochenlang mitten durch den Park führte, erlitt er schwere Schäden: Der alte Baumbestand wurde erheblich dezimiert, das Neue Schloß brannte kurz nach Kriegsende weitgehend ab, und von den Brücken über die Neiße, die die beiden Parkhälften verbanden,

Oben: Muskau, das wiederaufgebaute Alte Schloß (Rentamt)

Unten: Muskau, Neues Schloß vor der Renovierung und Luciesee

blieben nur Pfeiler erhalten. In den folgenden Nachkriegsjahrzehnten verfiel der von Grenzbefestigungen durchschnittene Park in einen tiefen Dornröschenschlaf. Auf der östlichen Parkseite gingen unter der Ägide der Forstverwaltung und einem Landwirtschaftsbetrieb infolge von Aufforstung und landwirtschaftlicher Nutzung die Pückler'schen Parkstrukturen ebenso verloren wie die einzigen zwei erhaltenen historischen Bauten. Im westlichen Teil wurde nur das sogenannte alte Schloß im barocken Stil wiederaufgebaut; das Hauptschloß oder Neue Schloß überdauerte als stimmungsvolle Ruine, während im erhaltenen historischen Theater/Kavalierhaus ein Moorbad eingerichtet wurde. Erst 1989 setzte mit der politischen Wende eine über die kommenden Jahrzehnte anhaltende und sehr erfolgreiche denkmalpflegerische Kooperation zwischen der deutschen und polnischen Seite ein. Sie führte 1991, anläßlich des 100. Geburtstags Pücklers, zur Wiederaufstellung des Pücklersteins auf östlicher Seite. Die dortige Anhöhe wie die auf ihn zulaufenden Sichtachsen sind gleichfalls damals schon wiederhergestellt worden. Von hier, dem geometrischen Mittelpunkt

2004 feierte man die Aufnahme des Parks in die UNESCO-Liste als zweistaatliches deutsch-polnisches Weltkulturerbe. Und schließlich erfolgte in den letzten Jahren der Wiederaufbau der größten Teile des Neuen Schlosses (einschließlich einer Sanierung der berühmten Schloßrampe), das sich nun wieder in der im späten 19. Jahrhundert ergänzten Pracht der Neorenaissance mit weißen Giebeln, Ziergittern und Laternenaufsätzen über die grünen Gefilde erhebt. Im Jahr 2004, pünktlich zum EU-Betritt Polens, wurde schließlich auch eine der beiden von Pückler als wesentlicher Bestandteil des Wegesystems konzipierten Brücken über die Neiße wiederaufgebaut. Seitdem kann auch die entscheidende räumliche Verzahnung der beiden Parkteile entlang der Neiße als zentrales Moment der gesamten historischen Raumkomposition wieder unmittelbarer erlebt werden.

Muskau, Eichsee

Muskau, Parkansicht vom Blauen Garten mit Fuchsienbrücke

Muskau, Pücklerstein

Der Muskauer Park war das in seinen Ausmaßen – vorgesehen waren insgesamt 600 Hektar – ehrgeizigste Projekt Pücklers. 1811 übernahm er den ererbten Besitz und begann nach der Rückkehr von seiner ersten Englandreise im Frühjahr 1815 mit den Arbeiten. Zunächst, um niemanden in Zweifel zu lassen, was bevorstand, erfolgte ein Aufruf zur »Anlegung eines Parks, zu dem«, wie der Fürst erläuterte, »ich notwendig, wenn etwas Ganzes daraus entstehen soll, den ganzen Distrikt zwischen der Straße nach Sorau und dem Dorf Köbeln (…) besitzen muß«. Dieser Aufruf, in dem er die Bürger Muskaus, »eine mir bisher unterthänige und noch immer abhängige Mediatstadt«, bittet, ihm die zu seinem Plan fehlenden Grundstücke zu »vernünftigen Bedingungen abzulassen«, war der Auftakt zu einem Großprojekt, einem »Übergesamtkunstwerk« (Sedlmayr), das finanziell schließlich seine Kräfte überstieg. Pückler sah nicht nur das Gelände um das Schloß selbst – allein schon ein weiträumiges Gelände – für den Park vor, auch die Stadt Muskau mit dem sie westlich überragenden Höhenzug, die Neiße und das noch deutlich umfangreichere Gebiet östlich des Flusses sollten einbezogen werden. Ich »beschloß«, so Pückler in den Andeutungen, »außer den schon bestehenden Gärten, das ganze Flußgebiet mit seinen angrenzenden Plateaus und Hügelreihen, Fasanerie, Feldflur, Vorwerk, Mühle, Alaunbergwerk u.s.w. von den letzten Schluchten des sich im Süden abdachenden Bergrückens an, bis zu den Dörfern Köbeln und Braunsdorf auf der Nordseite (nahe an 4000 Morgen) zum Park auszudehnen, und durch Hinzunahme des sich hinter der Stadt fortziehenden Abhangs, nebst einem Teil des darauf liegenden Dorfes Berg, die Stadt selbst durch den Park so zu umschließen, daß sie künftig mit ihrer Flur nur einen Teil desselben ausmachen solle.«[8]

Da der Plan vorsah, ein »historisches Bild des Lebens (der) Familie oder vaterländischer Aristokratie« zu vergegenwärtigen, waren nun nicht nur etliche Grundstücke zu erwerben, sondern auch die Zeugnisse menschlicher Tätigkeit, ihre Bauten, aber auch natürliche Vorgegebenheiten, in dieses Bild mitaufzunehmen. Es galt, das »Vergangene gleichsam in *einem* zusammengefaßten Bilde wieder zu reflektieren, wodurch alles, was einst da war, neu hervorgehoben, möglichst seinem Zweck entsprechend verbessert, anmutiger gemacht und mit Neuem verbunden, in ein *geregeltes Ganzes* vereinigt werden sollte.«[9] Dies bedeutete die Integration auch der Stadt Muskau einschließlich einer Kirchenruine aus dem 14. Jahrhundert, deren altehrwürdiger Turm die Niederung überragte. Auf der östlichen Neißeseite sollte eine Ritterburg auf den Mauerresten einer vorhandenen älteren Burganlage errichtet werden, nicht als »nutzlose Ruine« oder nur bildliche Staffage, sondern mit der Intention, diese solle »sehr zweckmäßig zu einem Hauptvorwerk dienen«.[10] War schon nicht der ursprüngliche Zweck in die Gegenwart zu übernehmen, so

Muskau, Eichseewehr

Muskau, Viadukt (1868) im polnischen Parkteil

sollte das bauliche Zeugnis vergangener Zeiten doch eine praktische Funktion erhalten, gewissermaßen als aktive Traditionspflege. Nicht nur vom bildnerischen Anblick Anrührendes erhielt derart einen kalkulierten Ort im Park, auch solche Bauten, die ökonomischen Zwecken dienten, wurden in Muskau zum Bestandteil eines umfassenden Geschichtsbildes: So waren unter anderem ein Weinberg, ein Bergwerk, eine Brennerei und ein Observatorium geplant; dennoch waren dies in der Mehrzahl keine funktionierenden Produktionsstätten mehr, sondern eher museale Erinnerungen, deren romantischer Charakter durch das Zurschaustellen ihres alten Zwecks nur verschleiert wurde. Pückler hat die Kritik antizipiert, als er schrieb: »Manche Ultraliberale werden vielleicht über solch einen Gegenstand lächeln, aber jede Form menschlicher Ausbildung ist ehrenwerth, und ebenweil die hier in Rede stehende sich vielleicht ihrem Ende nähert, fängt sie wieder an, ein allgemeines, poetisches und romantisches Interesse zu gewinnen, das man bis jetzt Fabriken, Maschinen und selbst Constitutionen noch schwer abgewinnen kann«.[11] Immerhin führte der Gesichtspunkt der Vergegenwärtigung früherer Wirtschaftsgebäude im südlichen Teil des Parks 1823 zur Einrichtung des Badebetriebs mit der dazugehörigen Ausstattung von Logierhäusern, Moor- und Mineralbädern.

Von diesen Staffagebauten, die ihrem Schöpfer zufolge eben nicht nur Staffage sein sollten, ist heute nur noch wenig erhalten: Die Burg, das sogenannte englische Haus, ein *Cottage* mit Pavillon und Tanzsaal, eine Milchwirtschaft und anderes mehr sind verschwunden. Auf polnischer Seite haben sich von den früheren Parkbauten allein die Prinzenbrücke und das allerdings erst 1868 erbaute Viadukt erhalten, das einst ebenso wie das Ende des 19. Jahrhunderts errichtete Mausoleum als Endpunkt langer Blickachsen vom westlichen Parkgelände aus sichtbar war. Dieser wechselseitige Bezug zwischen den beiden Neißeseiten, ein wichtiges, in den vergangenen Jahrzehnten ausgelöschtes Merkmal des Muskauer Parks, wird erst seit kurzem wieder erkennbar, nachdem man damit begonnen hat, den Wildwuchs im Osten zu lichten. 1990 errichtete man an der Stelle des ursprünglich geplanten Tempels der Beharrlichkeit erneut den Pücklerstein, der als Endpunkt der großen, quer über die Schloßwiese reichenden breiten Sichtachse seine einstige, optisch hervorragende Funktion zurückerhielt.

Kernstück des Muskauer Parks ist die Schloßwiese östlich und nördlich des zweiflügeligen, im Neorenaissancestil errichteten neuen Schlosses, das von einem erweiterten Burggraben, dem sogenannten Luciesee, auf drei Seiten umschlossen ist. Ein zweiter See bildet den nördlichen Abschluß dieses Kernbereichs. Diese Partie um den sogenannten Eichsee mit Brücke und einem vorgelagerten natürlichen Wehr, in dessen Mitte ein unbearbeitet gelassener Findling die Szenerie beherrscht, ist besonders sorgfältig gestaltet. Die natürlichen Komponenten, die Bodenmodellierung, die Abwechslung von Pflanzenwuchs und Freifläche, sind bis ins Detail originalgetreu rekonstruiert; die Eichbergbank am westlichen Hang ist wieder der Mittelpunkt eines Sichtfächers, von dem sich eine über einen Kilometer lange Diagonalsicht nach Südosten öffnet und eine Parkvedute freigibt, deren Eleganz, Erhabenheit und Ruhe wie wenige andere Gartenpartien in Deutschland das englische Vorbild verraten.

Vielleicht ist dieser englische Eindruck darauf zurückzuführen, daß an der Entstehung des Parks eine der führenden Gärtnerfamilien Englands höchstpersönlich beteiligt war. John Adley Repton, der Sohn des berühmten Landschaftsgärtners Humphrey Repton, der auf Einladung Pücklers 1822 nach Muskau gekommen war, hatte die Lichtung einer Querallee, die die

Muskau, Schloß und Rampe. Die Lithographie von O. Hermann (1834) gibt einen Entwurf Schinkels wieder, der jedoch nicht zur Gänze zur Ausführung kam. Lediglich die Rampe wurde 1825 errichtet.

Schloßwiese bis dahin durchzog und die Sicht auf das gegenüberliegende Neißeufer versperrte, empfohlen. Seit diesem entscheidenden Eingriff mündet die große Schloßwiese in die breite, nach Plänen von Schinkel entworfene Schloßterrasse, an deren südlicher Rampe Pückler 1826 eine mächtige Blutbuche pflanzte. Sie beherrscht noch heute den Raum. An diesem in jeder Hinsicht herrschaftlichen Platz voller Harmonie empfindet man heute vielleicht am stärksten den Verlust, der durch die Zerstörung des Schlosses eingetreten ist. Immerhin besitzt die sich von hier erstreckende und von einzelnen kleineren Baumgruppen gegliederte Wiesenfläche, die von dem geschlängelten Lauf der Hermannsneiße durchzogen und östlich von der Neiße begrenzt wird, noch die alte Großzügigkeit.

Der trotz der Kriegszerstörungen erhaltene harmonische Eindruck des Muskauer Parks ist zu einem guten Teil den Nachfolgern Pücklers zu verdanken. 1846 setzte der neue Besitzer, Prinz Friedrich Karl der Niederlande, den Gärtner Eduard Petzold als Park- und Garteninspektor in Muskau ein, der nicht nur die Pflege der bestehenden Anlagen übernahm, sondern bis 1878 die noch fehlenden Partien im Sinne Pücklers ergänzte. Vom Ende des 19. Jahrhunderts bis zur Enteignung 1945 waren die Grafen von Arnim-Muskau die Herren auf Muskau.

Branitz

Nach dem erzwungenen Wechsel von Muskau nach Branitz im Jahr 1845 machte sich Pückler – immerhin in einem Alter von mehr als sechzig Jahren – in den folgenden Jahren an seine zweite

Oben: Branitz, Schloß mit pleasureground

Unten: Branitz, Orientalisches Zimmer im Obergeschoß des Schlosses. Im Hintergrund das Bildnis der Äthiopierin Machbuba

Parkschöpfung großen Stils. Das Dorf Branitz, südöstlich der Stadt Cottbus gelegen, besaß allerdings sehr ungünstige Voraussetzungen. Der Besitz war insgesamt verwahrlost, das 1772 erbaute Schloß beschädigt und der Baumbestand spärlich. Das Gelände war sehr flach und trotz der nahen Spree ungewöhnlich trokken. Notwendig waren daher zunächst umfangreiche Erdarbeiten. Man begann mit dem Aushub von Seen und der Aufschüttung des dadurch gewonnenen Erdreichs, um jene wellige Bodenmodellierung zu erreichen, die dem englischen Park seine abwechslungsreiche Physiognomie verleiht. Bis zu 200 Personen, Tagelöhner und Strafgefangene, arbeiteten zeitweise im Park; Pückler wurde zum Hauptarbeitgeber der Region. Eine der wichtigsten Aufgaben war das Setzen von Bäumen. Schätzungsweise 250000 bis 300000 Gehölze ließ Pückler anpflanzen, darunter einige tausend Großbäume, die dem Parkbild ein Profil geben sollten. Sogar blühende Kastanien aus der Umgebung ließ er auf einer Lafette antransportieren und wieder einpflanzen, um noch zu Lebzeiten in den Genuß eines möglichst vollkommenen Parkbilds zu gelangen.

Im Zentrum des Parks steht leicht erhöht das kompakt wirkende, ursprünglich barocke und von Gottfried Semper umgestaltete Schloß. Von ihm aus erstrecken sich in Ostwestrichtung die ausgedehnten, vergleichsweise schmalen Wiesenflächen, die immer wieder Durchblicke erlauben. Östlich sind dem Schloß zwei ehemalige Wirtschaftsgebäude vorgelagert, die Pückler zu einem Marstall und einem Kavaliershaus im englischen Tudorstil umgestalten ließ. Verbunden sind sie durch eine Pergola, für die der dänische Bildhauer Thorvaldsen die Terrakottareliefs entwarf. 1852 war der Umbau des Schlosses abgeschlossen. Die Trennung von Garten und Park hat Pückler in Branitz noch entschiedener durchgeführt, indem er den westlich angrenzenden *pleasureground* durch Schloßteich, Baumbestand, Blumengarten und Plastiken besonders kunstvoll ausstatten ließ. Hier stehen in einer blauen Rosenlaube die vergoldete Büste

Branitz, Schwarzer See mit Blick auf das Schloß

Branitz, Blick vom Schloß über den Pergolahof und die Schmiedewiese auf die alte Schmiede

der Sängerin und Pückler-Geliebten Henriette Sontag sowie eine Statue, die die Venus von Capua wiedergibt. Pückler folgt hier seinen in den »Andeutungen« formulierten Ausführungen: Wenn der Park eine zusammengezogene idealisierte Natur ist, so ist der Garten eine »ausgedehnte Wohnung«. »Alles bietet hier Schmuck, Bequemlichkeit, sorgfältigste Haltung, und soviel Pracht dar als die Mittel erlauben.«[12] Wie kunstvoll die Natur arrangiert wurde, zeigt ein weiteres Detail: Nordwestlich des Schlosses führt der Weg am sogenannten *Gotischen Fenster* vorbei. Hier hat Pückler ein Stück natürlicher Architektur geschaffen: Die bis fast auf den Boden herabhängenden Zweige mit dem Stamm der Linde in der Mitte haben die Form eines gotischen Spitzbogenfensters.

Der Branitzer Park entstand in zwei Etappen, deren erste eine insgesamt einen Kilometer lange Strecke zwischen dem östlichen Eingang, der Parkschmiede, und dem westlichen Ende des Schilfsees umfaßt. Genau in der Mitte dieser Strecke liegt das Schloß. Das Parkareal ist über die ganze Länge vergleichsweise schmal, was durch das dichte und hohe Gehölz, mit dem es durchgängig umschlossen ist, dem Betrachter bewußt verborgen wird. Während die östliche Partie der Schmiedewiese einfach und ländlich gehalten ist und als eine Art Vorraum wirkt, hat Pückler auf der westlichen Schauseite alle Register seiner Kunst gezogen. Hier gliedert sich der Park in mehrere Räume, durch Gehölzpartien voneinander getrennte Einheiten, die sich dem Spaziergänger auf dem Weg sukzessive erschließen, wobei die Übergänge besonders kunstvoll arrangiert sind. Die Gestaltung folgt dem Prinzip der Verschleierung und Andeutung. Das Schloß zum Beispiel kommt immer nur in Ausschnitten, teilweise verdeckt, in den Blick, getreu der Pücklerschen Vorgabe, daß »Gebäude nie ganz frei gezeigt werden (sollten), sonst wirken sie wie Flecken, und stehen als Fremdlinge, mit der Natur nicht verwachsen da. Das halb Verdeckte ist ohnehin jeder Schönheit vorteilhaft, und es bleibe in diesem Gebiete immer der Phantasie noch etwas zu erraten übrig.«[13] Nirgends wird dies deutlicher als beim Blick von der sogenannten Poetenbank am westlichen Ende des Schilfsees auf das Schloß, wohl eine der perfektesten Parkansichten, die der Landschaftsgarten zu bieten hat. Der Großteil der ursprünglichen Bepflanzung von Branitz ist erhalten, einiges hat man bewußt wieder entfernt, um die Parkräume und Sichtachsen, so wie sie ursprünglich vorgesehen waren, wieder freizulegen. Heute – ein Vergleich mit alten Aufnahmen beweist dies – übertrifft die Anmut und Harmonie der Raumbildung sogar noch den Zustand früherer Zeiten.

Wichtigstes gestalterisches Element in Branitz ist das Wasser, nach Pückler »das Auge der Landschaft«: Schloßsee und Schwarzer See bilden eine Art Querachse in der Nähe des Schlosses; Schilfsee, Schlangensee und Pyramidensee weiter westlich sind ein durch Kanäle miteinander verbundenes, zusammenhängendes Ganzes, das der Anlage die Struktur gibt. Dunkel und verwunschen wirkt der *Schwarze See*, aus dessen Erdreich die angrenzenden, dicht bewachsenen Mondhügel aufgeschüttet wurden.

Branitz, Blick von der Poetenbank über den Schilfsee auf das Schloß

Branitz, Pyramidensee

Branitz, Pyramidensee mit Blick auf die Landpyramide

Der Gestaltung der westlichen Erweiterung des Parks wandte sich Pückler nach dem Tod seiner Frau im Jahre 1852 zu. Die markantesten Erscheinungen dieser äußeren, insgesamt weiträumigeren Partie sind die beiden Grabhügel sowie der aus dem Aushub des großen Pyramidensees gewonnene Hermannsberg. In ihrer strengen stereometrischen Form wirken die zwanzig Meter hohen Erdpyramiden innerhalb der weichen geschwungenen Formen des Parks fast wie Fremdkörper. Tatsächlich sind es in der Geschichte der Gartenkunst einzigartige Monumente, die erneut die Originalität, die ungewöhnliche Phantasie und eine geradezu königliche Selbsteinschätzung Pücklers manifestieren. In der Seepyramide ließ sich Pückler nach altägyptischem Vorbild bestatten. Es sind »Symbole des Alls, das nichts außer sich kennt; (geeignet als) Denkmäler weltberühmter Männer und weltbeherrschender Volksführer« (G. Semper). Zwischen den beiden Pyramiden überquert an der Engstelle von Schlangen- und Pyramidensee die sogenannte ägyptische Brücke den See; ein weiterer Hinweis darauf, daß Pückler diesen Teil des Parks offenbar als Unterwelt verstanden wissen wollte und dabei Erinnerungen an seine ägyptischen Reisen mit aufnahm. Auf der Spitze einer der Pyramiden ließ er den Spruch anbringen: »Gräber sind die Bergspitzen einer fernen neuen Welt«.

Einen Besuch wert ist neben dem Park in jedem Fall auch das Branitzer Schloß, das nach sorgfältiger Restaurierung den Besuchern die ehemalige Atmosphäre vermittelt. Die Räume, die unter anderem eine ansehnliche Bibliothek beherbergen, sind überwiegend noch in dem Zustand, in dem sie in der Mitte des 19. Jahrhunderts von Pückler eingerichtet wurden. Das Musikzimmer war seinerzeit das Zentrum des gesellschaftlichen Lebens; im Obergeschoß erinnern die orientalisch bemalten Tapeten und das Bild der Sklavin Machbuba an die Abenteuer des Fürsten auf seinen Reisen durch den Orient und Afrika.

Branitz, Schlangensee

Branitz, Brücke am Pyramidensee

*Landschaftsgärten
Entwicklung und neue Perspektiven*

*Grüne Wellen. »Garten der Erinnerung« von
Dani Karavan im Duisburger Innenhafen*

Der englische Landschaftsgarten, dieses in der Aufklärung des 18. Jahrhunderts, wurzelnde Gesamtkunstwerk, ist eine Erfolgsgeschichte bis in unsere Tage. Man besuche den Englischen Garten in München, den Berliner Tiergarten, den Pariser Bois de Boulogne, New Yorks Central Park oder die acht königlichen Parks in London, um nur die berühmtesten zu nennen. All diese in der landschaftlichen Tradition stehenden städtischen Großparks sind jenseits ihrer städtebaulich strukturierenden Funktion vor allem eines: geschätzte und viel genutzte grüne Oasen innerhalb städtischer Steinwüsten. Sie dienen als Ort der Entspannung, als Raum für sportliche Betätigungen, als Rückzugsmöglichkeit von der Hektik des Alltags. Auch wenn ihre gestalterischen Momente vielleicht als Begleiterscheinungen und eher selten bewußt wahrgenommen werden – die wie im Bild komponierten Wechsel von Freiflächen und Bewuchs, die wellenförmigen Oberflächen, die verschlungene Wegführung, die immer wieder neue Durchsichten bietet, die mäandernden Bäche und romantischen Teiche sowie die in die Komposition da und dort eingestreuten Tempel und Gedenksteine –, so scheint ihr phänomenologischer Reiz vor allem in dem Kontrast zu liegen, in dem sie zur Stadt stehen. Die großen landschaftlichen Parkanlagen bilden eine Gegenwelt zur Stadt. Hier wird Natur in sublimierter Form innerhalb städtischer Kontexte erlebbar – und es ist nicht zuletzt dieser lebensweltliche Kontrast, der die Zwanglosigkeit der Nutzungen befördert.

Architektonische Phasen

Historisch betrachtet, war die große Zeit des Landschaftsgartens gegen Ende des 19. Jahrhunderts in Deutschland jedoch erst einmal vorbei. Nach den gärtnerischen Wunschträumen des »Parkomanen« Fürst Pückler und den großen Landschaftsplanungen Peter Joseph Lennés in und um Berlin setzte um 1900 eine Kehrtwendung zum sogenannten architektonischen Garten ein. Die Neuorientierung hatte unter anderem mit veränderten Aufgabenstellungen zu tun. Die Entwicklung der neuen Volksgärten und neuer innerstädtischer Grünanlagen, die ab 1900 in den Großstädten im Zuge flächenhafter Ausweitung und enormen Bevölkerungszuwachses aus sozialhygienischen Gründen eine Notwendigkeit wurden, ließ eine an den Erfordernissen unterschiedlicher Bevölkerungsgruppen orientierte Nutzung mit einer entsprechenden Aufteilung in einzelne, übersichtlich getrennte Bereiche besser geeignet erscheinen. Entsprechend wurde ein regelmäßiger, in bestimmte Funktionsbereiche unterteilter Garten das Leitbild. Darüber hinaus galten die alten Landschaftsgärten auch aus ästhetischen Gründen nicht mehr als zeitgemäß. Ihr pittoresker Charakter mußte der Moderne, die sich gleichzeitig vor allem in der Architektur ankündigte, suspekt sein. Landschaftsgärten galten als ein überkommener Ausdruck der Romantik. Exemplarisch für die Entwicklung stand Peter Behrens, dessen 1904 für die Düsseldorfer Gartenausstellung entworfener Garten sich durch eine verhältnismäßig strenge, mit weißen Pergolen akzentuierte Gliederung auszeichnete. Hermann Muthesius, Architekt, Mitbegründer des Deutschen Werkbundes und einer der wichtigsten Theoretiker des modernen Bauens, warf dem Landschaftsgarten, interessanterweise mit Berufung auf den neueren englischen Garten »künstlerische Haltlosigkeit« vor. Die zum Teil von Architekten geplanten Gärten des frühen 20. Jahrhunderts – Peter Behrens und Hermann Muthesius, aber auch Max Laeuger in Südwestdeutschland, Erwin Barth in Berlin, Walter Engelhardt in Düsseldorf und Fritz Encke in Köln – verstanden ihre Gärten überwiegend als ›Raumkunstwerke‹, die die formal eher strengeren geometrischen Gestaltungsprinzipien von Gebäuden auf den Garten übertrugen. Der Garten erschien als architektonische Verlängerung des Hauses, wobei manche Anlagen aus heutiger Sicht eher adrett-kleinbürgerlich wirken. Weder für Grünanlagen und Volksgärten innerhalb der Städte noch für die Villengärten jener Zeit erschienen die schwelgerischen landschaftlichen Gartenperspektiven, die für die Gesellschaft des 18. und frühen 19. Jahrhunderts noch ein Sinnbild von Repräsentativität gewesen waren, als zeitgemäß. Um im Bild zu bleiben: Der Zirkel ersetzte den Pinsel.

Dies gilt überwiegend auch für die gartenkünstlerischen Projekte mit städtebaulicher Bedeutung aus den zwanziger Jahren. Die Großprojekte, wie zum Beispiel der Grüngürtel der Stadt Köln oder der Stadtpark von Hamburg von Fritz Schumacher, waren zwar in ihrer Ausdehnung alles andere als kleinteilig, in der konkreten Ausgestaltung allerdings blieb man auch in diesen Fällen eher architektonisch orientiert. Die gestalterischen Grundzüge des Landschaftsgartens erschienen auch hier nicht mehr opportun, da nach Ansicht zum Beispiel von Schumacher eine regelmäßige Bepflanzung »die Baumassen einer Stadt eher zu binden vermochte«. Achsiale städtische Strukturen sollten mithin im Park ihre Fortführung finden, so daß auch hier wieder das Prinzip der Linearität zu seinem Recht kam. Ein starker Kontrast zur städtischen Struktur, wie ihn landschaftliche Gestaltungselemente zum Ausdruck bringen, sollte vermieden werden. Und dennoch besitzen auch diese Großanlagen noch Züge des Landschaftsgartens. In ihrem Zuschnitt erscheinen sie zuweilen fast wie die Nachfolger von Werken der großen Landschaftsgartenkünstler Klenze, Lenné oder Gustav Meyer, die im Jahrhundert zuvor ähnlich weit ausholende Pläne für Berlin und München entworfen hatten. Und den Kölner Grüngürtel verstand sein Urheber als ein »Gebilde, das sich in langen Streifen ununterbrochen durch die ganze Stadt zieht«, als »Grünsystem, das den Stadtkörper wie ein Aderwerk« durchzieht.

Überblickt man die weitere Entwicklung der Gartenkunst im 20. Jahrhundert, so sind eindeutige Rückgriffe auf den Typus des klassischen Landschaftsgartens die Ausnahme geblieben. Zu ihnen gehörten die Gestaltungen des Düsseldorfer Gartenarchitekten Roland Weber (1909–1997), dessen überwiegend für Privat-

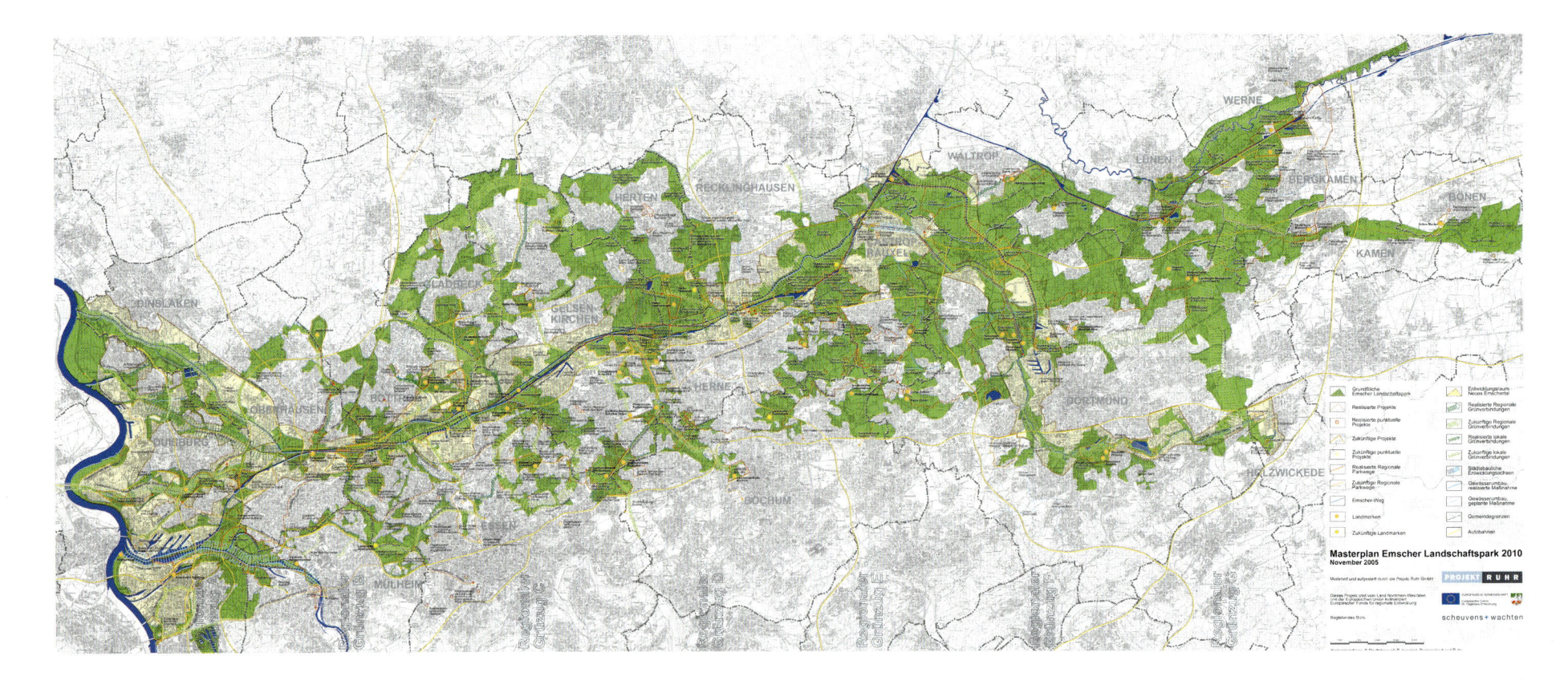

Grünes Geflecht. IBA Emscher Park, Masterplan 2010

villen angelegte Gärten aus den fünfziger und sechziger Jahren die Orientierung am historischen Original des Landschaftsgartens am deutlichsten verraten. Seine Arbeiten belegen darüber hinaus eindrucksvoll die zeitlos wirkende, ruhige Eleganz des Landschaftsgartens, und es ist bezeichnend, daß die Bauherren zumeist aus den Chefetagen rheinischer Industrieunternehmen kamen. Wenn auch nicht alle so aufwendig, ja gerade zu fürstlich konzipiert waren wie der noch in der Mitte des 19. Jahrhunderts für die Industriellenfamilie Krupp angelegte Landschaftspark der Villa Hügel in Essen, so blieb der landschaftliche Gartentypus offenbar lange eine bevorzugte Möglichkeit zur Repräsentation.

Erst seit den achtziger Jahren scheint die Idee des Landschaftsgartens eine Renaissance zu erleben – weniger aus ästhetischen oder repräsentativen Gründen denn als Ergebnis der Umweltbewegung und der Bedeutung, die ökologische Fragen in Politik und Gesellschaft zunehmend spielten. 1980 fand die erste Landesgartenschau in Deutschland statt, Ende des Jahrzehnts waren es bereits neun[1], und 1983 zogen die Grünen in den Deutschen Bundestag ein. Vor dem Hintergrund dieser Entwicklung ist auch die Ausrichtung der Internationalen Bauausstellung Emscher-Park zu verstehen, die in den letzten zwanzig Jahren große Teile des Ruhrgebiets geprägt hat.

IBA Emscher-Park

In den späten achtziger Jahren des 20. Jahrhunderts erdacht und konzipiert, von 1989 an umgesetzt, 1999 offiziell abgeschlossen und seitdem kontinuierlich fortgeführt und erweitert, scheint erstmals wieder die IBA Emscher-Park die Idee eines Landschaftsparks in großem Stil aufzugreifen und in allerdings neuer Form weiterzuentwickeln. Als erste Bauausstellung, die die Entwicklung einer ganzen Region zu ihrem Thema machte, ist die IBA Emscher-Park jedoch kein Landschaftspark im herkömmlichen Sinn. Sie ist keine pittoreske Parkanlage, die morgens für Besucher die Tore öffnet und sie bei Sonnenuntergang wieder schließt. Die IBA Emscher-Park ist statt dessen ein ursprünglich rund 320 Quadratkilometer großer Fleckenteppich von teilweise miteinander verbundenen grünen Inseln, in der Gesamtheit eine Ansammlung unterschiedlich genutzter Flächen: Industriegärten, Brachen, sanierte Zechengebäude, bepflanzte Halden, Bergsenkungen, neu angelegte Wälder, neue Gewerbesiedlungen, ein Kanal, ein Fluß und historische Stadtteilparks. Insofern folgt sie einem im Vergleich zu den Landschaftsgärten früherer Jahrhunderte erweiterten Begriff von Landschaft (siehe weiter unten).

Ausgangspunkt der IBA Emscher-Park war die Notwendigkeit, einer von anderthalb Jahr-

Renaturierungen. Landschaftspark Duisburg Nord, ehemaliges Klärrundbecken

hunderten intensiver Industrialisierung gezeichneten Region, deren Zukunftsfähigkeit nach dem Ende der Kohleindustrie in den siebziger Jahren in Frage stand, eine neue Perspektive zu geben. Das Land Nordrhein-Westfalen sah sich daher vor die Aufgabe gestellt, den landschaftlich am stärksten von der Industrialisierung überformten Teil seines einstigen industriellen Kernlandes, das nördliche Ruhrgebiet, ökologisch und in seiner landschaftlichen Gestalt zu erneuern. Strukturwandel hieß das Stichwort, mit dem die ›gesichtslose‹, von mehreren Autobahnen und zahllosen Schnellstraßen, von Gleisen und Strommasten durchschnittene, dicht besiedelte und vor allem zersiedelte Region ein neues Gesicht erhalten sollte; ein Charakteristikum der Region ist das Nebeneinander von Industrieanlagen und Wohnsiedlungen, den sogenannten »Industriedörfern«, deren Mittelpunkt die jeweiligen Werke waren. Geographisch handelt sich um einen zunächst etwa 70 Kilometer langen und 15 Kilometer breiten Streifen beiderseits der Emscher, der sich von Bergkamen (Kreis Unna) im Osten bis zur Mündung des Flusses in den Rhein nördlich von Duisburg erstreckt. Die Internationale Bauausstellung, deren Ziel es seit der Mathildenhöhe in Darmstadt Anfang des 20. Jahrhunderts traditionell war, neue Wohnformen zu entwickeln und städtebauliche Impulse zu setzen, war für das Projekt gewissermaßen nur das Instrument. Initiator und Antreiber war der damals für Städtebau zuständige Abteilungsleiter im Ministerium für Landes- und Stadtentwicklung des Landes Nordrhein-Westfalen Karl Ganser. Nicht zuletzt ging es darum, die Lebensqualität der etwa zweieinhalb Millionen Menschen, die in der Region leben, zu erhöhen, um einer in mehreren Städten spürbaren Abwanderung entgegenzusteuern.

Beteiligt an dem auch organisatorisch komplexen Projekt waren ursprünglich 17 Städte, die unter der Leitung des Kommunalverbandes Ruhr in interkommunalen Planungsgesellschaften die von der IBA-Gesellschaft entwickelten Leitlinien für ihre jeweiligen Gebiete umsetzten. Die Maßnahmen – insgesamt über zweihundert – reichten von neuen Industrieparks bis zu neuen Fahrradwegen. Als eine der wichtigsten wurde und wird die einstige »Kloake des Ruhrgebiets«, die als offener (mit Nebenläufen 350 Kilometer langer) Abwasserkanal konzipierte Emscher ökologisch erneuert und naturalisiert, wobei das Abwasser in unterirdische Kanäle geleitet und die vorhandenen Wasserläufe naturnah umgestaltet werden. Ein weiterer Schwerpunkt war die Begrünung der industriellen Brachflächen, die Sanierung und Neunutzung großer Gebäudeensembles auf den stillgelegten Zechen wie die Umwandlung von Hochöfen zu musealen Orten der Erinnerung. Ergänzend hat man neue Grünflächen – etwa zur Bundesgartenschau in Gelsenkirchen – angelegt und insgesamt auf diese Weise ein sehr unterschiedlich gestaltetes Landschaftsband geschaffen, das in der Weiterentwicklung auch die Verbindungen mit vorhandenen Grünanlagen in den Städten sucht und auch neue betriebliche Ansiedlungen integriert, beispielsweise das neue Headquarter der Thyssen AG in Essen. Die Grundstrukturen des Emscher-Parks waren übrigens bereits in den zwanziger Jahren vom Siedlungsverband Ruhrkohlenbezirk entwickelt worden: Sieben »regionale Grünzüge«, die das nördliche Ruhrgebiet in Nord-Süd-Richtung gliedern. Sie wurden weiter ausgebaut und mit einem neuen Ost-West-Grünzug zu einem zusammenhängenden Park-System vernetzt. Insgesamt umfaßt die IBA Emscher-Park industrielle Landschaftsparks, eine Reihe neu angelegter, meist kleinerer Stadtparks wie den Stadtpark am Duisburger Innenhafen (siehe

Renaturierungen. Landschaftspark Duisburg Nord, die Emscher

Industrienatur

Die größte Aufmerksamkeit ziehen jedoch diejenigen Areale auf sich, die mit den Strukturen der Schwerindustrie unmittelbar verbunden waren. Diese neu gestalteten Anlagen sind gewissermaßen eine gartenkünstlerische Erfindung der IBA Emscher-Park, die nebenbei auch dem Begriff Industrienatur zum Leben verholfen hat. Speziell auf diesen Brachen hat man durch die vegetative Überformung eine Art »Wildnis« geschaffen und der Natur freien Lauf gelassen. Im Laufe der Jahre haben sich hier schließlich sogar eigene Pflanzenarten entwickelt. In einer Reihe von Untersuchungen hat man für die Industriebrachen im Revier bisher einen spezifischen Bewuchs festgestellt, darunter größere Anteile nicht einheimischer Arten. Generell konnte sogar eine größere Artenzahl als auf anders genutzten Flächen festgestellt werden.[2] Ästhetisch gewinnt diese Art des Bewuchses, der manchem Besucher wohl auch als Unkraut erscheint, vor allem durch die jeweiligen spezifischen Umgebungen: Dies können Anlagenteile sein, überwachsene ehemalige Gleis- und Schienenanlagen, auf denen Moosteppiche sich ausbreiten. Eine weitere Variante dieser Industrienatur sind die sogenannten Industriewälder. Ursprünglich als »Restflächenprojekt« erprobt, wurde dieses Projekt inzwischen dauerhaft der Landesforstverwaltung übertragen. In diesen Fällen hat man auch aus praktischen Gründen die Landschaft nicht gänzlich sich selbst zu überlassen, sondern die freien Industriebrachen durch »natürliche Sukzession gezielt bewaldet«, auf gestalterische Ansprüche aber weitgehend verzichtet und die Gebiete später der Öffentlichkeit als Erholungs- und Naturerlebnisräume zugänglich gemacht. Derzeit umfaßt dieses separate Projekt 17 Teilflächen mit insgesamt etwa 245 Hektar.

Industriekultur

Einher mit der ökologischen und landschaftlichen Aufwertung ging eine kulturelle Erneuerung, die vor allem in der Neunutzung der ehemaligen Zechenanlagen bestand. Hierin, in der Idee, das vorhandene industrielle Erbe der Region nicht zu demontieren, sondern sichtbar zu halten und mit neuer, zumeist kultureller Nutzung zu beleben, liegt aus gartenhistorischer Sicht eine der interessantesten Facetten des Unternehmens. Sie dokumentiert das seinerzeit neue und erweiterte Verständnis von Denkmalpflege, das neben Kirchen und Schlössern erstmals in größerem Umfang auch die Industriekultur einbezog. Wenn also der Landschaftspark im vorindustriellen Sinn hierbei nicht mehr als Vorbild diente, blieb durch die ästhetische Inszenierung der imposanten ehemaligen Zechen und Industrieanlagen als Relikte einer vergangenen Epoche, aller Zukunftsorientierung des Projekts zum Trotz, zugleich auch ein Stück Historismus mit im Spiel, wobei dieser obendrein eine regionalspezifische Note und damit identitätsstiftenden Charakter erhielt. Über diese Funktion hinaus wäre die Inszenierung der Industrieanlagen mithin auch als Beispiel einer modernen Form von Industrieromantik zu begreifen. Schließlich hat man zum Beispiel durch Arbeiten zeitgenössischer Kunst auf markanten landschaftlichen Punkten wie den Halden diesen Ästhetisierungsprozessen weitere Anstöße gegeben, die in den bevorstehenden Aktivitäten im Rahmen der Kulturhauptstadt Ruhr 2010 ausgeweitet werden (Projekte wie die sogenannte »Parkautobahn A 42« oder Ausstellungen auf der Emscher-Insel, der Fläche zwischen der Emscher und dem Rhein-

Herne-Kanal). Das grundsätzliche Ziel bis heute blieb die Schaffung einer Kulturlandschaft mit einem im wörtlichen Sinn neuen Profil, die Vision einer neuen, durchaus auch urbanen Landschaft, die ihre industriellen Denkmäler wie die Spätformen mittelalterlicher Geschlechtertürme sichtbar hält und sie in das grüne Weichbild einer Landschaft einbettet.

Kulturlandschaft oder urbane Landschaft

Zu Zeiten des klassischen Landschaftsgartens im 18. und 19. Jahrhundert war der Begriff der Landschaft im wesentlichen bestimmt von der Vorstellung einer agrarisch geprägten Landschaft, deren Physiognomie im wahrsten Sinne des Wortes ästhetischen Kriterien folgte und sich an der menschlichen Wahrnehmung orientierte: Ein Ausschnitt der kultivierten Natur wurde als Zusammenhang und optische Einheit wahrgenommen, die in diesem Zuschnitt eine Qualität erlangte, der man Schönheitscharakter zubilligte. Es ist offensichtlich, daß im Unterschied zu dieser Tradition bei der IBA Emscher-Park ein anderer Begriff von Landschaft zugrundegelegt ist, einer, der insbesondere den bisher maßgeblichen Unterschied von Stadt und Land aufhebt. Zum Tragen kommt ein neuer, urbaner Landschaftsbegriff, der in der Folge gegenwärtiger urbaner Entwicklungen etwa Spontanlandschaften wie Brachen oder suburbane Siedlungen einbezieht. Über die Bedeutung und Reichweite eines solchen Landschaftsbegriffs wird indessen nach wie vor debattiert. Den angedeuteten Entwicklungen von Agglomerationen nämlich zum Trotz, die vielerorts zu Überschneidungen beziehungsweise Überlappungen städtischer und ländlicher Räume geführt haben, werden die unterschiedlichen Landschaftsfacetten von den Menschen nach wie vor als unterschiedlich wahrgenommen – die (historisch) gefärbte Wahrnehmung entspricht nicht den tatsächlichen Entwicklungen und planerischen Konstruktionen.[3]

Einer klassischen Vorstellung von Landschaft kann dieses Konzept einer verwandelten Industrielandschaft jedenfalls nur im Detail, in Ausschnitten, nicht mehr in seiner konzeptionellen Gesamtheit folgen. Diesbezüglich orientiert sich die IBA insgesamt an der Idee eines Wohn-, Arbeits- und Lebensraums. Dennoch, zumindest in ihren zentralen Bereichen, in den neu entstandenen Industrieparks, bleibt die Idee des klassischen Landschaftsparks lebendig. Und zwar nicht nur dort, wo man versuchte, durch Haldenaufschüttungen der Oberfläche des Landes eine prägnantere und abwechslungsreichere Struktur zu geben. Vor allem tut sie es überall dort, wo die Zeugnisse einer vergangenen (Industrie-)Epoche in einen inszenatorischen Zusammenhang gebracht und als optische Landmarken in den Landschaftsraum integriert werden. Die monumentalen Relikte der Montanindustrie lösen ästhetisch gewissermaßen die Staffageachitekturen der frühen Landschaftsgärten ab; in diesem Fall sind sie sogar die authentischen Zeugnisse der kulturellen Leistungen einer früheren Epoche, wobei die Inszenierungen auch wesentlich von deren industriegeschichtlicher Bedeutung bestimmt bleiben. Sofern sie diese Erinnerungsfunktion wahrnimmt, bleibt die IBA Emscher-Park insgesamt in der Nachfolge historischer Landschaftsparks und bewahrt nebenbei den Kern gewachsener regionaler Identität. Man kann diesen Kernaspekt auch gegenüber zukünftigen Prozessen des »Strukturwandels« im Hinblick auf die Singularität des Erscheinungsbildes nicht genug betonen. Fürst Pückler, der der aktuellen IBA in der Lausitz den Namen gibt, hatte in seine Andeutungen geschrieben: »... Jede Form menschlicher Ausbildung ist ehrenwert. Und eben weil die hier in Rede stehende sich vielleicht ihrem Ende nähert, fängt sie wieder an, ein allgemeines, poetisches und romantisches Interesse zu gewinnen, das man bis jetzt Fabriken, Maschinen und selbst Constitutionen noch schwer abgewinnen kann.«[4]

Die IBA Emscher-Park jedoch ist ein kontinuierlicher Prozeß. Heute scheint sie mehr oder weniger aufgegangen in die ›normalen‹ Prozesse regionaler Strukturpolitik, wobei die bei der ursprünglichen Konzeption formulierten Qualitätskriterien zum Beispiel hinsichtlich der Freiraumgestaltung (etwa dem Grünflächenanteil) beibehalten werden sollen. War die ursprüngliche Idee insgesamt, wie es scheint, noch stärker von gartenkünstlerischen Gesichtspunkten und von der Aufgabe der Sanierung der Zechen und Industrieanlagen bestimmt, so geht es heute zunehmend um neue Wohn- und Gewerbeansiedlungen und deren Einbindung in die bestehenden Strukturen, aber auch zum Beispiel um stadtnahe Landwirtschaft.[5] Was somit als »Emscher-Park« entwickelt wurde und wird, geht über einen Naturpark deutlich hinaus. Es beinhaltet Freizeit- und Kulturangebote an den Stätten der alten Industriekultur ebenso wie neue Bebauungsflächen und verbindet konzeptionell Landschaftsplanung, Gartenkunst, Stadtentwicklung und Strukturpolitik. Als neue Naherholungsräume ein klarer Gewinn, liegt in der Größe – der Masterplan 2010 sieht eine Erweiterung der ursprünglichen Fläche um 137 auf dann 457 Quadratkilometer vor – sowie in der Heterogenität der Flächennutzung, die Gewerbeansiedlungen und neue Wohnanlagen umfaßt, doch auch eine Gefahr. Ein spezifischer Parkcharakter läßt sich trotz touristischer Routen wie der der Industriekultur und vieler neuer Fahrradwege einem größeren Kreis von Menschen bei dieser Ausdehnung nur schwer vermitteln. Für Besucher bleiben die intensiver gestalteten einzelnen Parkanlagen rund um die alten Industriegelände das konkreteste und einprägsamste Erlebnis.

Die IBA Emscher-Park hat sich im Laufe der Jahre auch als ein Lehrbeispiel für vergleichbare ehemalige Industrieregionen entwickelt. In Nordrhein-Westfalen haben sich darüber hinaus weitere regionale Strukturprogramme, die sogenannten REGIONALEN, angeschlossen. Mit dem Fokus auf einer Stärkung der Verbindung von vorhandener Kultur und Landschaft haben sie sich ähnlich ›ganzheitliche‹ Entwicklungsprogramme zum Ziel gesetzt. Schließlich hat das

Giardino Segreto. Landschaftspark Duisburg Nord, Bunkergarten

Prinzip vom »Wandel durch Kultur« dazu beigetragen, daß sich die gesamte Region des Ruhrgebiets erfolgreich als »Kulturhauptstadt Europas 2010« bewerben konnte. Auch andernorts jedoch sind regionale Projekte der im Ruhrgebiet eingeschlagenen Richtung der Umwandlung offenbar gefolgt. Auch die Grünmetropole Euregio Maas-Rhein versteht sich als ›grüne‹ Umwandlung einer industriellen Folgelandschaft. Zu nennen wären ferner der Saar-Kohlenpark und die IBA Fürst-Pückler-Land in der Lausitz, die ihre durch den Braunkohletageabbau zerstörten Landschaften zu erneuern sucht.

Industrieparks und Landmarken

Die im Umfeld der ehemaligen Zechenanlagen neu geschaffenen Parkanlagen liegen meist an den Schnittstellen des Emscher-Raums. Neben den auf Halden installierten Kunstobjekten dienen sie als touristische Anlaufstellen und strukturieren das Gebiet, zum Teil auch als optisch erkennbare Landmarken. Von den rund dreißig dieser Highlights sei im folgenden ein kleiner repräsentativer Ausschnitt vorgestellt.

Landschaftspark Duisburg Nord

Zwischen den beiden Duisburger Stadtteilen Meiderich und Hamborn gelegen, ist der Landschaftspark Duisburg-Nord das entschiedenste Beispiel für den innerhalb der IBA Emscher-Park entstandenen neuen Typ eines Industrieparks. Die traditionellen Antipoden Industrie und Natur sind hier eine geradezu symbiotische Verbindung eingegangen. Das Ergebnis ist eine sehr spezifische Atmosphäre von sich durchdringenden Zeitphasen. Im Mittelpunkt der rund 200 Hektar großen Anlage steht der erhaltene Hochofen 5 des 1985 stillgelegten Hüttenwerks Meiderich (die anderen Hochöfen wurden abgebaut und nach China verschifft). Der begehbare, bis zu 70 Meter hohe Stahlriese, dessen von Rost überzogene Röhrensysteme man für eine riesige Kunstinstallation halten könnte, würde man nicht von den Aufgängen, Treppen und Brücken Einblicke in die ehemaligen Arbeitsprozesse erhalten, dürfte eines der imposantesten Relikte des Industriezeitalters überhaupt sein. In der Nachbarschaft wirkt die mit 49 Eisentafeln gepflasterte Piazza metallica (die Tafeln wurden zum Auskleiden der Gießöfen genutzt) wie eine verlassene antike Arena. All dies verwandelte sich nach den Plänen der Landschaftsarchitekten Latz + Partner zu einem rostbraun-grünlich schimmernden stählernen Gebilde. Es war der Kerngedanke, dieses Denkmal der Industriegeschichte, dessen Erhalt ursprünglich durchaus strittig war, in seiner spröden Archaik sichtbar zu halten und partienweise von Natur überwuchern zu lassen. Über, zwischen und unter dem rostenden Ungetüm blüht, wächst und wuchert es, wobei neue, zum Teil exotische Pflanzen entdeckt wurden, deren Samen einst mit den Erzen importiert wurden. In einem Baggersee fand man zum Teil unbekannte Arten von Muscheln, Krebsen und Fischen, auch viele Vogelarten, darunter etliche, die auf der Roten Liste stehen, bevölkern das Gelände. Und doch wirken etwa die jenseits des Emscher-Kanals gelegenen, jetzt zum Teil als Klettergärten genutzten und bepflanzten Bunkerkammern, in denen ehemals die Eisenerze gelagert wurden, wie eine Sequenz von *giardini segreti*. Vor dem Hintergrund dieser nach wie vor beeindruckenden Ruinenkulisse spielen sich heute vergleichsweise fröhlich-zeitgeistige Aktivitäten ab. Der Landschaftspark Duisburg Nord ist ein bevorzugter Veranstaltungsort für Unternehmen, darüber hinaus ein Abenteuerspielplatz, der für die unterschiedlichsten Freizeitbeschäftigungen genutzt wird. Die alten Werkshallen sind für Kultur- und Firmenveranstaltungen umfunktioniert worden, im Gasometer entstand Europas größtes künstliches Tauchsportzentrum, die Erzlagerbunker wurden zu Klettergärten umfunktioniert, in einer ehemaligen Gießhalle wurde ein Hochseilparcours eingerichtet und die ehemaligen Hallen der Stromerzeugung, die Kraftzentrale und allen voran die 50 Meter lange Gebläsehalle von 1902 wurden zu kulturellen Veranstaltungsorten umgebaut. Schließlich verwandeln sich die Hochöfen in manchen Nächten zu einem farbintensives Spektakel (Lichtkünstler Jonathan Park). Der Landschaftspark Duisburg Nord, einer der wichtigsten Ankerpunkte auf der Route der Industriekultur im Ruhrgebiet und Bestandteil der Europäischen Route der Industriekultur, gehört heute zur kulturellen Grundausstattung der Region wie des Landes Nordrhein-Westfalen.

Garten der Erinnerung, Duisburg

Der 1999 nach Plänen des Land-Art-Künstlers Dani Karavan angelegte Park liegt in Nachbarschaft des Neubaus des jüdischen Gemeindezentrums der Stadt (unweit der 1938 zerstörten Synagoge) und grenzt auf seiner anderen Seite

Brückengeflecht. Nordsternpark, Gelsekirchen, die Emscher

Landschaftskultur. Nordsternpark Gelsenkirchen, Parklandschaft mit ehemaligem Kohlenbunker

unmittelbar an das Becken des Duisburger Innenhafens. Er ist somit Teil des ehemaligen Hafen- und Handelsplatzes, der seit mehr als zehn Jahren nach den Plänen von Norman Foster in einen modernen Büro-, Wohn- und Kulturstandort umgewandelt wird. Herzog & de Meuron haben hier vor Jahren schon die historische Küppersmühle in ein Museum für moderne Kunst (MKM) umgebaut; entlang der Wasserfront sieht man sanierte Backsteinhallen, vordringlich aber silbrig glänzende, modernistische Bürokomplexe – eine Entwicklung, die mit neuen spektakulären Bauprojekten des Landes (unter anderem ein neues Landesarchiv) derzeit in eine neue Phase geht. An dieses Ambiente von denkmalgeschützten Industriebauten und neuen Bürowelten knüpft nun der moderne Park von Karavan an, dessen Besonderheit unter anderem die Integration baulicher Industrierelikte, vor allem abgerissener ehemaliger Lagerhallen, darstellt. Sie werden als »künstliche Ruinen« von einer zurückhaltenden Bepflanzung teilweise vereinnahmt: Bergkiefern wachsen auf Türmen, auf dem Boden einer von ihren Wänden befreiten Lagerhalle die Gleditschien. Aus Abbruchresten wurde ein Hügel aufgeschüttet und daraus eine Art wilder Steingarten aufgetürmt. Weiße Betonmauern zeichnen die alten Grundrißlinien von Gebäuden und Hallen nach, während – als auffallendstes gestalterisches Merkmal – weiße Betonwellen die Rasenwellen vor dem Hafenbecken einfassen. Etwas manieriert wirkt diese städtische Parkanlage, der ein wenig der Baumbewuchs fehlt. Nicht so sehr der Idee eines Volksparks verpflichtet, sucht er in eher abstrakter Weise eine Idee von Erinnerung umzusetzen.

Nordsternpark, Gelsenkirchen

Die ursprünglich nördlichste Zeche des Ruhrgebiets wurde 1997 als ein herausragendes Teilstück der IBA Emscher-Park zum Ort einer Bundesgartenschau, deren damals neue Idee im Neuaufbau einer Parklandschaft innerhalb eines stark industriell gezeichneten Geländes bestand. Am Schnittpunkt der Reste eines der Nord-Süd-Gartenzüge des Reviers und dem Rhein-Herne-Kanal als landschaftlich dominierendem west-östlichen Verbindungsweg gelegen, erstreckt sich das 100 Hektar große Parkgelände zwischen zwei Gelsenkirchener Stadtteilen beiderseits der Emscher- und des Rhein-Herne-Kanals. Prägend sind die erhaltenen Tagebauten der Zeche, Stahlskelettbauten aus den zwanziger Jahren, die wie im Fall der Zeche Zollverein die Architekten Schupp und Kremmer errichtet hatten. Sie wurden umgebaut und saniert und dienen heute dem THS-Konzern als Hauptverwaltung. Ein ausgedehnter, neu gestalteter, leicht ansteigender treppenartiger Vorplatz bringt das zentrale Ensemble geschickt zur Geltung.

Den angrenzenden Landschaftspark, der auf Entwürfe der Landschaftsarchitekten Pridik + Freese, Marl und Berlin, in Arbeitsgemeinschaft mit den Architekten PASD Feldmeier + Wrede, Hagen, zurückgeht, kennzeichnen lange, gerade Wege, die teilweise auf Brücken verlegt wurden. Es entstanden neue Sichtachsen, ein Haldendurchstich wurde integriert, die markante Doppelbogenbrücke über den Rhein-Herne-Kanal und eine Vielzahl moderner und postmoderner gärtnerischer Momente sorgen für Abwechslung. Hierbei dominieren lineare, eher künstlich wirkende Strukturen, die jedoch einen insge-

Haldenblicke. Schurenbachhalde, Essen, mit Richard Serras Bramme

samt überzeugenden Kontrast zu den geschickt integrierten historischen Zechengebäuden bilden. Neue, auf der Insel zwischen Kanal und Emscher angelegte Uferzonen, auf der anderen Seite separate Gärten für Kinder und andere Freizeitmöglichkeiten wurden im Rahmen der Bundesgartenschau entwickelt.

Im Unterschied zur Mehrzahl der neuen Industriegärten der IBA Emscher-Park überzeugt in Gelsenkirchen vor allem die Weiträumigkeit des Parks, die auch die Wasserwege als Elemente und die von der Bramme gekrönte Schurenbachhalde als Point de vue einbezieht. Hier ist tatsächlich einmal ein Panorama, ein größerer landschaftlicher Zusammenhang sinnlich wahrnehmbar geworden. Kein Wildwuchs, der alte Industriebestände überwuchert – hier ist es die inszenierte und ästhetisch durchdacht wirkende Komposition von Altem und Neuem.

Die Bramme, Schurenbachhalde, Essen

15 Meter hoch, 4,50 Meter breit, 10 Zentimeter dünn und 67 Tonnen schwer ist die monolithische Skulptur aus Cortenstahl, die der amerikanische Bildhauer Richard Serra 1999 auf dem Scheitelpunkt der Halde Schurenbach im Norden von Essen als weithin sichtbare Landmarke aufgestellt hat. Mahnmalartig ragt sie wie ein erhobener Zeigefinger senkrecht (tatsächlich zu 3° geneigt) in den Himmel und präsentiert ihre stählerne Materialität als Reminiszenz an die industrielle Vergangenheit des Reviers. Ästhetisch bezieht die minimalistische Skulptur einen Großteil ihrer imposanten Wirkung aus der Umgebung. Denn das leicht konvex gewölbte Plateau, bedeckt von dem schwärzlichen Schutt des Bergematerials, wirkt wie ein großer, offener Ausstellungsraum, der die Skulptur ganz unverstellt zur Wirkung bringt. Hier soll offenbar alles modern Geglättete vermieden werden, hier soll die Kunst eine Stimmung früherer Jahre hervorrufen.

Die 50 Meter hohe Halde selbst wurde in den fünfziger Jahren aus dem Erdreich der Zeche Zollverein, Essen, aufgeschüttet. Auch sie versteht sich gewissermaßen als eine Art Landschaftskunstwerk, dessen herbe Romantik manchem Besucher eher gewöhnungsbedürftig erscheint. Der Rundblick bietet allerdings einen guten Überblick über die Natur- und Stadtlandschaft des Reviers – mit dem Tetraeder im Westen, den Hochhäusern des Zentrums von Essen im Süden, dem Nordsternpark mit der roten Emscherbrücke über den Kanal im Nordosten.

Zeche Zollverein, Essen

Weltkulturerbe (seit 2001), Kathedrale des Industriezeitalters, Emblem und kulturelles Gedächtnis des Ruhrgebiets wie Symbol für dessen Erneuerung – die Titel für die ehemals größte Schachtanlage der Welt im Essener Süden sind Legion. Im Zentrum steht die Zeche Zollverein Schacht XII, ein aus strengen kubischen Baukörpern bestehendes, rechtwinklig angelegtes Ensemble, das die Architekten Fritz Schupp (1896–1974) und Martin Kremmer (1894–1945) in den zwanziger Jahren, angelehnt an den Stil der neuen Sachlichkeit, entworfen haben. Überragt wird es von dem signalhaft wirkenden Doppelbockfördergerüst. Umgeben ist dieses heute als zentraler Ausstellungsort, als Design- und Veranstaltungszentrum (das benachbarte Designzentrum im ehemaligen Kesselhaus wurde von Norman Foster umgebaut) umgenutzte Areal von überwachsenen Gleisanlagen, von riesigen Hallen, Brücken und Freiflächen. Etwas entfernt variiert die 600 Meter lange ehemalige Kokerei mit ihren sechs Schornsteinen das Bild vergangener Größe, als zeitweise 50 000 Menschen hier zwei Millionen Tonnen Kohle im Jahr förderten. Im Vergleich zum Landschaftspark Duisburg Nord dominiert in

Industrienatur. Zeche Zollverein, Essen

Essen weniger der Eindruck grün umwucherter industrieller Restbestände als der von neuen Aktivitäten innerhalb eines überwiegend denkmalgerecht erneuerten, heute zum Teil schicken Ambientes. Verantwortlich für das Gesamtkonzept war das Office for Metropolitan Architecture (Rem Koolhaas). Mehr als hundert Firmen sind heute auf dem Gelände der Zeche ansässig, Restaurants und Café sind eingezogen, Konzerte werden gegeben, Ausstellungen und Kongresse organisiert. Ein neuer ›Gewerbepark‹ (»Designstadt«) versammelt junge Unternehmen der sogenannten Kreativwirtschaft der Region. 800 000 Besucher jährlich verzeichnet die Zeche. Als neuer Mittelpunkt wird zum Kulturhauptstadtjahr der Ruhr 2010 das neue Ruhrmuseum in der stillgelegten Kohlenwäsche eröffnet. Unter Einbeziehung exemplarischer Teile des historischen Maschinenparks wird es die Natur- und Kulturgeschichte des Ruhrgebiets erzählen und von einer viel diskutierten farbigen Rolltreppe (Rem Koolhaas) erschlossen, die zu dem neu erbauten Besucherzentrum hinaufführt. Die Zeche Zollverein sucht die Mitte zwischen Musealisierung und neuem wirtschaftlichem Aufbruch zu verwirklichen.

Anhang

Regionale Gartenrouten in Deutschland

Bayern
Eine Übersicht vermittelt die Seite der Bayer. Schlösserverwaltung:
www.schloesser.bayern.de

Baden-Württemberg
Übersicht unter:
www.schencksreisefuehrer.de/schloesser_regional

Berlin
www.berlins-gruene-seiten.de
(Kurzinformationen zu rund 45 Gärten von Potsdam bis zum Schlosspark Köpenick)

Brandenburg
Informationen zu 5 regionalen Gartenrouten unter:
www.gartenland-brandenburg.de

Hessen
www.gartenkulturpfad-fulda.de

Mecklenburg-Vorpommern
Übersicht unter:
www.mv-schloesser.de/

Niedersachsen
www.nordwesten.net/Route-der-Gartenkultur/
www.hannover.de/gartenregion

Nordrhein-Westfalen
Straße der Gartenkunst zwischen Rhein und Maas e.V.:
www.strasse-der-gartenkunst.de
Kleine Paradiese:
www.garten-landschaft-owl.de (Ostwestfalen-Lippe)
Weitere regionale Routen in NRW wie in anderen Regionen Europas:
www.eghn.org/nrw (European Garden Heritage Network)

Saarland
Gärten ohne Grenzen:
www.gaerten-ohne-grenzen.de

Sachsen
www.schloesserland-sachsen.de

Sachsen-Anhalt
Gartenträume:
www.gartentraeume-sachsen-anhalt.de (informiert über 40 Gärten und Parks)

Schleswig-Holstein
Gartenroute zwischen den Meeren:
www.gartenrouten-sh.de (beschreibt 7 lokale Gartenrouten)

Landschaftsgärten in Deutschland, die in diesem Buch besprochen werden

Anmerkungen

Die Entstehung des Landschaftsgartens in England

1) Walpole, Horace: On Modern Gardening (1770). In: The History of Modern Taste of Gardening, Bd. IV, Anecdotes of Painting, 1771. Ins Deutsche übersetzt zuerst von Hirschfeld im Taschenbuch für Gartenfreunde des Jahres 1789. Sowie: Über die neuere Gartenkunst, übersetzt von A.W. Schlegel. In: Historische, literarische und unterhaltende Schriften. Leipzig 1800. Hier und im Folgenden wird zitiert aus: Reprint, Heidelberg 1994, hrsg. v. Frank Maier-Solgk, S. 60: »Wir haben den Punkt der Vollkommenheit erreicht, wir haben der Welt ein Vorbild echter Gartenkunst gegeben.«
2) Zu den komplexen geisteswissenschaftlichen und politischen Hintergründen des Landschaftsgartens vgl. Buttlar, Adrian von: Der englische Landsitz 1715–1760, Mittenwald 1980.
3) Walpole, Über die neuere Gartenkunst, S. 6.
4) Vgl. Milton: Paradise Lost, 4. Buch, The Poetical Works of John Milton, London, New York 1899. Vgl. hierzu: Hunt, J. D., und P. Willis: The Genius of the Place. The English Landscape Garden 1620–1820, London 1975.
5) Pope, Alexander: Essay on Man (1733), Epistel I, Verse 233 f. The Poems of Alexander Pope, hrsg. von E. Audra und A. Williams, London New Haven 1961, Bd. 3, Verse 130 f.
6) Shaftesbury, The Moralists (1709). In: Characteristics of Men, Manners, Opinions, Times, Bd. 2, S. 345. Dt.: Hamburg 1980 (Meiner Ausgabe). Nachdruck Hildesheim, New York, 1978, 3. Teil, 1. Abschnitt, 345. Dt.: Hamburg 1980 (Meiner Ausgabe), S. 146.
7) Shaftesbury, The Moralists, 3. Teil, 1. Abschnitt, Characteristics, Bd. 2, S. 394 (Dt.: S. 178). Vgl. auch folgende Passage: »A Princely Fancy has begot all this, and a Princely Slavery, and Court-Dependance must begot all this.« Miscellaneous Reflections (1711). In: Shaftesbury, Characteristics, Bd. 3, S. 173.
8) Joseph Addisons Lob des chinesischen Gartens in seinem Spectator-Aufsatz: Upon the Pleasures of Imagination, 1712, nimmt Gedanken auf aus der Schrift Sir William Temples: Upon the Gardens of Epicurus, 1685. Temple hat nach eigenen Chinareisen als einer der ersten die irreguläre chinesische Gartenkunst, für die er den Begriff Sharawadgi einführt, als eine dem europäischen Barockgarten gegenüber konträre, mit eigenen philosphischen Hintergründen versehene Gartenform beschrieben.
9) Joseph Addison, in: The Tatler, 20.4.1710, Nr. 161.
10) Pope, Essay on Man, V. 267 ff.
11) Shaftesbury, The Moralists, 3. Teil, 2. Abschnitt, S. 393 (Dt.: S. 177).
12) Pope, Essay on Criticism, (1711), Verse 88/89. In: The Poems.
13) Pope, Essay on Criticism, Verse 90/91.
14) Jospeh Addison, in: Spectator, 1712, Nr. 412.
15) Pope, Alexander, zitiert in: Spence, J.: Observations, Anecdotes and Characters of Books and Men, Oxford 1966, Bd. I, Nr. 616.
16) Lyttleton, George: Epistel to Mr. Pope from Rome, 1730, zitiert nach Buttlar, Der englische Landsitz, S. 126.
17) Vgl. hierzu Buttlar, Der englische Landsitz, S. 108 ff.
18) Alexander Pope, Satires II, 1 (1733), Verse 125 f.: »To virtue only and her friends, a friend / The World beside my murmur, or commend. / Know, all the distant Din that world can keep / Rolls o'er my Grotto, and but sooths my sleep. There, my Retreat the best companions grace, / Chiefs out of war, and statesmen, out of place.« In: The Poems of A. Pope.
19) Walpole, S. 45. Pope hat als einer der ersten die Verwandtschaft beider Künste mit dem Diktum konstatiert: »All gardening is landscape-painting« (1734).
20) Pope, Essay on Criticism, Verse 139 f.
21) Vgl. hierzu Uhlitz, Manfred: Humphry Reptons Einfluß auf die gartenkünstlerischen Ideen des Fürsten Pückler-Muskau, Berlin 1988.

Der Landschaftsgarten in Deutschland

1) Walpole, S. 65.
2) Der Georgengarten des Grafen und späteren hannoveranischen und englischen Gesandten in Wien, Johann Ludwig von Wallmoden, datiert um das Jahr 1765, also etwa zeitgleich mit den Anfängen in Wörlitz. Im frühen 19. Jahrhundert erfuhr er eine Umgestaltung durch den Hofgärtner Christian Schaumburg, deren Ergebnis heute, nach Jahren der Zerstörung und Vernachlässigung, wieder rekonstruiert wird. Noch früher, etwa um die Jahrhundertmitte, werden Gärten mit ersten natürlichen Ansätzen in Schwöbber bei Hameln (um 1750), Harbke bei Helmstedt und, um 1760, der Garten des Klosters Marienwerder datiert, den schon Hirschfeld in seiner Gartentheorie rühmend hervorhebt. Zum Teil erhebliche Veränderungen der Parks haben dazu geführt, daß die genannten Anlagen nur geringen Einfluß auf die weitere Entwicklung der Gartenkunst genommen haben. Zum Georgengarten und den anderen frühen niedersächsischen Gärten vgl.: Zurück zur Natur. Idee und Geschichte des Georgengartens in Hannover-Herrenhausen, hrsg. v. der Wilhelm-Busch Gesellschaft und dem Grünflächenamt der Landeshauptstadt Hannover, Göttingen 1997.
3) Goethes musikalisches Lustspiel »Triumph der Empfindsamkeit« (1777, 1786 überarbeitet), eine »dramatische Grille« wurde zum Geburtstag der Herzogin Louise am 30.1.1778 in Weimar uraufgeführt. Goethe hat – seiner Kritik an der empfindsamen Gartenkunst zum Trotz – den Weimarer Park an der Ilm freilich selbst in empfindsamer Manier begonnen. Hingegen deutet sich im Eingangszitat zu diesem Kapitel aus den »Wahlverwandtschaften« Goethes späte Skepsis gegenüber einer sich ganz der Freiheit der Natur hingebenden Stimmung an.
4) Hirschfeld, Christian Cay Lorenz: Anmerkungen über Landhäuser und die Gartenkunst, Leipzig 1773, S. 169, hier zit. nach Buttlar, Adrian von: Der Landschaftsgarten, Köln 1989, S. 141.
5) Die Einteilung geht zurück auf: Hallbaum, Franz: Der Landschaftsgarten. Sein Entstehen und seine Einführung in Deutschland durch Friedrich Ludwig von Sckell, München 1927. Vgl. auch Hoffmann, A.: Der Landschaftsgarten, Hamburg 1963. Trotz mancher Kritik insbesondere an der Hallbaumschen Wertung, der den sogenannten klassischen Stil zum Ideal und Maßstab nimmt, ist diese Einteilung außer in Ansätzen noch nicht durch eine neue ersetzt worden. Vgl. hierzu Hennbo, Dieter: Gestaltungstendenzen in der deutschen Gartenkunst des 19. Jahrhunderts. In: Die Gartenkunst, 1/1992, S. 1–11.
6) Vgl. hierzu v. a. Buttlar, A. v., Der englische Landsitz.
7) Zu dieser Tendenz der Verinnerlichung vgl. Buttlar, A. v.: Englische Gärten in Deutschland. Bemerkungen zu Modifikationen ihrer Ikonologie. In: Sind Briten hier? Relations between British and Continentel Art 1680–1880, München 1981.
8) Zum literarischen Hintergrund der Empfindsamkeit der englischen Gartenkunst am ausführlichsten: Gerndt, Siegmar: Idealisierte Natur. Die literarische Kontroverse um den Landschaftsgarten des 18. und frühen 19. Jahrhunderts in Deutschland, Stuttgart 1981.
9) Schiller, Friedrich: Kalliás oder über die Schönheit, 1793 (23. Februar). Aus: Sämtliche Werke, München, 1959, Bd. 5, S. 421 f. Auch die Parallelität von Gartenkunst und Dichtkunst hat Schiller hervorgehoben: »Die Gartenkunst und die dramatische Dichtkunst haben in neuern Zeiten ziemlich dasselbe Schicksal (…) Dieselbe Tyrannei der Regeln in den französischen Gärten und in den französischen Tragödien; dieselbe bunte und wilde Regellosigkeit in den Parks der Engländer und in ihrem Shakespear.(…)« (Zerstreute Betrachtungen über verschiedene aesthetische Gegenstände) Friedrich Schiller: Werke und Briefe, Bd. 8, S. 487. Frankfurt/M. 1992.
10) Hirschfeld, Christian Cay Lorenz: Theorie der Gartenkunst, Leipzig 1779/80, Bd. 1., 2. Abschnitt, S. 139.
11) Schiller, Kalliás oder über die Schönheit, Bd. 5, S. 421 f.
12) Carl August in seinen Briefen, hrsg. von Hans Wahl und Dora Zenk, Weimar 1915, S. 54 (Hervorhebung F. M.-S.).
13) Goethe an Frau von Stein, zitiert nach Gerndt, Idealisierte Natur, S. 131 (Hervorhebung F. M.-S.).
14) Vgl. hierzu Bachman, Erich: Anfänge des Landschaftsgartens in Deutschland. In: Zeitschrift für Kunstwissenschaften V/3, S. 203–228.
15) Bachmann, Anfänge des Landschaftsgartens, S. 209.
16) Bachmann, Anfänge des Landschaftsgartens, S. 221.

17) Bachmann, Anfänge des Landschaftsgartens, S. 220.
18) Hirschfeld, Theorie der Gartenkunst, Bd. 3, S. 96.
19) De Ligne, Charles Joseph: Der Garten zu Beloeil nebst einer kritischen Uebersicht der meisten Gärten Europas, 1799. Reprint, Wörlitz 1995, S. 152.
20) Hirschfeld, Theorie der Gartenkunst, Bd. 4, S. 238.
21) Vgl. Gerndt, Idealisierte Natur, S. 106 ff.
22) Vgl. Schepers, Wolfgang: C. C. L. Hirschfelds Theorie der Gartenkunst (1779–1785) und die Frage des deutschen Gartens. In: Park und Garten im 18. Jahrhundert, Heidelberg 1978, S. 83–92; sowie ders.: Hirschfelds Theorie der Gartenkunst, Worms 1980.
23) Hirschfeld, Theorie der Gartenkunst, Bd. 5, S. 68.
24) Hirschfeld, Theorie der Gartenkunst, Bd. 1, S. 155 f.
25) Hirschfeld, Theorie der Gartenkunst, Bd. 1, S. 144.
26) Hirschfeld, Theorie der Gartenkunst, Bd. 1, S. 73.
27) Hirschfeld, Theorie der Gartenkunst, Bd. 1, S. 73. Sckells Charakteristik von Volksgärten in den Beiträgen (1825) – »Ihre Verzierungen sind Denkmäler, welche ein wichtiges vaterländisches Verdienst, eine glückliche National-Begebenheit allegorisch darstellen«; ihr Prinzip ist, »den Nationalruhm verbreiten helfen« (Beiträge zur bildenden Gartenkunst. Nachdruck, Worms 1982, S. 201) – beziehen sich exlizit auf Hirschfeld: »Übrigens aber bin ich mit dem vortrefflichen Hirschfeld ganz gleicher Meinung, daß man eher vaterländische, wirkliche Begebenheiten (…) nachbilden sollte«, in: Sckell, Friedrich Ludwig von: Beiträge zur Bildenden Gartenkunst für angehende Gartenkünstler, 1818, 1825. Nachdruck, Worms 1982, S. 130.
28) Hirschfeld, Theorie der Gartenkunst, Bd. 5, S. 70.

Der Landschaftsgarten – Grundzüge der Gestaltung

1) Hirschfeld, Theorie der Gartenkunst, Bd. 1, S. 145.
2) Zur Bedeutung der Landschaftsmalerei in England vgl. Manwaring, Elizabeth: Italian Landscape in the Eighteenth Century England. A Study chiefly on the Influence of Claude Lorrain and Salvatore Rosa on English Taste, London 1925. Vgl. ferner Steingräber, Erich: Zweitausend Jahre Europäische Landschaftsmalerei, München 1985, sowie Buttlar, A. v.: Gedanken zur Bildproblematik und zum Realitätscharakter des Landschaftsgartens. In: Die Gartenkunst 1/1996, S. 7–19.
3) Walpole, S. 64.
4) Walpole, S. 45.
5) Vgl. Hirschfeld, Theorie der Gartenkunst, Bd. 1, S. 145 ff.
6) Pückler-Muskau, Hermann Fürst von: Andeutungen über Landschaftgärtnerei, 1834. Neudruck, Frankfurt/M. 1988, S. 38.
7) Hirschfeld, Theorie der Gartenkunst, Bd. 2, S. 7.
8) Allerdings läßt Hirschfeld für den romantischen Gartentypus bizarre Felsformationen zu, auch wenn sie ansonsten »gegen allen Begriff von Schönheit anspringen«, Hirschfeld, Theorie der Gartenkunst, Bd. 1, S. 193 f.
9) Hirschfeld, Theorie der Gartenkunst, Bd. 2, S. 7.
10) Pückler-Muskau, Andeutungen, S. 28.
11) Hirschfeld, Theorie der Gartenkunst, Bd. 2, S. 12.
12) Hirschfeld, Theorie der Gartenkunst, Bd. 2, S. 10.
13) Pückler-Muskau, Andeutungen, S. 28.
14) Vgl. Walpole, S. 44: »Er übersprang die Einhegung und sah, daß die ganze Natur ein Garten sei.«
15) Pückler-Muskau, Andeutungen, S. 106.
16) Hirschfeld, Theorie der Gartenkunst, Bd. 2, S. 131.
17) Zum Einfluß Thouins auf Lenné vgl. Günther, Harri: Peter Joseph Lenné. Katalog der Zeichnungen, Tübingen 1993.
18) Sckell, Beiträge, S. 76.
19) Hirschfeld, Theorie der Gartenkunst, Bd. 2, S. 124; Sckell, Beiträge, S. 55.
20) Pückler-Muskau, Andeutungen, S. 118.
21) Hirschfeld, Theorie der Gartenkunst, Bd. 2, S. 125.
22) Hirschfeld, Theorie der Gartenkunst, Bd. 2, S. 102.
23) Pückler-Muskau, Andeutungen, S. 120.
24) Hirschfeld, Theorie der Gartenkunst, Bd. 2, S. 125.
25) Hirschfeld, Theorie der Gartenkunst, Bd. 3, S. 41 f.
26) Vgl. hierzu: Germann, Georg: Neugotik, Stuttgart 1974. Zum Phänomen des Stilpluralismus im Landschaftsgarten vgl. Schepers, Wolfgang: Zu den Anfängen des Stilpluralismus im Landschaftsgarten und dessen theoretischer Bedeutung in Deutschland. In: Brix, Michael, und Monika Steinhauser: Geschichte allein ist zeitgemäß. Historismus in Deutschland, Gießen 1978, S. 73–92.
27) Pückler-Muskau, Hermann Fürst von: Briefe eines Verstorbenen. Ein fragmenatrisches Tagebuch aus England, Wales, Irland und Frankreich, geschrieben in den Jahren 1828 und 1829, 1830. Neuausgabe, hrsg. v. Heinz Ohff, Berlin 1986, S. 335 (24.12.1828).
28) Zur Rolle der Freimaurer in England vgl. v. a. Buttlar, A. v., Der Englische Landsitz, S. 108 ff. Nur Andeutungen und Vermutungen zu einem freimaurerischen Hintergrund der Anlagen in Deutschland findet man bei Hartmann, Günther: Die Ruine im Landschaftsgarten, Worms 1981. Außerdem: Reinhardt, Helmut: Der Einfluß der Freimaurer auf die Anlage und Gestaltung der Gärten im 18. Jahrhundert. In: Gartenkunst und Denkmalpflege, Hannover 1988, S. 109–118. Zu Österreich vgl. Hajos, Geza: Romantische Gärten der Aufklärung. Englische Landschaftskultur des 18. Jahrhunderts in und um Wien, Wien, Köln 1989. Grundlegend: Lennhoff, E., und Posner, O.: Internationales Freimaurerlexikon, Graz 1932.
29) Vgl. Koselleck, Reinhart: Kritik und Krise. Eine Studie zur Pathogenese der bürgerlichen Welt, Frankfurt/M. 1973.
30) Hajos, Romantische Gärten.
31) Hartmann, Günther: Die Ruine im Landschaftsgarten, S. 213. Seiner Behauptung, daß Landgrafen Wilhelm Freimaurer gewesen sei, ist allerdings inzwischen entschieden widersprochen worden. Vgl. Dittscheid, Hans-Christoph: Kassel-Wilhelmshöhe und die Krise des Schloßbaues am Ende des Ancien Régime, Worms 1987, S. 216: »Wilhelm war ein erklärter Gegner der Freimaurer.«
32) Vgl. Kanz, Roland: Dichterportraits an Gartendenkmälern der Empfindsamkeit. In. Die Gartenkunst 1/1992, S. 126–134.
33) Hirschfeld, Theorie der Gartenkunst, Bd. 3, S. 155.

Bäume und Sträucher

1) Sckell, Beiträge, S. 4.
2) Petzold, Eduard: Zur Farbenlehre der Landschaft, Jena 1853, Neuauflage Rüsselsheim 1991, S. 38.
3) Hirschfeld, Theorie der Gartenkunst, Bd. IV, S. 54.
4) Sckell, Beiträge, S. 122.
5) Pückler, Andeutungen 1834, S. 81.
6) Hirschfeld, Theorie der Gartenkunst, Bd. IV, S. 58.
7) Pückler, Andeutungen, S. 99.
8) Sckell, Beiträge, S. 120.
9) Pückler, Andeutungen, S. 105.
10) Hirschfeld, Theorie der Gartenkunst, Bd. IV, 82.
11) Pückler, Andeutungen, S. 87.

Das Dessau-Wörlitzer Gartenreich des Fürsten Franz

1) Vgl. Reil, Friedrich: Leopold Friedrich Franz. Herzog und Fürst von Anhalt-Dessau. Nach seinem Leben und Wirken, Wörlitz 1990, S. 66.
2) Ligne, Charles Joseph von: Der Garten zu Beloeil, S. 168.
3) Aus der reichen Literatur zu Wörlitz seien hervorgehoben: Friedrich Wilhelm v. Erdmannsdorff zum 250. Geburtstag, Ausstellungskatalog, Wörlitz 1985; Weltbild Wörlitz. Entwurf einer Kulturlandschaft, Ausstellungskatalog, Wörlitz 1996 sowie Eisold, Norbert: Das Dessau-Wörlitzer Gartenreich, Köln 1993.
4) Zitiert nach Reil, Leopold Friedrich Franz, S. 109.
5) Zitiert nach Pforte, Johannes: Johann Georg Forster. Humanist und Revolutionär. In: Der Dessau-Wörlitzer Kulturkreis, Wörlitz 1965, S. 190.
6) Zitiert nach Reil, Leopold Friedrich Franz, S. 25.
7) Vgl. Rode, August: Leben des Herrn Friedrich Wilhelm von Erdmannsdorff (1801), Nachdruck, Wörlitz 1994, S. 12 ff.
8) Reil, Leopold Friedrich Franz, S. 113 f.
9) Vgl. Speler, Rolf-Torsten: Erdmannsdorff. Palladio und England. In: F. W. v. Erdmannsdorff 1736–1800, Ausstellungskatalog, Wörlitz 1986, S. 33 f.

10) Rode, A., zitiert bei Reinhard, Alex, und Peter Kühn: Schlösser und Gärten um Wörlitz, Leipzig 1995, S. 133.
11) Reil, Leopold Friedrich Franz, S. 70.
12) Reil, Leopold Friedrich Franz, S. 95 f.
13) Boettiger, Carl August: Reise nach Wörlitz 1797, ed. v. Erhard Hirsch. Wörlitz 1988, S. 15 ff.
14) Hölderlin, Friedrich: An eine Fürstin von Dessau, 1795. Aus: Friedrich Hölderlin. Werke und Briefe, Frankfurt 1982, Bd. 1, S. 71.
15) Grohmann, Johann Christian August: Ansicht vom Luisium bei Dessau. In: Taschenbuch für Gartenfreunde, hrsg. v. Becker, Wilhelm Gottlieb, Leipzig 1796, S. 51.

Wilhelm von Hessen-Kassel

1) Hirschfeld, Theorie der Gartenkunst, Bd. 5, S. 101 f.
2) Hirschfeld, Theorie der Gartenkunst, Bd. 5, S. 104 f.
3) Hirschfeld, Theorie der Gartenkunst, Bd. 5, S. 105.
4) Vgl. Dittscheid, Kassel-Wilhelmshöhe, S. 216, S. 290 (Anm. 1293). Dittscheid zitiert Wilhelms Ablehnung der Freimaurer aus dessen Memoiren.
5) Zitiert bei Dittscheid, Kassel-Wilhelmshöhe, S. 215.
6) Hirschfeld, Theorie der Gartenkunst, Bd. 4, S. 126 f.
7) Hirschfeld, Theorie der Gartenkunst, Bd. 5, S. 235 f.
8) Diese Zusammenhang diskutiert ausführlichst Dittscheid, Kassel-Wilhelmshöhe.

Friedrich Ludwig von Sckell

1) Zu Sckell vgl. Hallbaum, Der Landschaftsgarten. Des weiteren: Hannwacker, Volker: Friedrich Ludwig von Sckell. Der Begründer des Landschaftsgartens in Deutschland, Stuttgart 1992, sowie Hoffmann, Alfred: Der Landschaftsgarten, Hamburg 1963, S. 188 ff.
2) Vgl. Hannwacker, Friedrich Ludwig von Sckell, S. 5.
3) Sckells Urheberschaft dieses Parks wird bezweifelt. Vgl. Werner, F.: Rezension des Buches von Hannwacker, Friedrich Ludwig von Sckell. In: Die Gartenkunst 2/1992, S. 351 f.
4) Vgl. Sckell, Beiträge, S. 121 f.: »Außer diesen so verschiedenen Wellen-Linien bestehen aber noch andere in der Natur, wenn sich nämlich an hohen Wäldern Vorgründe von halb hohen, von niedern, und endlich von kleinen Gesträuchen aufstellen, die sich auch nach einer oblicken Linie, bald von der Linken zur Rechten, und auch umgekehrt von der Rechten zur Linken, heruntersenken und an der hohen Wand des hintern Waldes sich gleichsam abschneiden.«
5) Zitiert bei Hallbaum, Der Landschaftsgarten, S. 105 f. (Schreiben Sckells vom 22. 11. 1796)
6) Hirschfeld, Theorie der Gartenkunst, S. V, S. 344 f.
7) Sckell, Beiträge, S. 202, 204 f.
8) Zu Schönbusch vgl. den ausführlichen amtlichen Führer: Helmberger, Werner: Schloß und Park Schönbusch, München 1981.
9) Vgl. Reidel, Hermann: Emanuel Joseph von Herigoyen. Kgl. bayer. Oberbaukommissar 1746–1817, München, Zürich 1982.
10) Der Typus war insbesondere in England verbreitet, wohin Baumeister Herigoyen 1789 gereist war. In Frage kommen der Tempel der Bellona in Kew Gardens und der Pantheonnachbau in Chiswick, auf dessen freimaurerischen Hintergrund Buttlar hingewiesen hat. Vgl. Peter Buttlar, Der englische Landsitz, S. 133 f.
11) Zitiert nach Greindl, Gabriele: Die Väter des Englischen Gartens. Kurfürst Karl-Theodor von Bayern (1724–1799). In: 200 Jahre Englischer Garten München 1789–1989, Festschrift, München 1989, S. 18.
12) Zitiert nach Greindl, Die Väter, S. 18.
13) Sckell, Beiträge, S. 198.
14) Vgl. hierzu Freyberg, Pankraz von: Die »Geburtsurkunde« des Englischen Gartens vom 13. August 1789– eine Neuentdeckung. In: 200 Jahre Englischer Garten München, Festschrift, München 1989, S. 77–83.
15) »Denkschrift« Sckells aus dem Jahr 1807 (Plan B). Zitiert nach Freyberg, Pankraz von: Die Denkschrift Friedrich Ludwig von Sckells vom 6. März 1807. In: 200 Jahre Englischer Garten München, Festschrift, München 1989, S. 102 f.
16) Sckell, Beiträge, S. 13.
17) Sckell, Beiträge, S. 201.
18) Sckell, Beiträge, S. 201.
19) Hirschfeld, Theorie der Gartenkunst, S. V, S. 357.
20) Sckell, Beiträge, S. 170.
21) Hallbaum, Der Landschaftsgarten, S. 237.
22) Sckell, Beiträge, S. 204.

Peter Joseph Lenné

1) Ein Werkverzeichnis findet sich in: Hinz, Gerhard: Peter Josef Lenné. Das Gesamtwerk des Gartenarchitekten und Städteplaners, Hildesheim, Zürich, New York 1989. Eine detaillierte Bestandsaufnahme und Charakteristik der Anlagen der Potsdamer Parklandschaft bietet: Insel Potsdam, hrsg. v. Musäumspädagogischer Dienst Berlin, Berlin 1991.
2) Vgl. hierzu Hennebo, Dieter: Vom »klassischen« Landschaftsgarten zum »gemischten Styl«. Zeittypische Gestaltungstendenzen bei Peter Jospeh Lenné. In: Peter Joseph Lenné. Volkspark und Arkadien, Ausstellungskatalog, Berlin 1989, S. 49–59. Sowie ders., Gestaltungstendenzen in der deutschen Gartenkunst des 19. Jahrhunderts. In: Die Gartenkunst, 1/1992, S. 1–11. S. auch Buttlar, A. v.: Vom Landschaftsgarten zur Gartenlandschaft – Peter Joseph Lenné und seine Parkschöpfungen in Berlin. In: Berlin durch die Blume oder Kraut und Rüben – Gartenkunst in Brandenburg, Ausstellungskatalog, Berlin 1985.
3) Zitiert nach: Peter Joseph Lenné. Volkspark und Arkadien, S. 13.
4) Vgl. Hajós, Romantische Gärten.
5) Beide Schriften Lennés in: Verhandlungen des Vereins zur Beförderung des Gartenbaus in den Königlich Preußischen Staaten, Berlin 1824 ff. (Bd. 1, Bd. 19). Eine vollständige Bibliographie mit Schriften von und über Lenné, erstellt von C. A. Wimmer, findet man in: Peter Jospeh Lenné. Volkspark und Arkadien, S. 302–306.
6) Peter Joseph Lenné. Über die Anlage eines Volksgartens bei der Stadt Magdeburg, Berlin 1825. In: Verhandlungen des Vereins zur Beförderung des Gartenbaus, Berlin 1826, Bd. 2, S. 144 ff.
7) Zu dieser Diskussion vgl. Wimmer, Clemens Alexander: Äußerungen Lennés zur Gartentheorie. In: Peter Joseph Lenné. Volkspark und Arkadien, S. 60–68.
8) Zitiert nach Petzold, Ernst: Fürst Hermann Pückler-Muskau in seinem Wirken in Muskau und Branitz sowie seiner Bedeutung für die bildende Gartenkunst, Leipzig, 1874, S. 55 f.
9) Zitiert nach Dehio, Ludwig: Friedrich Wilhelm IV. von Preußen. Ein Baukünstler der Romantik, München, Berlin 1961, S. 87.
10) Peter Joseph Lenné. Allgemeine Bemerkungen über die Britischen Parks und Gärten. In: Lenné, Verhandlungen des Vereins zur Beförderung des Gartenbaus in den Königlich Preußischen Staaten, Berlin 1824, Bd. 1, S. 85–88.
11) Zitiert nach Hinz, Peter Joseph Lenné, S. 37.
12) Fontane, Theodor: Wanderungen durch die Mark Brandenburg, Bd. 2, S. 181. In: Theodor Fontane. Werke, Schriften und Briefe, München 1968.
13) Kopisch, zitiert nach Hinz, Peter Joseph Lenné, S. 78.
14) Zitiert nach Zuchold, Gerd-H.: »Der Klosterhof« im Park von Schloß Glienicke – privates Refugium oder Ausdrucksträger eines konservativen Staatsmodells? In: Schloß Glienicke. Bewohner Künstler Parklandschaft, Ausstellungskatalog, Berlin 1987, S. 237.
15) Zitiert nach Hinz, Peter Joseph Lenné, S. 55.
16) Vgl. hierzu Dehio, Friedrich Wilhelm IV.: von Preußen sowie zusammenfassend: Hoffmann, Hans: Schloß Charlottenhof und Die Römischen Bäder, Potsdam 1991(3), S. 78.
17) Fontane, Wanderungen, Bd. 2, S. 190.
18) Fontane, Wanderungen, Bd. 2, S. 193.
19) Fontane, Wanderungen, Bd. 2, S. 198 f.
20) Kopisch, zitiert nach Hinz, Peter Joseph Lenné, S. 88.
21) Zitiert nach Rippl, Helmut (Hrsg.): Der Parkschöpfer Pückler-Muskau, Weimar 1995, S. 99.
22) Zitiert bei Rippl, Helmut, Pücklers Parkanlagen in Muskau, Babelsberg und Branitz, in: Hermann Ludwig Hein-

Glossar

rich Fürst von Pückler-Muskau, Herausgegeben vom Institut für Denkmalpflege, Weimar 1989, S. 110.

Hermann Fürst von Pückler-Muskau

1) Eine Darstellung der gärtnerischen Werke des Fürsten Pückler-Muskau bei Rippl, Der Parkschöpfer. Ferner Petzold, Eduard: Fürst Hermann von Pückler-Muskau. Arnim, Hermann Graf von: Ein Fürst unter Gärtnern. Pückler als Landschaftskünstler und der Muskauer Park, Berlin 1981. Ohff, Heinz: Fürst Hermann von Pückler-Muskau, Berlin 1982. (Reihe: Preußische Köpfe)
2) Buttlar, Englische Gärten, S. 114.
3) Pückler-Muskau, Briefe eines Verstorbenen, S. 453. Zu Lord Byron beispielsweise meint Pückler: »Lachen muß ich immer über die Engländer, die diesen ihren zweiten Dichter (...) so jämmerlich spießbürgerlich beurteilen, weil er ihre Pedanterie verspottete, sich ihren Krähwinkelsitten nicht fügen, ihren kalten Aberglauben nicht teilen wollte, ihre Nüchternheit ihm ekelhaft war und er sich über ihren Hochmut und ihre Heuchelei beklagte.« Briefe, S. 111.
4) Pückler-Muskau, Andeutungen, S. 166.
5) Pückler-Muskau, Briefe eines Verstorbenen, S. 729.
6) Vgl. Pückler-Muskau, Andeutungen, S. 39.
7) Heine, Heinrich: Lutetia. Berichte über Politik, Kunst und Volksleben. Zueignungsbrief. In: Sämtliche Schriften, München 1976, Bd. 9, S. 239f.
8) Pückler-Muskau, Andeutungen, S. 166.
9) Pückler-Muskau, Andeutungen, S. 175f.
10) Pückler-Muskau, Andeutungen, S. 168.
11) Pückler-Muskau, Andeutungen, S. 167.
12) Pückler-Muskau, Andeutungen, S. 49f.
13) Pückler-Muskau, Andeutungen, S. 39.

Landschaftsgärten. Entwicklung und neue Perspektiven

1) Seit 1951 (Hannover) allerdings findet alle zwei Jahre eine Bundesgartenschau statt.
2) Vgl. Jörg Dettmar: Bemerkenswerte Pflanzenvorkommen auf Industrieflächen im Ruhrgebiet. In: Floristische Rundschau 22, 1989, 104–122; oder Jörg Dettmar: Industriebbedingte Lebensräume in Europa. Schriftenreihe für Vegetationskunde. H 27, 1996, 111–118.
3) Vgl. W. Nohl: Zielkonflikte in der Landschaft – Ästhetik und Freizeit. In: H.-D. Collinett und F. Pesch: Stadt und Landschaft. Essen 2009, S. 90ff.
4) Fürst Pückler, Andeutungen.
5) Der Masterplan 2010 sieht einen Grünflächenanteil von 21 Prozent oder 9532 Hektar vor. 6 Prozent sind Siedlungsfläche, 5 Prozent Verkehrsfläche, 37 Prozent Landwirtschafts- und 16 Prozent Forstwirtschaftsfläche.

Aha
»Unsichtbarer« Graben, der den Landschaftspark von der umgebenden Landschaft abgrenzt; zuerst von Charles Bridgeman im Landschaftsgarten eingeführt.

Arboretum
Sammlung ausgefallener Gehölze zu wissenschaftlichen Zwecken, die als separater Gartenteil des Parks gestaltet ist.

Arkadien
Landschaft auf der Peloponnes, die als Inbegriff einer paradiesischen Hirten- und Schäferidylle gilt. Symbol für ein Land der Natur und der Freiheit.

Ars Topiary
Im Barockgarten gebräuchliche Kunst der Pflanzenbeschneidung zu Figuren.

Badehaus
Besonders im 18. Jahrhundert gebräuchlicher Typus des Parkgebäudes.

Berceau de Treillage
Französische Bezeichnung für einen Laubengang aus Lattenwerk.

Belt walk
Ein um den Park laufender Weg, der den Vorteil bietet, den Park von außen kontinuierlich betrachten zu können. Dieser Ringweg ist ein häufiges, v. a. bei Sckell gebräuchliches Stilmittel des Landschaftsgartens.

Boskett
Hauptsächlich in Barockgärten zu findende ornamental gestaltete Hecken- oder Waldpartie – zumeist mit geschnittenen Buchsbaumhecken –, die in der Regel außen an das Parterre grenzt. Boskette sind oft in Form eines Labyrinths gestaltet.

Botanischer Garten
Garten mit einer Sammlung von Pflanzen aus aller Welt zu wissenschaftlichen Zwecken und zur Demonstration. Nach den mittelalterlichen Klostergärten, in denen Kräuter zu Heilzwecken verwendet wurden, entstanden die ersten Botanischen Gärten im 16. Jahrhundert in Italien. Beispiele für Botanische Gärten des Barock finden sich in München (Nymphenburg) und in Wien (Schönbrunn). Die überseeischen Kolonien begünstigten im 18. Jahrhundert auch in England die Anlage von Botanischen Gärten. Bedeutendstes Beispiel: »The Royal Botanic Gardens von Kew« (1759).

Burg
Romantischer, an das Mittelalter erinnernder Bau, der entweder als reiner Staffagebau oder als reales Wohngebäude seit dem späten 18. Jahrhundert im Landschaftsgarten verwendet wird. Beispiele sind die Laxenburg bei Wien, die Mosburg in Biebrich und die Löwenburg in Kassel.

Chinoiserie
Chinesischer, unregelmäßiger Stil der Gartenkunst, der in Folge der Wertschätzung für chinesische Philosophie ab dem frühen 18. Jahrhundert in Europa Einzug hielt und 1685 erstmalig von Sir William Temple in »Upon the Gardens of Epicurus« als Gartenstil empfohlen wurde. Bekanntes Beispiel in Deutschland: Oranienbaum.

Clumps
Baumgruppen, die die Wiesenflächen des Landschaftsgartens strukturieren.

Dorf
Gelegentlich schon im Barockgarten gebräuchliches Gebäudeensemble, das als Inbegriff für ländliche Einfachheit und im Kontrast zur höfischen Etikette im Park angelegt wurde.

Eremitage
Französische Bezeichnung für eine Einsiedelei, die, oft als Grotte oder als Pavillon gestaltet, dem Weltfluchtgedanken der höfischen Gesellschaft entsprach und als Rückzugsort diente.

Ferme ornée / ornamental farm
Französische / englische Bezeichnung für die Verbindung von Park und wirtschaftlich genutztem Landgut. Die Idee wurde zuerst 1715 von dem Gartentheoretiker Stephen Switzer in »The Nobleman, Gentleman, and Gardeners recreation« (1715) beschrieben.

Gloriette
Ehrentempel, Pavillon im Park.

Grotte
Künstliche Erd- oder Felshöhle, die in der geheimnisvollen Verbindung von Natur und Kunst einen ursprünglichen Zustand symbolisiert. Seit der Renaissance ist die Grotte ein beliebtes Gestaltungsmerkmal in Gärten.

Meierei
Landwirtschaftliches Gut, das im Landschaftsgarten meist als Staffagebau keinem realen Zweck mehr dient, sondern eine Stimmung von Ursprünglichkeit und Ländlichkeit vermitteln soll.

Menagerie
Tiergarten.

Monopteros
Offener Rundtempel mit Säulenkranz und Kuppel, der im Landschaftsgarten gern als Gartenpavillon genutzt wird.

Pagode
Turmartiger, aus der Architektur Ostasiens stammender Bautypus mit mehreren übereinander gestaffelten Dächern. Eine Architekturform, die in den chinesisch geprägten Landschaftsgärten seit dem Ende des 18. Jahrhunderts verwendet wurden (Kew Gardens, London, Englischer Garten, München).

Parterre
Französische Bezeichnung für »Blumengarten«, »Parkett«, »Flaches Beet«: Ornamental gestaltete und unmittelbar an den Schloßbau grenzende Partie vor allem des Barockgartens. Man unterscheidet zwischen dem »Parterre à l'angloise«, dem englischen oder Rasenparterre, das entweder aus einfachen oder ornamental gestalteten Rasenflächen besteht, und dem »Parterre de broderie«, einem Zierbeet, das häufig mit farbigen Mustern aus Buchs geschmückt ist und wie eine Stickerei (franz. »Broderie«) wirkt.

Pleasureground
Englische Bezeichnung für einen Rasenplatz, der unmittelbar an die Villa angrenzt und besonders sorgfältig gestaltet ist (Statuen, Blumen). Vom übrigen Park ist er oft durch einen Teich abgegrenzt wie in Branitz.

Point de vue
Französische Bezeichnung für einen Aussichtspunkt oder Blickpunkt, der in Form einer Gartenarchitektur, einer Plastik oder eines Teiches das Ende einer Sichtachse markiert.

Rabatte
Blumenbeet, das meist ein Rasenstück einfaßt.

Schönheitslinie (»Line of beauty«)
Serpentinenförmige Linie, die der Maler und Kupferstecher William Hogarth (1697–1764) in seiner Schrift »Analysis of Beauty« (1753) als diejenige Form beziehungsweise Figur beschreibt, die im Menschen die Empfindung von Schönheit erzeugt.

Staffage
Beiwerk, Ausstattung, architektonische Elemente im Landschaftsgarten, die den Gefühlswert einer Szene verstärken sollen.

Stibadium
Lateinische Bezeichnung für eine Ruhebank.

Tumulus
Grabhügel der Antike, der beispielsweise von Fürst Pückler im Park von Branitz als eigene Grabanlage kopiert wurde.

Vedute
Bezeichnung für eine naturgetreue Ansicht einer Stadt oder Landschaft als Gemälde, Stich oder Zeichnung.

Zonierung
Ein den späten Landschaftsgarten bei Pückler und Lenné kennzeichnendes Gliederungsprinzip, das formale und landschaftlich gestaltete Partien unterscheidet.

Literatur

1. Quellen

Addison, Joseph: The works of Joseph Addison, ed. by George W. Greene, London 1887.

Hirschfeld, Christian Cay Lorenz: Theorie der Gartenkunst. 5 Bände, Leipzig 1779–1780 (Reprint Hildesheim, Zürich, New York 1985).

Hogarth, William: Analysis of Beauty, London 1753.

Lenné, Peter Joseph: Allgemeine Bemerkungen über die Brittischen Parks und Gärten-Fragmente aus dem Reisejournal. In: Verhandlungen des Vereins zur Beförderung des Gartenbaues in den Kgl. Preuß. Staaten. Bd. 1, Berlin 1824, S. 82–96.

Lenné, Peter Joseph: Über die Anlage eines Volksgartens bei der Stadt Magdeburg. In: Verhandlungen des Vereins zur Beförderung des Gartenbaues in den Kgl. Preuß. Staaten. Bd. 2, Berlin 1826, S. 147–162.

Ligne, Charles Joseph von: Der Garten zu Beloeil nebst einer Übersicht der meisten Gärten Europas, Dresden 1799 (Reprint Wörlitz 1995).

Petzold, Eduard: Farbenlehre der Landschaft, Jena 1853.

Pope, Alexander: The Poems of Alexander Pope, hrsg. v. E. Audra u. A. Williams, London, New Haven 1961.

Pückler-Muskau, Fürst Hermann von: Andeutungen über Landschaftsgärtnerei verbunden mit der Beschreibung ihrer praktischen Anwendung in Muskau, Stuttgart 1834 (Reprint hrsg. v. Günter J. Vaupel, Frankfurt 1988).

Pückler-Muskau, Fürst Hermann von: Briefe eines Verstorbenen. Ein fragmentarisches Tagebuch aus England, Wales, Irland und Frankreich, geschrieben in den Jahren 1828 und 1829. Theil 1 und 2 München 1830, Theil 3 und 4 Stuttgart 1832 (Neuausgabe, hrsg. v. Heinz Ohff, Berlin 1986).

Reil, Friedrich: Leopold Friedrich Franz, Herzog und Fürst von Anhalt-Dessau nach Seinem Wirken und Wesen, Dessau 1845 (Gekürzter Reprint Wörlitz 1990).

Rode, August: Leben des Herrn Friedrich Wilhelm von Erdmannsdorff, Dessau 1801 (Reprint Wörlitz 1994).

Sckell, Friedrich Ludwig von: Beiträge zur bildenden Gartenkunst für angehende Gartenkünstler und Gartenliebhaber, München 1825, 1834 (2) (Reprint der zweiten Ausgabe mit einem Nachwort von Wolfgang Schepers, Worms 1982).

Shaftesbury, Antony Ashley Cooper, 3rd Earl of: Characteristica of Men, Manners, Opinions, Times (1711), Nachdruck, Hildesheim-New York 1978 (3 Bde.).

Walpole, Horace: On modern Gardening, 1770. In: The History of the modern Taste of Gardening, Bd. IV, Anecdotes of Painting, London 1771; dt. in: August Wilhelm Schlegel (Hrsg.): Historische, literarische und unterhaltende Schriften von Horatio Walpole. Leipzig 1800; zuletzt in: Über die englische Gartenkunst, hrsg. von Frank Maier-Solgk, Heidelberg 1994.

2. Sekundärliteratur

Alex, Reinhard, und Peter Kühn: Schlösser und Gärten um Wörlitz, Leipzig 1995.
Arnim, Hermann Graf von: Ein Fürst unter Gärtnern. Pückler als Landschaftsgärtner und der Muskauer Park, Frankfurt, Berlin, Wien 1981.
Bachmann, Erich: Anfänge des Landschaftsgartens in Deutschland. In: Zeitschrift für Kunstwissenschaft V/3,3, 1951, S. 203–228.
Bachmann, Erich: Felsengarten Sanspareil, Burg Zwernitz. Amtlicher Führer, Bayerische Verwaltung der staatlichen Schlösser, Gärten und Seen, München 1995.
Berlin durch die Blume oder Kraut und Rüben. Gartenkunst in Berlin-Brandenburg. Ausstellungskatalog, hrsg. im Auftrag des Senators für Stadtentwicklung und Umweltschutz von Marie Louise Plessen, Berlin 1985.
Buchan, Ursula: Englische Gartenkunst. Die schönsten Beispiele traditioneller und zeitgenössischer Anlagen, München 2007.
Buttlar, Adrian von: Englische Gärten in Deutschland. Bemerkungen zu Modifikationen ihrer Ikonologie. In: »Sind Briten hier?« Relations between British and Continental Art 1660–1880, hrsg. v. Zentralinstitut für Kunstgeschichte, München 1981, S. 97–125.
Buttlar. Adrian von: Der englische Landsitz. Symbol eines liberalen Weltentwurfs, Mittenwald 1982.
Buttlar, Adrian von: Der Landschaftsgarten. Gartenkunst des Klassizismus und der Romantik, Köln 1989.
Buttlar, Adrian von: Gedanken zur Bildproblematik und zum Realitätscharakter des Landschaftsgartens. In: Die Gartenkunst 1/1996, S. 7–19.
Clifford, Derek: Geschichte der Gartenkunst, München 1981(2) (englische Originalausgabe London 1962).
Collinett, Hans-Dieter, Pesch, Franz: Stadt und Landschaft, Essen 2009.
Dehio, Ludwig: Friedrich Wilhelm IV. von Preußen. Ein Baukünstler der Romantik, München, Berlin 1961.
Der Dessau-Wörlitzer Kulturkreis. Wörlitzer Beiträge zur Geschichte, hrsg. v. Rat der Stadt Wörlitz, Wörlitz 1965.
Dettmar Jörg, Ganser, Karl (Hg.): IndustrieNatur – Ökologie und Gartenkunst im Emscher Park, Stuttgart 1999.
Dittscheid, Hans-Christoph: Kassel-Wilhelmshöhe und die Krise des Schloßbaus am Ende des Ancien Regime, Worms 1987.
Dötsch, Anja: Die Löwenburg im Schlosspark Wilhelmshöhe. Eine künstliche Ruine des späten 18. Jahrhunderts, Dortmund 2005.
Dombart, Theodor: Der Englische Garten zu München, München 1972.
Eisold, Norbert: Das Dessau-Wörlitzer Gartenreich. Der Traum von der Vernunft, Köln 1993.
Festschrift Englischer Garten, hrsg. vom Freistaat Bayern – Bayer. Staatsministerium des Inneren, zusammengestellt von Pankraz Frhr. v. Freyberg, 200 Jahre Englischer Garten München, München 1989.
Forssmann, Erik, und Peter Iwers: Karl Friedrich Schinkel, Dortmund 1990.
Friedrich Wilhelm von Erdmannsdorff zum 250. Geburtstag, Ausstellungskatalog, Staatliche Schlösser und Gärten Wörlitz, Oranienbaum, Luisium, Wörlitz 1986.
Fuchs, Carl Ludwig, Reisinger, Claus: Schloss und Garten zu Schwetzingen, Worms 2001.
Germann, Georg: Neugotik, Stuttgart 1974.
Gerndt, Siegmar: Idealisierte Natur. Die literarische Kontroverse um den Landschaftsgarten des 18. und frühen 19. Jahrhunderts in Deutschland, Stuttgart 1981.
Gothein, Marie-Louise: Geschichte der Gartenkunst, 2 Bände, Jena 1913/14, 1926 (2) (Reprint Hildesheim, New York 1977).
Günther, Harri: Peter Joseph Lenné. Gärten, Parke, Landschaften, Stuttgart 1985.
Günther, Harri: Peter Joseph Lenné. Katalog der Zeichnungen, Tübingen 1993.
Günther, Harri (Hrsg.): Gärten der Goethezeit, Leipzig 1994.
Hajos, Géza: Romantische Gärten der Aufklärung. Englische Landschaftskultur des 18. Jahrhunderts in und um Wien, Wien, Köln 1989.
Hallbaum, Franz: Der Landschaftsgarten. Sein Entstehen und seine Einführung in Deutschland unter Friedrich Ludwig von Sckell 1750–1823, München 1927.
Hannwacker, Volker: Friedrich Ludwig von Sckell. Der Begründer des Landschaftsgartens in Deutschland, Stuttgart 1992.
Hansmann, Wilfried: Gartenkunst der Renaissance und des Barock, Köln 1983.
Hansmann, W., K. Walter, F. Monheim: Geschichte der Gartenkunst, Köln 2006.
Hartmann, Günter: Die Ruine im Landschaftsgarten. Ihre Bedeutung für den frühen Historismus und die Landschaftsmalerei der Romantik, Worms 1981.
Helmberger, Werner: Schloß und Park Schönbusch Aschaffenburg. Amtlicher Führer, Bayerische Verwaltung der staatlichen Schlösser, Gärten und Seen, München 1991.
Hennebo, Dieter (Hrsg.): Gartendenkmalpflege. Grundlagen der Erhaltung historischer Gärten und Grünanlagen, Stuttgart 1985.
Hennebo, Dieter: Vom »klassischen Landschaftsgarten« zum »gemischten Styl«. Zeittypische Gestaltungstendenzen bei Peter Joseph Lenné. In: F. von Buttlar (Hrsg.): Peter Joseph Lenné, Volkspark und Arkadien, Berlin 1989, S. 49–59.
Hennebo, Dieter (Festschrift für Dieter Hennebo): Garten – Kunst – Geschichte, Worms 1994.
Hennebo, Dieter: Gestaltungstendenzen in der deutschen Gartenkunst des 19. Jahrhunderts. In: Die Gartenkunst, 1/1992, S. 1–11.
Hinz, Gerhard: Peter Joseph Lenné und seine bedeutendsten Schöpfungen in Berlin und Potsdam, Berlin 1937.
Hinz, Gerhard: Peter Joseph Lenné. Landschaftsgestalter und Städteplaner, Zürich, Frankfurt 1977.
Hirsch, Erhard: Dessau-Wörlitz. Zierde und Inbegriff des XVIII. Jahrhunderts, Leipzig, München 1985.
Höber Andrea, Ganser, Karl (Hg.): IndustrieKultur. Mythos und Moderne im Ruhrgebiet, Essen 1999.
Hoffmann, Alfred: Der Landschaftsgarten, Hamburg 1963 (= Hennebo, Dieter, und Alfred Hoffmann: Geschichte der deutschen Gartenkunst, Bd. 3).
Hunt, J. D., und P. Willis: The Genius of the Place. The English Landscape Garden 1600–1820, London 1975.
Hunt, John Dixon: Der malerische Garten. Gestaltung des europäischen Landschaftsgartens, Stuttgart 2004.
Hussey, Christopher: The Picturesque. Studies in a point of view, London 1957.
Kanz, Roland: Die Dichterportraits an Gartendenkmälern der Empfindsamkeit. In: Gartenkunst 1/1992, S. 126–134.
Kluckert, Ehrenfried: Raffinierte Perspektiven. Die Kasseler Gärten, München 2007.
Kondylis, Panajotis: Die Aufklärung im Rahmen des neuzeitlichen Rationalismus, Stuttgart 1981.
Koselleck, Reinhart: Kritik und Krise. Eine Studie zur Pathogenese der bürgerlichen Welt, Frankfurt am Main 1973.
Krüger, Renate: Das Zeitalter der Empfindsamkeit. Kunst und Kultur des späten 18. Jahrhunderts, Leipzig 1972.
Kulturstiftung Dessau Wörlitz (Hg.): Unendlich schön. Das Gartenreich Dessau-Wörlitz, Berlin 2006 (2).
Losch, Philipp: Geschichte des Kurfürstentums Hessen 1803–1866, Marburg 1922.
Mack, Maynard: The Garden and the City. Retirement and Politics in the later Poetry of Pope, Toronto 1969.
Miller, Norbert: Strawberry Hill. Horace Walpole und die Ästhetik der schönen Unregelmäßigkeit. München, Wien 1986.
Modrow, Bernd: Gartendenkmalpflege in Hessen. Das Parkpflegewerk für den Schloßpark Biebrich. In: Die Gartenkunst 1/1989, S. 168–173.
Nehring, Dorothee: Stadtparkanlagen in der ersten Hälfte des 19. Jahrhunderts, Hannover, Berlin 1979 (Geschichte des Stadtgrüns, Bd. 4, hrsg. von Dieter Hennebo).
Ohff, Heinz: Fürst Hermann Pückler-Muskau. Preußische Köpfe, Berlin 1982.
Projekt Ruhr GmbH (Hg.): Masterplan Emscher Landschaftspark, Essen 2005.
Rampenthal, Caroline: Der Englische Landschaftsgarten. Funktionen im Verlauf seiner Entwicklung ausgeführt am Beispiel des Muskauer Parks, Saarbrücken 2007.
Rave, Paul Ortwin: Gärten der Goethezeit, Leipzig 1941.
Reidel, Hermann: Emanuel Joseph von Herigoyen. Kgl. bayer. Oberbaukommissar 1746–1817, München, Zürich 1982.
Reisinger, Claus: Der Schloßgarten zu Schwetzingen, Worms 1987.
Sack, Manfred: Siebzig Kilometer Hoffung, Stuttgart 1999.

Scharf, Helmut: Die schönsten Gärten und Parks in Deutschland und Österreich, Düsseldorf 1985.
Schepers, Wolfgang: Zu den Anfängen des Stilpluralismus im Landschaftsgarten und dessen theoretischer Begründung in Deutschland. In: Brix, Michael, und Monika Steinhauser (Hrsg.), »Geschichte allein ist zeitgemäß«. Historismus in Deutschland, Gießen 1978, S. 73–92.
Schepers, Wolfgang: C. C. L. Hirschfelds Theorie der Gartenkunst (1779–1785) und die Frage des »deutschen Gartens«. In: Park und Garten im 18. Jahrhundert, Heidelberg 1978, S. 83–92.
Schlaffer, Hannelore: Klassik und Romantik 1770–1830, Stuttgart 1986.
Schildt, Helmut: Maximilian Friedrich Weyhe und seine Parkanlagen, Düsseldorf 1987.
Schloss Glienicke – Bewohner – Künstler – Parklandschaft. Ausstellungskatalog, Verwaltung der Staatlichen Schlösser und Gärten Berlin, Berlin 1987.
Schmidt, Erika: »Abwechslung im Geschmack«. Raumbildung und Pflanzenverwendung beim Stadtparkentwurf. Deutschland im 19. Jahrhundert. Hannover 1984.
Siegmund, Andrea: Die romantische Ruine im Landschaftsgarten. Ein Beitrag zum Verhältnis der Romantik zu Barock und Klassik, Würzburg 2002.
Smuda, Manfred: Landschaft, Frankfurt am Main 1986.
Spence, Joseph: Observations, Anecdotes and Characters of Books and Men, Ed. by John Osborn, Oxford 1966.
Stiftung Fürst Pückler-Park Bad Muskau (Hg.): Fürst Pückler. Parkomanie in Muskau und Branitz, Hamburg 2006.
Sühnel, Rudolf: Der Park als Gesamtkunstwerk des englischen Klassizismus am Beispiel von Stourhead. In: Sitzungsbericht der Heidelberger Akademie der Wissenschaften. Heidelberg 1977, S. 11–15.
Sühnel, Rudolf: Der englische Landschaftgarten auf dem Hintergrund der Geistes- und Gesellschaftsgeschichte des 18. Jahrhunderts. In: Park und Garten im 18. Jahrhundert, Heidelberg 1978.
Topos. European Landscape Magazine, März 1999, München 1999.
Uhlitz, Manfred: Humphry Reptons Einfluß auf die gartenkünstlerischen Ideen des Fürsten Hermann Pückler-Muskau, Diss., Berlin 1988.
Volkspark und Arkadien. Zum 200. Geburtstag Peter Jospeh Lennés. Ausstellungskatalog, hrsg. im Auftrag des Senators für Stadtentwicklung und Umweltschutz von Florian von Buttlar, Berlin 1989.
Walter, Kerstin: Das Pittoreske. Die Theorie des englischen Landschaftsgartens als Baustein zum Verständnis von Kunst der Gegenwart, Diss. 2006.
Weltbild Wörlitz. Entwurf einer Kulturlandschaft. Ausstellungskatalog, hrsg. v. Bechtoldt, Frank-Andreas, und Thomas Weiss, Wörlitz 1996.
Wheeler-Manwaring, Elizabeth: Italian Landscape in Eighteenth Century England, London 1925.
Wimmer, Clemens Alexander: Parks und Gärten in Berlin und Potsdam, Berlin 1989.
Wimmer, Clemens Alexander: Geschichte der Gartentheorie, Darmstadt 1989.
Wittkower, Rudolf: Englischer Neopalladianismus, Landschaftsgärten, China und die Aufklärung. In: Warnke, Martin (Hrsg.): Politische Architektur in Europa, Köln 1984. S. 309–335.
Zurück zur Natur. Idee und Geschichte des Georgengartens in Hannover-Herrenhausen, hrsg. v. der Wilhelm-Busch Gesellschaft und dem Grünflächenamt der Landeshauptstadt Hannover, Göttingen 1997.

Personenregister

Adam, James 66
Adam, Robert 66, 69
Addison, Joseph 12, 13, 14
Alexander I., Zar von Rußland 88
Anna Amalia, Herzogin von Sachsen-Weimar 31
Ariost, Ludovico 22, 161
Arnim, Ferdinand von 46, 159, 182
Augusta, Prinzessin von Preußen 178, 180, 182

Bacon, Francis 14
Basedow, Johann Bernhard 66
Bayle, Pierre 24
Becker, W. G. 26
Begas, Carl 14
Bibiena, Alessandro 104
Boettinger, Carl August 78
Bonaparte, Jérome, 94
Bonaparte, Napoleon 94
Borsig, August 145
Braun, Mathias 22, 23
Bridgeman, Charles 14, 40
Brown, Lancelot 15, 36, 100, 101
Brühl, Christiane Gräfin von 30
Brühl, Moritz Graf von 27, 30, 52
Burke, Edmund 15
Burlington, Richard Boyle, 3. Earl of 14, 15
Buttlar, Adrian von 9

Callenberg, Clementine Gräfin 186
Campbell, Colin 15
Cancrin, Franz Ludwig 89
Carbonet 132
Carl, Prinz von Preußen 46, 145, 155, 159, 178
Carl, Sohn Friedrich Wilhelms III. von Preußen 145
Cavaceppi, Bartolomeo 66
Cecilie, Gemahlin des Kronprinzen Wilhelm von Preußen 154
Chambers, William 15, 83, 101
Chodowiecki, Daniel 19
Clarot, A. 144
Clemens August, Kurfürst von Köln 24
Cobham, Richard Temple, 1. Viscount 14
Constable, John 36
Cook, William John 72

Dante 21, 161
Defoe, Daniel 25
Descartes, René 6, 24
Drake, Francis 14
Dughet, Gaspard 36
Dungern, Freiherr von 140
Durand, Louis 144

Effner, Joseph 23, 132
Elisabeth I., Königin von England 14
Erdmannsdorff, Friedrich Wilhelm von 18, 44, 45, 64, 65, 66, 68, 72, 73, 79, 84, 85
Erthal, Carl Josef von 18, 101, 114
Eyserbeck, Johann August 150
Eyserbeck, Johann Friedrich 18, 64, 68

Fénelon, François 25
Ferdinand Maria, Kurfürst von Bayern 132
Fontane, Theodor 52, 154, 172, 174
Forster, Georg 66, 72, 172
Franz I., Kaiser von Österreich 88
Frederick Louis, Kronprinz 14
Freydanck, Carl Daniel 155
Friedrich Franz Fürst von Anhalt-Dessau 9, 18, 27, 59, 62, 64, 65, 66, 68, 69, 72, 76, 78, 81, 85, 94, 149
Friedrich II. von Hessen-Kassel 92, 93
Friedrich II., König von Preußen, Friedrich der Große 24, 52, 65, 85, 150, 159, 160
Friedrich Karl, Prinz der Niederlande 189, 195
Friedrich Wilhelm I., König von Preußen 170
Friedrich Wilhelm II., König von Preußen 52, 85, 88, 145, 150, 153, 170, 172, 174
Friedrich Wilhelm III., König von Preußen 145, 155, 160, 161, 172, 186
Friedrich Wilhelm IV., König von Preußen 40, 142, 144, 145, 147, 149, 150, 160, 170, 172, 182
Friedrich Wilhelm, Kurfürst von Brandenburg 149, 154, 172
Friedrich, Caspar David 164

Gainsborough, Thomas 36
Gassendi, Pierre 6
Geer, M. de 132, 134
Gellert, Christian Fürchtegott 52, 72, 78
Georg II., König von England 14, 89
Georg IV., König von England 187
Georg Wilhelm, Markgraf von Brandenburg-Ansbach-Bayreuth 24
Gessner, Samuel 19
Gilly, Friedrich 45
Girard, Dominique 132
Girardin, René-Louis, Marquis de 57
Goethe, Johann Wolfgang 12, 16, 18, 19, 21, 25, 27, 28, 30, 31, 32, 50, 52, 88, 161
Gontard, Carl von 153, 154
Gray, John 14
Guerniero, Francesco 92

Hackert, Jacob Philipp 9, 36, 68, 69
Hamilton, William 66
Hans Jürge von Anhalt-Dessau 64
Hardenberg, Karl August Fürst von 145, 155, 186
Heidelhoff, Victor 27
Heine, Heinrich 184, 186, 187, 190
Hennebo, Dieter 9
Herder, Johann Gottfried 12, 19, 30, 31, 32, 52, 161
Herigoyen, Emanuel Joseph d' 114, 117
Hirschfeld, Christian Cay Lorenz 18, 20, 26, 31, 32, 33, 36, 37, 39, 40, 41, 44, 54, 57, 88, 89, 90, 93, 102, 112, 132, 147
Hofmann, Alfred 9
Hogarth, William 41, 55, 102, 126
Hölderlin, Friedrich 83
Humboldt, Wilhelm von 164

Jussow, Heinrich Christoph 94, 95, 96

Karl August, Großherzog von Sachsen-Weimar 18, 20, 28, 31, 48, 52, 102, 186
Karl Eugen, Herzog von Württemberg 18, 26, 27
Karl II. August, Pfalzgraf von Pfalz-Zweibrücken 101
Karl Theodor, Kurfürst von der Pfalz und Bayern 18, 100, 101, 102, 103, 106, 110, 114, 117, 122, 124, 128
Karl, Landgraf von Hessen-Kassel 92
Karoline Henriette Christiane, Landgräfin von Hessen-Darmstadt 19
Kauffmann, Angelika 66
Kent, William 14, 15, 36, 40
Klenze, Leo von 45, 102, 126, 128, 129, 131, 134
Klopstock, Friedrich Gottlieb 19, 52
Knobelsdorff, Georg Wenzeslaus von 160
Kobell, Ferdinand 117, 122
Koeber, Gerhard 145, 148
Konstantin, Bruder des Großherzogs Karl-August von Sachsen-Weimar 31, 32
Kraus, Georg Melchior 32
Kunckel, Johann 172

Langhans, Carl Gotthard 45, 154
Langley, B. 89
Laßberg, Christel von 31
Lavater, Johann Kaspar 52, 78
Lechner, Johann Baptist 49, 126
Ledoux, Claude-Nicolas 153
Leibniz, Gottfried Wilhelm 24, 154
Lenné, Peter Joseph 9, 18, 40, 41, 54, 58, 59, 85, 142, 144, 145, 147, 148, 149, 153, 155, 159, 160, 161, 164, 165, 170, 172, 174, 176, 178, 180, 182, 186, 189
Leopold I., Fürst von Anhalt-Dessau 65
Leopold, Herzog von Braunschweig 32, 49, 50
Lichtenau, Wilhelmine Gräfin von 154
Lichtenberg, Georg Christoph 19
Ligne, Charles Joseph, Fürst von 6
Lindemann, Graf 155, 159
Littleton, George 14
Locke, John 12, 14, 24
Lorrain, Claude 12, 14, 35, 36, 37
Louise, Königin von Preußen 172
Ludwig I., König von Bayern 126, 128, 134
Ludwig II., König von Bayern 149
Ludwig XIV., König von Frankreich 170
Ludwig, Pfalzgraf 102
Luise, Fürstin von Anhalt-Dessau 83, 85
Luise, Herzogin von Sachsen-Weimar 28, 31

Machbuba 196, 201
Maltzahn, Freiherr von 144
Marc Aurel 154
Maria Pawlowna, Großherzogin von Weimar 31
Mason, William 15
Max II. Emanuel, Kurfürst von Bayern 23, 132
Max IV. Joseph, König von Bayern 100, 102, 125, 134, 136, 149
Maximilian Franz, Kurfürst von Köln, 144
Maximilian I., Kurfürst von Bayern 128
Medici, Cosimo de 8
Mengs, Anton 66
Merck, Johann Heinrich 19
Meyer, Gustav 145, 182
Milton, John 11
Möser, Justus 18
Mozart, Wolfgang Amadeus 122

Nassau-Weilburg, Wilhelm Herzog von 140
Nassau, Georg August Fürst von 140
Nassau, Karl Fürst von 140
Nassau-Oranien, Henrietta Katharina Fürstin von 81
Neumark, Johann Christian 65, 70, 72, 81
Newton, Charles 12, 24
Nikolaus I., Zar von Rußland 174

Orsini, Francesco, Herzog von Bomarzo 22, 25

Palladio, Andrea 15

Palme, Franz Augustin 122
Pappenheim, Lucie, Reichsgräfin von 186, 187
Pembroke, Henry 14
Persius, Ludwig 46, 154, 155, 159, 164, 170, 178, 180, 182
Petrarca 30, 161
Petri, Johann Ludwig von 102
Petzold, Eduard 31, 59, 195
Pigage, Nicolas de 46, 102, 104, 106, 110, 112
Piranesi, Giovanni Battista 66
Pitt, William 14
Pope, Alexander 11, 12, 13, 14, 15, 40
Poussin, Nicolas 14, 36
Pückler, Erdmann Graf von 186
Pückler-Muskau, Hermann Fürst von 9, 15, 18, 31, 37, 40, 41, 44, 48, 54, 55, 56, 58, 59, 102, 147, 155, 178, 180, 182, 184, 186, 187, 189, 190, 192, 194, 195, 196, 198, 201

Rabaliatti, Franz Wilhelm 104
Rachel, Elisabeth 174
Repton, Humphry 15, 195
Repton, John Adlley 195
Richardson, Samuel 19
Rilke, Rainer Maria 98
Rode, August von 66, 72
Rosa, Salvatore 14, 36
Rousseau, Jean-Jacques 18, 57, 66, 67, 72, 117, 172
Rumford, Sir Benjamin 52, 122, 124, 125, 126
Ry, Friedrich Simon Louis du 94
Rysbrack, P. A. 11

Schadow, Johann Gottfried 150, 153, 172
Schiller, Friedrich 12, 20, 31, 50, 84, 161
Schinkel, Karl Friedrich 45, 46, 145, 155, 157, 159, 160, 161, 162, 164, 165, 172, 178, 182, 195
Schirmer, A. W. 189
Schoch, Johann Leopold Ludwig 64, 70, 78
Schröter, Corona 32
Schultze-Naumburg, Paul 154
Schwanthaler, Franz d. Ä. 52
Schwartzkopf, Daniel August, 89, 93
Sckell, Friedrich Ludwig von 9, 18, 33, 35, 36, 37, 41, 44, 48, 54, 55, 56, 57, 58, 59, 98, 99, 100, 101, 102, 104, 106, 112, 114, 118, 122, 125, 126, 129, 132, 134, 136, 140, 144, 147
Sckell, Johann Georg von 100
Semper, Gottfried 196, 201

Bildnachweis

Shaftesbury, Antony Ashley Cooper, 3rd Earl of 11, 12, 13
Shakespeare, William 19
Shenstone, William 15, 65
Sickingen, Wilhelm Graf von 114
Sontag, Henriette 198
Sporck, Franz Anton 22
Steele, Richard 14
Stendhal, Henri Beyle 10
Sterne, Laurence 19, 30, 66
Steward, Charles 64
Strauß, David Friedrich 145
Stüler, Friedrich August 170
Swift, Jonathan 14

Tasso, Torquato 161
Theresia, Concordia 66
Thompson, Sir Benjamin 124
Thorvaldsen, Bertel 198
Thouin, André 41, 144
Thouin, Gabriel 144
Tischbein, Anton Wilhelm 88

Vernet, Claude-Joseph 68
Viscardi, Giovanni Antonio 132
Voß, Johann Heinrich 19

Wagner, Richard 140
Wallmoden-Gimborn, Johann Ludwig von 18
Walpole, Horace 11, 14, 15, 18, 40, 45, 66, 72, 96
Walpole, Robert 11, 14, 18
Watteau, Jean-Antione 8
Werneck, Graf 125, 126
Weyhe, Joseph Clemens 144
Weyhe, Maximilian Friedrich 144
Whately, Thomas 15
Wieland, Christoph Martin 30, 31, 52, 62, 161
Wilhelm I., Deutscher Kaiser 145, 176
Wilhelm, Kurfürst von Hessen-Kassel 9, 18, 39, 86, 88, 89, 90, 93, 94, 96
Wilhelm, Kronprinz, s. auch Wilhelm I. 154
Wilhelmine Friederike Sophie, Markgräfin von Bayreuth 24, 25, 26
Winkelmann, Johann Friedrich 66, 69
Wynder, Theodor 100

Young, Edward 30

Zuccalli, Enrico 132

Autor, Fotograf und der Verlag danken der Stiftung Preußische Schlösser und Gärten Berlin-Brandenburg, den Staatlichen Schlössern und Gärten Wörlitz, der Schloßverwaltung Schwetzingen und der Kommunalen Stiftung Fürst Pückler Museum – Park und Schloß Branitz für ihre Unterstützung.

Alle Fotografien stammen mit Ausnahme der unten aufgeführten Bilder von Andreas Greuter, München.

Foto dpa, S. 114
Die Pfaueninsel 1793–1993, hrsg. von der Verwaltung der Staatlichen Schlösser und Gärten zum 200. Gartenjubiläum, Berlin 1993: S. 172.

Gemälde, Pläne und historische Stiche stammen aus:

Bauer, Jens Heiner: Daniel Nikolaus Chodowiecki. Das druckgrafische Werk, Hannover 1982: S. 18 f.
Dehio, Ludwig: Friedrich Wilhelm IV. von Preußen. Ein Baukünstler der Romantik, München MCMLXI: S. 144 oben.
Dittscheid, Hans-Christoph: Kassel-Wilhelmshöhe und die Krise des Schloßbaus am Ende Ancien Regime, Worms 1987: S. 86, 94.
Festschrift Englischer Garten, hrsg. vom Freistaat Bayern – Bayerisches Staatsministerium des Inneren, zusammengestellt von Pankraz Freiherr von Freyberg, 200 Jahre Englischer Garten München, München 1989: S. 122.
Gärten der Goethezeit, hrsg. von Harri Günther, Fotografien von Volkmar Herre, Leipzig 1993: S. 27 (2).
Gombrich, Ernst H.: Die Geschichte der Kunst, Frankfurt/Main 1996 (16. Auflage): S. 15, 37.
Hallbaum, Franz: Der Landschaftsgarten. Sein Entstehen und seine Einführung in Deutschland unter Friedrich Ludwig von Sckell 1750–1823, München 1927: S. 124.
Hammerschmidt, Valentin und Joachim Wilke: Die Entdeckung der Landschaft. Englische Gärten des 18. Jahrhunderts, Stuttgart 1990: S. 10, 13 (2).
Hannwacker, Volker: Friedrich Ludwig von Sckell. Der Begründer des Landschaftsgartens in Deutschland, Stuttgart 1992: S. 116, 132.
Helmberger, Werner: Schloß und Park Schönbusch Aschaffenburg. Amtlicher Führer, Bayerische Verwaltung der staatlichen Schlösser, Gärten und Seen, München 1991: S. 117.
KPM-Archiv, Schloß Charlottenburg, Berlin: S. 155.
Landesamt für Denkmalpflege Sachsen / Waltraud Rabich: S. 188.
Life, Unpublished Letters, and Philosophical Regimen of Anthony, Earl of Shaftesbury, edited by Benjamin Rand, London 1992: S. 11.

National Gallery, London, Reproduktion mit freundlicher Genehmigung des Kuratoriums, S. 34.
Nymphenburg. Schloß, Park und Burgen. Amtlicher Führer bearbeitet von Gerhard Hojer und Elmar D. Schmid, Bayerische Verwaltung der staatlichen Schlösser, Gärten und Seen, München 1994: S. 134.
Ohff, Heinz: Fürst Hermann Pückler-Muskau. Preußische Köpfe, Berlin 1982: S. 187.
Peter Joseph Lenné. Gärten, Parke, Landschaften, hrsg. von Harri Günter, Stuttgart 1985: S. 40, 148, 160, 176.
Pückler-Muskau, Hermann Fürst von: Andeutungen über Landschaftsgärtnerei verbunden mit der Beschreibung ihrer praktischen Anwendung in Muskau, 1834, hrsg. von Harri Günther, kommentiert von Anne Schäfer und Steffi Wendel, Faksimile Stuttgart 1987, 1997: S. 189.
Reisinger, Claus: Der Schloßgarten zu Schwetzingen, Worms 1987: S. 104.
Schloß Glienicke. Bewohner, Künstler, Parklandschaft, Ausstellungskatalog, herausgegeben von der Verwaltung der Staatlichen Schlösser und Gärten Berlin, Berlin 1987: S. 154 unten, 155.
Sckell, Friedrich Ludwig: Beiträge zur Bildenden Gartenkunst für angehende Gartenkünstler und Gartenliebhaber, München 1825, 1834 (2) (Reprint der zweiten Ausgabe mit einem Nachwort von Wolfgang Schepers, Worms 1982): S. 41.
Straub, Eberhard: Die Wittelbacher, Berlin 1994: S. 100 unten
Volkspark und Arkadien. Zum 200. Geburtstag Peter Joseph Lennés. Ausstellungskatalog, hrsg. im Auftrag des Senators für Stadtentwicklung und Umweltschutz von Florian von Buttlar, Berlin 1989: S. 145.
Weltbild Wörlitz. Entwurf einer Kulturlandschaft. Ausstellungskatalog, Hrsg. v. Bechtoldt, Frank-Andreas, und Thomas Weiss, Wörlitz 1996: S. 64, 65.
Zweihundert Jahre Englischer Garten München 1789–1989, Offizielle Festschrift, zusammengestellt von Pankraz Freiherr von Freyberg, München, 1989: S. 122.